中国艺术学文库
LIBRARY OF CHINA ARTS

总主编　仲呈祥

《穆天子传》的文化阐释

方艳　著

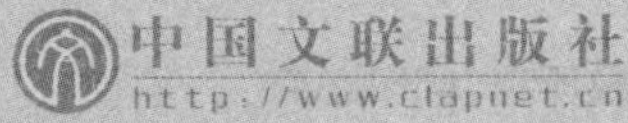
中国文联出版社
http://www.clapnet.cn

图书在版编目（CIP）数据

《穆天子传》的文化阐释 / 方艳著 . -- 北京 : 中国文联出版社 , 2015.12

ISBN 978-7-5190-0856-7

Ⅰ . ①穆… Ⅱ . ①方… Ⅲ . ①笔记－中国－先秦时代 ②《穆天子传》－研究 Ⅳ . ① K224.04

中国版本图书馆 CIP 数据核字 (2015) 第 307599 号

中国文学艺术基金会资助项目
中国文联文艺出版精品工程项目

《穆天子传》的文化阐释

著　　者：方　艳

出 版 人：朱　庆

终 审 人：朱彦玲　　复 审 人：邓友女

责任编辑：王　斐　　责任校对：俞武松

封面设计：马庆晓　　责任印制：陈　晨

出版发行：中国文联出版社

地　　址：北京市朝阳区农展馆南里 10 号，100125

电　　话：010-65389682（咨询）65067803（发行）65389150（邮购）

传　　真：010-65933115（总编室），010-65033859（发行部）

网　　址：http://www.clapnet.cn

E - mail：clap@clapnet.cn　　wangf@clapnet.cn

印　　刷：天津旭丰源印刷有限公司

装　　订：天津旭丰源印刷有限公司

法律顾问：北京市天驰洪范律师事务所徐波律师

本书如有破损、缺页、装订错误，请与本社联系调换

开　　本：710 × 1000　　1/16

字　　数：240 千字　　印 张：16.5

版　　次：2015 年 12 月第 1 版　　印 次：2023 年 4 月第 2 次印刷

书　　号：ISBN 978-7-5190-0856-7

定　　价：70.00 元

《中国艺术学文库》总序

仲呈祥

在艺术教育的实践领域有着诸如中央音乐学院、中国音乐学院、中央美术学院、中国美术学院、北京电影学院、北京舞蹈学院等单科专业院校，有着诸如中国艺术研究院、南京艺术学院、山东艺术学院、吉林艺术学院、云南艺术学院等综合性艺术院校，有着诸如北京大学、北京师范大学、复旦大学、中国传媒大学等综合性大学。我称它们为高等艺术教育的“三支大军”。

而对于整个艺术学学科建设体系来说，除了上述“三支大军”外，尚有诸如《文艺研究》《艺术百家》等重要学术期刊，也有诸如中国文联出版社、中国电影出版社等重要专业出版社。如果说国务院学位委员会架设了中国艺术学学科建设的“中军帐”，那么这些学术期刊和专业出版社就是这些艺术教育“三支大军”的“检阅台”，这些“检阅台”往往展示了我国艺术教育实践的最新的理论成果。

在“艺术学”由从属于“文学”的一级学科升格为我国第13个学科门类3周年之际，中国文联出版社社长兼总编辑朱庆同志到任伊始立下宏愿，拟出版一套既具有时代内涵又具有历史意义的中国艺术学文库，以此集我国高等艺术教育成果之大观。这一出版构想先是得到了文化部原副部长、现中国艺术研究院院长王文章同志和新闻出版广电总局原副局长、现中国图书评论学会会长邬书林同志的大力支持，继而邀请我作为这套文库的总主编。编写这样一套由标志着我国当代较高审美思维水平的教授、博导、青年才俊等汇聚的文库，我本人及各分卷主编均深知责任重大，实有如履薄冰之感。原因有三：

一是因为此事意义深远。中华民族的文明史，其中重要一脉当为具有东方气派、民族风格的艺术史。习近平总书记深刻指出：中国特色社会主义植根于中华文化的沃土。而中华文化的重要组成部分，则是中国艺术。从孔子、老子、庄子到梁启超、王国维、蔡元培，再到朱光潜、宗白华等，都留下了丰富、独特的中华美学遗产；从公元前人类“文明轴心”时期，到秦汉、魏晋、唐宋、明清，从《文心雕龙》到《诗品》再到各领风骚的《诗论》《乐论》《画论》《书论》《印说》等，都记载着一部为人类审美思维做出独特贡献的中国艺术史。中国共产党人不是历史虚无主义者，也不是文化虚无主义者。中国共产党人始终是中国优秀传统文化和艺术的忠实继承者和弘扬者。因此，我们出版这样一套文库，就是为了在实现中华民族伟大复兴的中国梦的历史进程中弘扬优秀传统文化，并密切联系改革开放和现代化建设的伟大实践，以哲学精神为指引，以历史镜鉴为启迪，从而建设有中国特色的艺术学学科体系。艺术的方式把握世界是马克思深刻阐明的人类不可或缺的与经济的方式、政治的方式、历史的方式、哲学的方式、宗教的方式并列的把握世界的方式，因此艺术学理论建设和学科建设是人类自由而全面发展的必须。艺术学文库应运而生，实出必然。

二是因为丛书量大体周。就“量大”而言，我国艺术学门类下现拥有艺术学理论、音乐与舞蹈学、戏剧与影视学、美术学、设计学五个“一级学科”博士生导师数百名，即使出版他们每人一本自己最为得意的学术论著，也称得上是中国出版界的一大盛事，更不要说是搜罗博导、教授全部著作而成煌煌“艺藏”了。就“体周”而言，我国艺术学门类下每一个一级学科下又有多个自设的二级学科。要横到边纵到底，覆盖这些全部学科而网成经纬，就个人目力之所及、学力之所逮，实是断难完成。幸好，我的尊敬的师长、中国艺术学学科的重要奠基人于润洋先生、张道一先生、靳尚谊先生、叶朗先生和王文章、邬书林同志等愿意担任此丛书学术顾问。有了他们的指导，只要尽心尽力，此套文库的质量定将有所跃升。

三是因为唯恐挂一漏万。上述“三支大军”各有优势，互补生辉。例如，专科艺术院校对某一艺术门类本体和规律的研究较为深入，为中国特色艺术学学科建设打好了坚实的基础；综合性艺术院校的优势在于打通了艺术门类下的美术、音乐、舞蹈、戏剧、电影、设计等一级学科，且配备齐全，长于从艺术各个学科的相同处寻找普遍的规律；综合性大学的艺术教育依托于相对广阔的人文科学和自然科学背景，擅长从哲学思维的层面，提出高屋建瓴的贯通于各个艺术门类的艺术学的一些普遍规律。要充分发挥“三支大军”的学术优势而博采众长，实施“多彩、平等、包容”亟须功夫，倘有挂一漏万，岂不惶恐?

权且充序。

（仲呈祥，研究员、博士生导师。中央文史馆馆员、中国文艺评论家协会主席、国务院学位委员会艺术学科评议组召集人、教育部艺术教育委员会副主任。曾任中国文联副主席、国家广播电影电视总局副总编辑。）

目　录

引论《穆天子传》——介于文学与历史之间

《穆天子传》原为西晋初年汲郡魏墓出土的奇书之一种，可以说是最早的关于先秦简牍整理研究的成果。这批简书，包括《竹书纪年》在内，不幸在宋代大多已散佚了，惟有这部《穆天子传》能够流传至今，其弥足珍贵的价值不言自明。但自面世以来，它一直被认为是一本非常奇特甚至神秘的书，《穆天子传》的身份面目，一直是它的研究者们试图解答的难题。

首先，《穆天子传》的文化阐释也必须面对《穆天子传》性质定位的问题。这实际上也是本文写作之由来。《穆天子传》真实性问题需要在两个层面上讨论，即：《穆天子传》所记穆王西巡之事的真实性与《穆天子传》为西周史录的真实性。对于第一个层面的疑惑，目前应该说已经有比较肯定的答案。《左传》等文献记载中对于穆王之巡，尽管是批评之声，但也可以证明在当时人们的心目中，穆王之巡的真实性是可靠的。而从《穆天子传》接受史来看，越是早期，信以为实的声音就越洪亮。而越往后，在疑古思潮的影响下，否定之声就越来越响亮。但后世持怀疑论者，也无法回避其在记叙西周史实方面的准确性。现代学者借用西方文体学的神话、小说概念来界定《穆天子传》，反而使得这个问题的解决陷入困境。并且从逻辑上说，时间越久远，记忆越模糊。艾利亚德说："对一个历史事件或是一个真实的人物的记忆，在民众的记忆中最多能维持两三百年，这是因为群众的记忆力难以保持个别的事件与具体的人物。"[①] 并且，《穆天子传》所载穆王的大臣毛班，见于周穆王时代制作的班簋铭文中，有学者提出："我确认其对中国原始社会的情况有所说明。"[②] 从陕西扶风大型西周

① Mircea Eliade，The Myth of the Eternal Return（Translated from French by W. R. Trask），New York，Pantheon Book，1954.p.43.

② 吕振羽：《史前中国社会研究》，河北教育出版社 2000 年版，第 96 页。

墓葬的发掘等新的考古资料来看，穆王西巡至西王母之邦的可能性是存在的。《穆天子传》作为记事之书，至少可以肯定它反映了西周前期的这种历史文化背景。

对于第二个层面的问题，笔者倾向于认为《穆天子传》是以周穆史官的记叙为基础，至于它的完善、定型则有可能是稍后的事情。当然，在近两千年的流传过程中，仍难免存在文本的缺失错讹与删改的现象。而其真幻结合的叙事特征完全符合“神话历史”的逻辑。穆王时有记史之官，《竹书纪年》曰：“二十四年，王命左史戎夫作《记》。”[①]穆王之“征巡”作为重大的君王之事，被当时的史官记载下来的可能性是存在的。通过文本细读，可以追寻到其早出的一些迹象。其一，从文化变异性的角度来看，它反映了游牧文化时期的英雄理想，而不是农耕文化时期的帝王典范。其二、从其语言来说，重复的表述是《穆天子传》语言的一大特点，以“爰有”、“膜拜”为标志的不断重复的语词反映了《穆天子传》创作的早期特征。其三、对于《穆天子传》与《山经》中“金、玉”概念的比较中，可以看出《穆天子传》的写作至少应早于《山经》。应该说，对于《穆天子传》作为史书的真实性之怀疑源于其记叙之人、事的荒诞。从《穆天子传》的思想内容来看，确实充满了巫幻的色彩。此书中对于穆王形象、行为的描述，也确实存在着将其神化的倾向。这种“神化”现象的产生，有两种可能性：一是客观的原因。在文明初期或者说童稚时期，人们不可能以所谓的唯物主义世界观来记史、记事。生产力水平、文明发展的程度决定了初民认识世界的方式只能是“神话世界观”。所以即便《穆天子传》的作者意在“记实”，也很难避免想象的成分。这个想象不是文学虚构性质的想象，而是由于当时人们思维意识的局限性所决定的理解与表达世界的方式。在这个意义上，你可以将《穆天子传》定义为神话。而后人以之为“幻”，也是因为先民意识世界中的真实与现代人所以为的已经有很大的不同。后人以之为“真”，则是因为在这种看似荒诞的表述中，仍然可以发现非常真实的思想情感。二是主观的原因。将国王（或本民族的文化英雄）神圣化的情绪，本是一种在世界范围内存在的文化现象，尤其是在

① 王国维：《今本竹书纪年疏证》卷下，见方诗铭、王修龄辑录：《古本竹书纪年辑证》，上海古籍出版社1981年版，第247页。

蒙昧时期。再联系穆王时期特殊的政治背景来看，如果《穆天子传》是作为权力话语表达的政治文本、王者之书，那么，它的作者也可能具有虚构的主观意图。

其次，《穆天子传》的文化阐释将如何进行？这涉及到阐释的可能性与方法的问题。

在近两千年的文化背景中，《穆天子传》的国内研究走的是所谓国学研究的道路，即以笺释校注为主要方法。在文字训诂和史地考证方面，前辈学人做出了非常令人敬佩的扎实工作。近两百年来，《穆天子传》的国外研究也渐有值得重视的成果呈现。国外研究者中有一部分学者，比如日本学者小川琢治和国内研究者的道路还是相仿的。但是在上个世纪六七十年代以来，西方研究者在观察视角和阐释方法上面，表现出了与国内研究者之间较大的不同。但遗憾的是，由于文化背景的差异，他们在阐释文本所反映的文化现象与其语境之间的关系之时，往往很难深入探讨，而本土学者虽然具有这方面的天然的优势，却可能更习惯于以传统的思路来切入《穆天子传》研究，所以在国外研究和国内研究之间存在一个空白或者说可以交叉的地带。但究竟要如何承续本土研究之传统，并在此基础上适当借鉴国外研究者新的阐释理论、方法来解读经典文献？其难有三。一、这需要建立在准确而恰当的文本细读的基础之上。由文本的误读而来的只能是无效阐释。二、这需要建立在对于本土文化精神的充分理解与把握之上，不可以西度中。最后，还需要调整阐释者的现代视野与文本的历史存在之间的距离，不可以今度古。

《穆天子传》的文化阐释还需要把握一个原则，即变与不变的关系。三千年的时光流转，“自其变者而观之，则天地曾不能以一瞬；自其不变者而观之，则物与我皆无尽也。”从“变”的眼光来看，必须把握《穆天子传》所体现的文化内涵与历史背景之间的关系，《穆天子传》作为一个文化文本它所表现的一切人的思想、情感都是当时社会生活的一种反映。它的记叙与其它存世文献之间的同与异，以及产生的原因，也是阐释的张力之所在。本书对于《穆天子传》文本的阐释中，强调对主人公穆王形象的分析。这其中有两点值得注意。第一点是褒贬的问题。从接受史的角度看，其它传世文献对于穆王之政的负面评价与《穆天子传》中对穆王形象的正面塑造之间产生了很大反差，需要追问产生这种差异的原因。第二点是穆王作为巫之身份特点的疑问。穆王的原型之所以在后世颇遭质疑，与《穆天子传》中表现的穆王近巫的特性应该说是相关的。这需要从历史发展的趋势来分析，这种现象的出现，它是否具有逻辑性？又具有什么样的意义？

从不变的角度来看，人类对于财富、权力、爱情和生命的追求是亘古不变的主题。而"为了理解流行至今的神话人物的全部价值，我们必须懂得，他们不仅是无意识的表现，而且控制和规定了某些精神原则的陈述，这些精神原则在整个人类历史上始终保持不变，如同人体本身的形状和神经系统一样。"[①] 无论社会如何变迁，关于人类生存和我们自身的永恒事实，却永远无法轻易改变。《穆天子传》作为一个文化文本的永恒魅力正在于它陈述了某些在人类历史上始终保持不变的精神原则，这也提供了《穆天子传》的文化阐释的一个基点。《穆天子传》的文化阐释，以穆王之路为主要线索，分三个部分展开，解析穆王之路的真实内涵，探寻穆王的西巡东进，这种"在路上"的状态中所包含的某些历经千年、我们仍然可以与之共鸣的情感和观念。

最后，《穆天子传》的文化阐释究竟具有什么样的意义？穆天子，不仅是一位罕有其匹的神奇的国王，更是一位亘古少有的传奇英雄，在标榜中庸平和价值观的儒家文化背景中，他的存在，具有独特的魅力。《穆天子传》不仅因其文体学的开拓性意义而在中国文学史中具有重要的地位，更因其包孕丰富的文化内涵而在中国文化发展史中具有不可替代的意义。如何通过分析其中所反映的知识、思想、意识形态与社会群体、文化制度、历史情境、时代精神、民族文化心理等社会文化之间的联系，再以人类学"内部理解"的视野，还原其产生的原语境，"解释和说明人类生活的必然经验及其永恒循环往复的悲哀与欢乐"[②]，是在知识全球化的历史语境下，《穆天子传》的研究者所需要关注的新问题。

---

① Joseph Campbell, The Hero with a Thousand Faces, Meridian Books, Bollingen Series no.17. New York.p.257.

② ［瑞士］荣格，冯川、苏克译：《心理学与文学》，三联书店 1987 年版，第 128 页。

第一章《穆天子传》研究史回顾与前瞻[①]

导　读： 国内关于《穆天子传》的研究，较重要的始于清人孙诒让、黄以周、龚自珍。民国期间研究者众多，在二十世纪三、四十年代形成一个研究高潮。如张公量、顾实都有系列研究问世，体现出明显的时代特征。建国后的第一个三十年中，研究成果数量上虽不多，但顾颉刚、王范之以及台湾学者卫挺生等人的研究可以说开了一个《穆传》研究的新局面。八十年代、九十年代以后，《穆传》研究阻滞于《穆传》性质等关键性问题，进展缓慢。《穆传》之国外研究与国内的研究之间有密切关联，这是应被重视而少有提及的。其中欧美学者如法国学者雷米·马迪厄和林恩·波特等人，以及日本学者小川琢治等做了重要的工作。

本章分为《穆天子传》的国内研究和国外研究两个部分。

一、《穆天子传》的国内研究从研究现状来看，其核心问题是它的性质研究。如果以民国为界，分两个时期进行梳理可以看到明显的阶段性特征。民国前的历代著述中出现了三种观点。或以之为信史、实录，这种观点始于隋。或以为别史、传记，这种观点始于宋。或以之为小说、传奇，这种观点始于明。在民国以前，对《穆天子传》的性质认知体现出两个特点：一是对其文体性质的不确定性。二是对其文体的界定存在一个从"历史说"到"虚构说"的大致发展趋势。

民国至今近百年的研究当中，对《穆天子传》性质的讨论基本上没有超出前人的范围，只是在具体的论证方面做得更细致、更深入了。这一时期的研究可以分为两种观点。

---

① 自郭璞以来，校注《穆天子传》者甚众，一般以洪颐煊本（郑尧臣辑《龙溪精舍丛书》翻平津馆本）为最善，本文所引之《穆天子传》原文据此本。

以《穆天子传》所记载为史实的观点中，又分为两种意见，一种是认为《穆天子传》确是西周史官所作的“信史”、“实录”。其中代表性的研究者有顾实、丁谦，岑仲勉等人。另一种意见则是认为《穆天子传》所记的穆王征巡情况乃是真实的历史记载，但未必是西周史官作成的，也可能是周以后时期的追叙。这里面也可以分为“游记”说和“史料”说。

而以《穆天子传》所记为虚构的观点中，存在比较复杂的情况。这个虚构分为两层意思，一是指《穆天子传》所记并非西周的历史，但它可能反映的是战国时期或之后的史实，只不过是假托了西周穆王时期这样一个历史叙事的空间，它的成书时间被从战国推迟到汉代以后。二是指《穆天子传》从根本上说就是以虚构想象形成的一个文学作品，它的文体性质应该被定义为小说或者神话。就“小说说”而言，研究者们试图将之更细致地分为：神话小说和历史小说。但这种分类本身显然是有问题的。何谓历史小说？大家的定义并不一致，也因此引起了更多的争执。除此之外，对《穆天子传》的小说性质，还有众多的分类，如“杂传小说”、“传记小说”、“志怪和神魔小说”等等。同样，“神话说”的表述又与历史、小说难分难舍。随着近年来学者们对中国古代文化中的萨满因素的逐渐认识，也有人从这个角度来理解《穆天子传》。除神话说、小说说以外，还有史诗说等提法，不一而足。

与《穆天子传》的性质问题相关联的应该还涉及到穆王原型及其征巡目的等问题。穆王的原型是谁？这对于持历史说的研究者来说，不成问题，自然就是西周天子穆满。而持虚构说的学者，则提出了各种不同的意见。值得一提的有“赵武灵王说”、“中原商人说”、“汉武帝说”、“神巫说”等等。由于对《穆天子传》性质的认识不同，对穆王征行目的、路线的真实性也有相应的争议，由此也导致了他们在研究思路方面的差异：有的学者是从历史地理的角度来考证穆王征巡路线；有的学者则是完全从想象地理、神话地理的角度来解释穆王征巡路线。

《穆天子传》从被发现到现在，两千年过去了，它的性质研究作为《穆天子传》研究中一个至关重要而又悬而未决的问题，应该说阻滞了《穆天子传》研究的进一步展开。那么，在现阶段，是否可以暂时不再执迷于对《穆天子传》的文体性质作勉强的人为判定，而是去思考《穆天子传》这种在神话与历史之间存在的状态是如何形成的？这个新的思路或许有助于揭开《穆天子传》亦真亦幻的这层迷雾，并有可能在此基础上理解其反映的文化心态和时代精神之“真”。

二、《穆天子传》作为中国文化的一个奇异的标本，在很长时间内受到国外学者的注意。尤其是在近两百年的中西文化交流中，《穆天子传》的研究被纳入了多元文化视野，这其中较重要的有欧美学者和日本学者的研究。

大体上来说，《穆天子传》的国外研究，可以分为两个不同的时期。

自十九世纪末到上个世纪前半期为缓慢发展的阶段。这一时期的国外研究有两个问题是比较突出的，一是文化阐释的失效；二是文化阐释的失态。前者可能更多地反映了文化交流的初期症状，由于缺乏相互的了解而导致的文化误读，而后者应该说更多地源于西方中心主义的文化优越感。

二十世纪中后期以来，随着中国社会经济的发展，国力的增强，紧张的民族情绪渐渐缓解。在更为从容的心态之下，国内《穆天子传》研究的重点由种族民族问题、史地问题转向对《穆天子传》文学文化价值的探讨。同时期的国外《穆天子传》研究不仅与之相呼应，并且往往能够不断地切入新的视角，也因而使得国内外的研究呈现出一种前所未有的有效的文化交流与对话的良好局面。这一时期的研究也呈现出两个比较明显的特色：一是《穆天子传》作为虚构的文学作品的性质随着其研究史的发展而越见重视；二是跨学科的研究视角的引入。比如御手洗胜、雷米·马迪厄、德博拉·林恩·波特等学者即是从宗教学、神话学与社会学的多重角度对《穆天子传》展开了独到的分析。

总体而言，从心存芥蒂的文化冲突到有效的文化交流，《穆天子传》的国外研究也从一个侧面折射了时代背景和学术氛围的变迁。而《穆天子传》国外研究的新思路对于国内研究者也起到了一定的启发作用，它提醒后来的研究者在跨学科比较研究的新视角、新方法的应用方面，需要做出更进一步的努力。

第一节 《穆天子传》国内研究简述

一、《穆天子传》的性质问题研究

从研究现状来看，《穆天子传》研究的核心问题是它的性质问题。《穆天子传》：历史还是虚构？对于这个问题的回答，呈现出非常复杂的状态。①

在追本溯源之后，不难看出后人对其真实性的困惑应该是源于文本内容的所谓“荒诞”。荀勖《上穆天子传序》中是这样说的：

> 其书言周穆王游行之事，《春秋左氏传》曰：“穆王欲肆其心，周行于天下，将皆使有车辙马迹焉。”此书所载，则其事也。王好巡守，得盗骊绿耳之乘，造父为御，以观四荒，北绝流沙，西登昆仑，见西王母，与《太史公记》同。汲郡收书不谨，多毁落残缺，虽其言不典，皆是古书，颇可观览。

首先，荀勖认为它所记确实是“穆王游行之事”，并且是“古书”，对于它作为“史录”的文本性质并其成书时间应该是没有怀疑的。但是又说它“不典”，也就是认为其文字表述方面有荒诞之处。郭璞在《注山海经叙》中也有一段耐人寻味的话：

> 左传曰：“穆王欲肆其心，使天下皆有车辙马迹焉。”《竹书》所载，则是其事也。而谯周之徒，足为通识瑰儒，而雅不平此，验之《史考》，以着其妄。司马迁叙《大宛传》亦云：“自张骞使大夏之后，穷河源，恶睹所谓昆仑者乎？至《禹本纪》、《山海经》所有怪物，余不敢言也。”不亦悲乎！若《竹书》不潜出于千载，以作征于今日者，

① 在本文之前，也有研究者试图对《穆天子传》性质做出总结。靳生禾以为：“隋唐时期认为它是专记君王言行的，宋明多谓杂史别传；清人则多以文学小说看待，近代多以地理视之。窃以为确切的说法应是托古游记。”（靳生禾著：《中国历史地理文献概论》，山西人民出版社1987年版，第40页。）王洪涛认为：明代以前“史书说”成为共识。明清之际由史而子，“小说”说崭露头角。清时“疑古”说浮出水面，近代出现真伪之辨，引出成书年代的争论。（王洪涛着：《〈穆天子传〉性质研究综述》，《社科纵横》，2002年第4期，第53—55页。）这种历时的梳理当然是有益的，只是实际情况并没有这么简单。

则《山海》之言，其几乎废矣。若乃东方生晓毕方之名，刘子政辨盗械之尸，王颀访两面之客，海民获长臂之衣：精验潜效，绝代县符。于戏，群惑者其可以少寤乎？是故圣皇原化以极变，象物以应怪，鉴无滞赜，曲尽幽情，神焉廋哉！神焉廋哉！[①]

郭璞显然也是在强调《穆天子传》所记为真实的历史，但是因为它所记的事情后人看起来觉得很奇怪，所以像“谯周之徒”就不能理解，认为它是“妄”。《穆天子传》内容的这种“不合常理”，确实在很大程度上导致了《穆天子传》身份之难解。

下文以民国为界，分两个时期来稍加梳理。

（一）民国以前的研究

民国以前的研究基本上可以归纳为三种观点。

或以之为信史、实录。如《隋书·经籍志》第一次试图对《穆天子传》的体裁特征给予某种说明，认为《穆天子传》“体制与今起居正同，盖周时内史所记王命之副也。”[②]所以列为起居注之属。所谓起居注，《隋志》的定义是“录纪人君言行动止之事。《春秋传》曰：‘君举必书，书而不法，后嗣何观？’《周官》，内史掌王之命，遂书其副而藏之，是其职也。”[③]这之后，《旧唐书·经籍志》、《新唐书·艺文志》、宋陈振孙《直斋书录解题》、郑樵《通志·艺文略》、明焦循《国史经籍志》、清徐干学《传是楼藏书目》从之。清人为《穆天子传》所作的序文也多作“证史”的努力，如陈逢衡《穆天子传注补正序》称它是“古之起居注也，语直而奥，词约而简”。洪颐煊《校正穆天子传序》亦云：“虽残编断简，其文字古雅，信非周秦以下人所能作。”曾力行《默斋先生穆天子传疏序》也说：“《穆天子传》为史家起居注所自始。”

或以为别史、传记。宋《崇文总目》、晁公武《郡斋读书志》、《宋史·艺文志》、明何允中《广汉魏丛书》、清王谟《增订汉魏丛书》、钱谦益《绛云楼书目》、孙星衍《词堂书目》入传记类；宋尤袤《遂初堂目录》入杂传类；王应麟《玉海·艺文》入传录类；清张之洞《书目答问》则入

① 袁珂：《山海经校注（增补修订本）》，巴蜀书社1993年版，第543页。
② ［唐］魏征等：《隋书》卷三三，中华书局1973年版，第966页。
③ ［唐］魏征等：《隋书》，第966页。

史地类别传。

或以之为小说、传奇。明祁承㸁《澹生堂藏书目》、清姚际恒《好古堂书目》将其列入杂文类。后《四库全书总目》始明确将之归入小说家类，提要称其“多夸言寡实”，又加案语云：

> 穆天子传旧皆入起居注类，徒以编年纪月，叙述西游之事，体近乎起居注耳。实则恍惚无征，又非《逸周书》之比，以为古书而存之可也，以为信史而录之，则史体杂，史例破矣。今退置于小说家，义求其当，无庸以变古为嫌也。①

章学诚在《文史通义》卷六《和州志列传总论》中也说：“《穆天子传》、《汉武内传》，小说之属也。”②

以上所罗列的关于《穆天子传》性质的种种不同认识概括起来提供了两个信息：一是其文体性质的不确定性。二是对《穆天子传》性质的认知从总体上说似乎存在一个从历史说到虚构说的大致发展趋势。

（二）民国至今近百年的研究

总体来说，民国以来对《穆天子传》性质的讨论基本不出前人的范围，只是在具体的论证方面更细致深入了。研究者的观点主要可概括为以之为“史实”说和“虚构”说。

具体说来，以之为史实的观点中，又有两种意见。

一种意见是认为《穆天子传》确是西周史官所作的“信史”、“实录”。其中代表性的有顾实、丁谦、岑仲勉等人。针对早被黄云眉讥讽，以为“殊不及四库总目之审慎”的伪书说，持历史论者执意反驳③，其中以顾实与岑仲勉用力最勤。他们试图从各方面将《穆天子传》落实。或从历法和天文方面推算入手，如顾实以历法立论，认为《穆天子传》用周正，自当为周书：“《穆天子传》何人所作，则周史也。何时所作，则穆王十三年及十四年，西征往还之际也。”（《读〈穆天子传〉十论》）并在《＜穆天子传＞西征讲疏》中，列举“八不类”，力辨此书不可能为战国作品。或是从

① ［清］永瑢等：《四库全书总目》卷一四二，中华书局1965年版，第1205页下。

② ［清］章学诚，叶瑛校注：《文史通义校注》卷六《外篇一》，中华书局1985年版，第668页。

③ 黄云眉：《古今伪书考补证》，齐鲁书社1980年版，第80页。

名物情节上去落实，刘师培在这方面做了一些工作，他以为：是书“所载宾祭、礼仪、器物亦与《周官礼》、古礼经相符”。[①]常征则从研究古今地名的变异及民族兴衰变迁入手，逐条排比训释，从书中找出真实性证据十一事，力辩“《穆天子传》者，西晋所出汲冢周书也，非晋人伪造，非汉人伪文，亦非战国时人作”[②]，而是亲身跟随周穆王征巡四海的西周史官所作的先秦古籍。后来的附和者众多，如孙致中认为此书“即使不是穆王的史官也必定是西周的史官所作”[③]。王天海也持同样的意见，认为是西周时作品，作者“或是穆王时史官，或是穆王身后之史官”，但肯定“是记载周穆王西征、东巡的实录性散文。”[④]

另一种意见是认为《穆天子传》所记的穆王征巡情况乃是真实的历史记载，但未必是西周史官作成的，也可能是周以后时期的追叙。这里面也可以分为“游记”说和“史料”说。

张星烺以为它是旅行日记：“吾友王桐龄君近著《东洋史》，亦谓‘《穆天子传》小说体裁，所载之事，未敢尽信’云。王桐龄为史学专家，乃亦为此批评，吾诚不解其故。中国小说中，有第二部书其体裁与《穆天子传》相似者欤？书之称为小说，必其言怪诞难信，无可考证。至若《穆天子传》乃一纯然旅行日记。依其干支，考证地理，皆历历不误。而王君竟谓所载之事，未敢尽信。吾不知书中究有何处使王君不敢信之也。行程日期、方向、山川，皆清了如是，而不之信。是何异百余年前欧洲人诋《马哥孛罗游记》为小说，马哥为伪托之人物乎？”[⑤]因此将其作为中西交通的史料来源。其后附和者甚众，只是言辞或不如张氏之确凿而已。又如，“《穆天子传》是先秦唯一的也是我国第一部游记体地理著作，我国丰富多采的游记撰着的前驱。”[⑥]“《穆天子传》作为目前所见我国先秦时代惟一的、也是我国第一部游记体地理著作，在科学史上具有一定的地位。”[⑦]

---

① 刘师培：《刘申叔遗书·穆天子传补释序》，江苏古籍出版社1997年版，第1171页下。

② 常征：《穆天子传是伪书吗？》，《河北大学学报》，1980年第2期，第37页。

③ 孙致中：《穆王西征与穆天子传》，《齐鲁学刊》，1984年第2期，第80页。

④ 王天海：《〈穆天子传〉考略》，《古籍整理研究学刊》，1997年第4期，第24页。

⑤ 张星烺编注，朱杰勤校订：《中西交通史料汇编》，中华书局2003年版，第1册，第89页。

⑥ 靳生禾：《中国历史地理文献概论》，山西人民出版社1987年版，第40页。

⑦ 路甬祥总主编，汪前进主编：《中国古代科学技术史纲·地学卷》，辽宁教育出版社1998年版，第2页。

持“史料”说的学者则认为《穆天子传》虽非西周信史，但大体上有历史根据，有一定的史料价值，也即侧重于承认其部分的史实性而不完全排除夸张的成分。

1952年杨树达发表的《毛伯班簋跋》中说：“《穆天子传》一书，前人视为小说家言，谓其记载荒诞不可信，今观其所记人名见于彝器铭文，然则其书固亦有所据依，不尽为子虚乌有虚构之说也。”[①]后来唐兰考释班簋时也说：“毛班见《穆天子传》，此书虽多夸张之语，写成时代较晚，但除盛姬一卷外，大体上有历史根据的，得此簋正可互证。”[②]杨宽以为：“这本书所以有真实的史料价值，由于作者采自一个从西周留存到战国的游牧部族河宗氏的祖先神话传说……先秦时代西北地区分布有许多戎狄的部族，中原的王朝或诸侯，企图兼并这些部族和扩大统治地区，不外乎两种手段，或者用安抚的策略，或者用武力征服，或二者兼而用之。周穆王是兼用两种策略的……《穆天子传》所述周初历史的正确性……西周初期胡巫的东来，可以说是早期中原和西域文化交流之中的一个特点。”[③]王贻梁说：“《穆天子传》卷一至卷四所载穆王西征虽然未可就定为穆王其人之事，但其中必有先秦（主要是西周）时的史料则是无疑的。”[④]尹盛平也认为：“《穆天子传》成书于战国时期当是可信的。战国人讲述周穆王西巡狩见西王母的故事，难免有夸张演义的成分，但是不能因此而否定穆王出访西王母的史实……如果说过去对周穆王西巡狩见西王母的史实还持怀疑或半信半疑的态度，那么由于周原考古的重要发现，使得这一故事更加可信，甚至完全可以成为史实了。”[⑤]

在以《穆天子传》为虚构的提法中，则存在比较复杂的情况。

所谓虚构可分为两层意思。一是《穆天子传》所记并非西周的历史，它可能反映的是战国时期或之后的史实，只不过是假托了西周穆王时期这样一个历史叙事的空间，它的成书时间甚至被推迟到汉代以后。二是《穆天子传》从根本上说就是以虚构想象形成的一个文学作品，它就是小说或

---

① 杨树达：《毛伯班簋跋》，见《积微居金文说》，上海古籍出版社2007年版，第191—192页。

② 唐兰：《西周青铜器铭文分代史征》，中华书局1986年版，第355页。

③ 杨宽：《西周史》，上海：上海人民出版社1999年版，第603页，第614页。

④ 王贻梁：《〈穆天子传〉的史料价值》，《华东师范大学学报》，1994年第6期，第51页。

⑤ 尹盛平：《周原文化与西周文明》，江苏教育出版社2005年版，第301—302页。

者是神话。

自清王谟《穆天子传·后识》提出："战国时因《列子书》周穆王有驾八骏宾西王母事，依托为之。"现代学者多持战国说。如袁珂推测《穆天子传》的成书年代是"在《诗经》之后，《楚辞》之前，"[①] 王范之则着重通过对《穆天子传》用语和文法的考查，得出春秋末战国初的结论。[②] 顾颉刚说："我以为穆王西巡的故事是秦赵二国人所传播。秦赵同祖，……秦赵人既有御马和养马的能力，所以发生了八骏的传说，而归之于造父所御；造父是周穆王的御者，所以穆王就乘了八骏，大出风头，长驱直入西王母之邦了。这是穆王远游的传说的起因。至于《穆天子传》这部书的出现，我以为在赵国……这辈宣传的人们或者希望武灵王以穆王为轨范而走到西北的尽头，或者要把武灵王的工作理想化而托之于穆王，或者要使赵人谅解武灵王的举动而'托古改制'地表示穆王的前型，都未可知，反正在此种时代需要之下出了这部《穆天子传》。所以，我敢决然说：《穆天子传》的著作背景即是赵武灵王的西北略地。"[③] 卫聚贤也认为是战国时作品，他根据《穆天子传》用夏正纪日，用字非秦字，以及与《史记·赵世家》所载造父事的比较分析，认为《穆天子传》成书于战国初年。为匈奴中山人作，在魏出土，应与魏国有关。[④] 附和者赵俪生说："此书可能是参与穆王游行的人，传说而来，由战国时期的人（或魏国史官）编写成书。"[⑤] 而王成组进一步推算："查魏国称王始于公元前334年。《穆天子传》倘若是魏国的文人所作，成书后进献于统治者获得赞赏，以至在公元前299年成为殉葬品，其成书的年期可能是在公元前340—310年之间。他创造出大西北的广大幻想境界，似乎早于《五藏山经》半个到一个世纪。"[⑥] 朱渊清则更进一步，提出此书乃是战国初魏方士敷衍而成。[⑦] 后，常金仓也同意是

---

① 袁珂：《中国神话传说》，人民文学出版社1998年版，第56页。

② 王范之：《穆天子传与所记古代地名和部族》，《文史哲》，1963年第6期，第61—67页，第78页。

③ 顾颉刚，钱小柏编：《〈穆天子传〉及其著作时代》，《顾颉刚民俗学论集》，上海文艺出版社1998年版，第1—21页。

④ 卫聚贤：《穆天子传研究》，语历所周刊，1929年第9期（100），第3972—4013页。

⑤ 赵俪生：《寄陇居论文集》，齐鲁书社1981年版，第200页。

⑥ 王成组：《中国地理学史》（先秦至明代），商务印书馆1988年版，第92页。

⑦ 朱渊清：《王家台〈归藏〉与〈穆天子传〉》，《周易研究》，2002年第6期，第9—13页。

战国方士之作，他以为是昭公十二年传启发了《穆天子传》的作者。①

伪书说盛于清，将《穆天子传》的成书时间进一步推后。清代姚际恒提出《穆天子传》“多用《山海经》语，其体制亦似起居注。起居注者，始于明德马皇后，故知为汉后人作。又多于《纪年》相合，亦知为一人之作也”。②童书业先生以是书同《史记》、《汉书》对校，因诸多雷同，提出四可疑：一曰王母之人化也。二曰膜拜礼之晚出也。三曰皇后名之可疑也。四曰纪事与史、汉体例同也，最后竟然认为是西晋人所选。③童舒业是《古史辨》派领袖顾颉刚的弟子，疑古风潮支配下的古书辨伪观点，于此可见一斑。附和者有王庸等人：“穆天子传一书，体裁为旅行记性质，而其事实之荒唐，似又过于山海经，惟此书内容，颇有作伪之嫌。其时代或后于山海经与禹贡，童书业氏《穆天子传疑》赞同姚际恒之定为汉以后作之说，其所举可疑之点凡四，虽不详备，而甚简明。”④

对于《穆天子传》晚出的迹象，人们提出了种种推测。“穆天子传非本纪体。天子曰纪，卿大夫曰传，史臣之通例，穆天子何以称传乎？抑穆天子时之西域传乎？其文惝恍若小说，然郭璞注本，相传至今，虽伪书，亦汉人述周室之轶事。”⑤杨宪益同样认为是汉人所作，并进一步推测其作者为汉武帝时的虞初。他指出：“《穆天子传》应该最早是成于汉武帝时，最晚也不会晚于西汉末年……《汉书·艺文志》载有《虞初周说》九百四十三篇。虞初是河南洛阳人，武帝时以方士侍郎，为黄车使者，应劭说：‘其书以《周说》为本’，《史记》言虞初曾以方祠诅匈奴大宛。汲郡所发现的这一批书，似乎就性质与时代看起来，很可能就是虞初的《周说》。”⑥

只是，不管认为《穆天子传》的作者是周人、还是战国赵人、魏人，以及汉人、晋人，这些观点都还要面对一个问题，即《穆天子传》是群

① 常金仓：《〈穆天子传〉的时代和文献性质》，《社会科学战线》，2006年第6期，第126—133页。

② 姚际恒原著、顾实重考：《重考古今伪书考》卷二，大东书局1918年版，第2页。

③ 童书：《童书业历史地理论集·中国古代地理考证论文集》，中华书局2004年版，第168页。

④ 王庸：《中国地理学史》，商务印书馆1998年版，第1页。

⑤ ［清］林传甲编：《中国文学史》第八篇《周秦传记杂史文体》。见陈平原辑：《早期北大文学史讲义三种》，北京：北京大学出版社2005年版，第97页，影自1910年武林谋新室校正本。

⑥ 杨宪益：《译馀偶拾》，三联书店1983年版，第99页。

体创作还是个人创作的作品？简单来说，不外三种看法。一种意见以为："《穆天子传》似乎不是全部出于同一作家之手，而是三家的创作汇成的专题集。全书六卷，前四卷叙述要转向西方的远游，后二卷叙述两次向东的出巡，文笔各不相同，似乎是另外两家的作品。三次都以南郑为归宿或出发点，但是叙述的内容各有不同的特征。"① 另一种意见以为："《穆天子传》，是我国第一部由文人有意识创作的神话小说……可以断定《穆天子传》最晚也是出于战国时某文士之手。"② 还有一种说法莫衷一是："看来《穆天子传》的作者也是这样的一位'学者'吧……赵国本有造父御穆王的故事，经了武灵王开雁门、云中、九原的刺戟，加以《山海经》中昆仑丘和西王母的神奇的鼓吹，于是赵国的学者们把事实、想象、神话结合在一块，替穆王做出了一部排日的游记来。"③ 目前对这个问题的讨论还有待深入，笔者认为在比较六卷的语言风格、史地名物的同异性之外，还需要更进一步去探讨其在思想内容上是否存在某种逻辑关系。而这种内在关系的成立与否应该对于判定《穆天子传》的六卷是否成为一个自成体系、不可分割的艺术整体起到关键性的作用。

《穆天子传》作为纯粹"虚构"的文学作品的性质似乎随着研究史的发展而越见重视。这其中又有以之为小说和神话两种提法。

自明胡应麟以为《穆天子传》："文极赡缛，有法可观，三代前叙事之详无若此者，然颇为小说滥觞矣。"④ 之后，清《四库》将之收入小说类。后之学者直接沿袭旧称，以其为"小说之祖"、"小说之源"、"中国第一部小说"。⑤ 如郑杰文认为它："为我国传人文学特别是古小说的发展提供了一种结构模式。"⑥ 马振方认为它："在一定程度上突破编年史志，初具小说品

① 王成组：《中国地理学史》（先秦至明代），商务印书馆 1988 年版，第 90 页。

② 张德鸿等编：《古代文苑第一枝》，云南少年儿童出版社 1987 年版，第 25 页。

③ 顾颉刚，钱小柏编：《顾颉刚民俗学论集》，上海文艺出版社 1998 年版，第 18 页。[

④ [明] 胡应麟：《少室山房笔丛》卷三四《三坟补逸下》，上海书店 2001 年版，第 347 页。但与此同时，明胡应麟又说："《穆天子传》六卷，其文典则淳古，宛然三代范型，盖周穆史官所记。"可见明人的小说概念是非常宽泛的，与西方文体学中的小说概念有很大的区别。明人甚至认为："六经国史而外，凡著述皆小说也。"（可一居士（冯梦龙），《醒世恒言叙》，见丁锡根编著：《中国历代小说序跋集》中册，人民文学出版社 1996 年版，第 779 页。）

⑤ 许倬云：《西周史》（增订本），三联书店 2001 年版，第 190 页。

⑥ 郑杰文：《〈穆天子传〉对〈左传〉文学手法的变革》，《文史哲》，1994 年第 4 期，第 94 页。

格特征。”[①]

就“小说说”而言，研究者们还试图做出更细致地分类。曹础基曾试图简单地把“小说说”归为两类：即历史小说和神话小说。[②]但这种分类是有问题的，何谓历史小说？大家的定义并不一致。在历史与神话之间，大家可谓各执一端，一方以为：“可称为历史小说……可视为起居注的萌芽……是研究上古民族交流史的珍贵史料。”[③]顾颉刚认为“这是一本西周的历史小说。凡是历史小说，书中的人和事都是真的。一些说的话，是假的，一般都有百分之七十的真实性。”[④]刘毓庆也说：“它以史实为基因，掺之奇逸之想……《穆天子传》，便是一部略具雏形的历史小说，也是最早的一篇传记文学……我认为这当是因周之史官失守，官府档案流落民间，好事者得之，据以为本，掺以传闻而选出的传奇故事……虽有‘托想奇逸’的浪漫色彩，而基调却是现实的。它为后世历史小说的创作，开辟了一条道路。”[⑤]这是偏重于其“历史”的一面。

而另一方却强调其作为“神话”的特质。比如持“历史小说”论的袁珂说：“周穆王西游，还是有一些历史的凭依，不过写作此传的人特地用好些神话传说做材料来加以渲染罢了。它本来是受神话影响而成的文学作品，应当放到影响史中去谈，但此书一出，立刻又成了新神话（传说）。”[⑥]他认为《穆天子传》不过是采取一些神话材料编写的一部神话性质的历史小说。确实也有几位研究者提出“神话小说”的意见，如高亨、董治安、冯天瑜等。但真正的问题不在于如何命名，而在于如何界定“历史小说”中的神话和“神话小说”中的历史呢？

除此之外，对《穆天子传》的小说性质，还有众多的分类，如“杂传小说”：“它的出现标志着小说文体的初次形成以及杂传小说的形成……其中的某些地名、史实的可靠性并不能成为否定它是小说的依据，这在小说

---

① 马振方：《大气磅礴开山祖——〈穆天子传〉的小说品格及小说史地位》，《北京大学学报（哲学社会科学版）》，2003年第1期，第85页。

② 曹础基主编：《先秦文学集疑》，广东高等教育出版社1988年版，第92页。

③ 周谷城，姜义华主编：《中国学术名著提要·历史卷》，复旦大学出版社1994年版，第300页。

④ 顾颉刚，何启君整理：《中国史学入门》，北京出版社2002年版，第55页。

⑤ 刘毓庆：《古朴的文学》，北岳文艺出版1988年版，第395页。

⑥ 袁珂：《中国神话史》，上海文艺出版社1988年版，第56页。

中尤其是杂史杂传小说中是常见的现象，因为小说本来就脱胎于史书。”[①]或“传记小说”：“本书用编年纪月形式，将神话与历史传说融为一体……书中受史传文学影响，记事以人物为中心，将人物行为、对话及赋诗酬答等融为一体。语言亦散韵结合，与志怪小说粗陈梗概者相比，已明显不同。其中对穆王与西王母相见欢饮及盛姬病逝哭葬两节，尤为传神感人。其文体实为唐人传奇之先导。”[②]还有以之为“志怪和神魔小说”等等。

而同样，“神话说”的表述又与历史、小说难分难舍。如鲁迅在《中国小说史略》中提出小说之渊源是神话，认为《穆天子传》是“多含神话及传说之书”。[③]茅盾《神话研究》中也持《穆天子传》是神话与历史结合的观点，后来不断地有附和之声。王成组提出：“可能是当时的一种民间传说。这种传说正如许多于书中常见的故事和寓言一样，类似一种神话，而并非可靠的历史事实。尽管提到少数人物或地点，只是借用来装点成一些近似历史背景的假相。《穆天子传》这部神话故事的特征，是采用广泛旅游的方式来叙述。这正和西方古希腊荷马史诗中的主要神话故事一样……《穆天子传》一书，前四卷一气呵成编成的历史性神话，具有相当风趣……五、六两卷可以说是狗尾续貂，想象力和写作技术都远不及前四卷。[④]或者认为它是“神话与历史合谐统一的先秦古籍”。[⑤]

对于《穆天子传》的神话性质特点，也有不同的分析，如有人认为是“古神话和仙话的界碑或分水岭”。[⑥]随着近年来，学者们对中国古代文化中的萨满因素的逐渐认识，也有人从这个角度来理解《穆天子传》，如王孝廉也认为：“《穆天子传》是巫经过一定的入巫仪礼，进入神巫的幻境而做的远游仙境的神话故事，而不是历来许多学者主张的周代帝王穆王远巡的历史事实……周穆王所经历的一切，只是假寐刹那的梦游……《穆天子传》中的穆王见西王母之旅，只是巫幻的天国之路，而不是历史记实的

① 李剑国：《杂传小说〈穆天子传〉》，南开大学文学院《文学与文化》编委会编：《文学与文化》第4辑，天津：南开大学出版社2003年版，第283页。

② 宁稼雨：《中国文言小说总目提要》，齐鲁书社1996年版，第28页。

③ 鲁迅：《中国小说史略》，《鲁迅全集》（八），人民文学出版社1957年版，第1页。

④ 王成组：《中国地理学史》（先秦至明代），商务印书馆1988年版，第90页。

⑤ 文恕：《论〈穆天子传〉的神话特色》，《太原师范学院学报（社会科学版）》，1991年第1期，第35页。

⑥ 龚维英：《穆天子传是古神话与仙话的界碑》，《求索》，1992年第3期，第96页。

旅行游记……比较《淮南子》的昆仑、《穆天子传》穆王所登的春山，可以看出春山也即是昆仑，再看《列子》所见的华胥之国，终北（穷发）之国，也可看出都是类似昆仑的超越现实界的理想乐园，《穆天子传》所记述的周穆王上昆仑见西王母的事，和《列子》中黄帝、大禹等古代神话帝王的巫幻之旅是一样的。”① 除神话说、小说说以外，还有史诗说等等提法，不一而足。

通过对以上《穆天子传》性质研究的简单回顾，很遗憾地看到，《穆天子传》从被发现到现在，两千年过去了，似乎仍然是“妾身未分明”。神话、历史、小说，激烈的争论之后仍然是谁也说服不了谁，于是只能看到众多的模棱两可之说：“《穆天子传》是我国第一部游记体地理著作，反映了周代与西北少数民族交往情况和有关地理的著作，为周代史料。《穆天子传》共六卷，用古文写成，大约成书于战国时期……其中保存有若干古代中西交通史料。最后一卷记周穆王妃盛姬之死及其丧仪，虽不属地理著述，却是难得的古代优美神话。” ② 又，“该书文辞质朴，其它穆王与西王母宴会酬答及盛姬之死部分较有小说意味……其中保存了古代东西方民族彼此友好交往的史科。《穆天子传》中且有部分神话因素。” ③ 又，“虽然《穆天子传》明显具有虚饰成分，但是其所含有的历史真实性也是不可忽视……《穆天子传》文笔具有小说与神话的色彩，” ④ 又，“它是先民们对国外的远古神话和历史传说相结合的产物，是中国古代地理文献中旅游记一类的鼻祖”。⑤ 又，“而开创了小说式的记史体书。” ⑥

在这种模棱两可的表述之外，有的学者直接以“过渡”、“转向”之说，来解释这种无法界定的尴尬处境。“近乎正统史书，但其中又大量记载神话传说和异闻趣事……它的内容不仅包括有准确、真实的正规史料，也收入了大量历史传闻、神话传说乃至街谈巷语、道听途说。该书的出

① 王孝廉：《岭云关雪·民族神话学论集》，学苑出版社 2002 年版，第 277 页。
② 汤勤福主编：《中国史学史》，山西教育出版社 2001 年版，第 62 页。
③ 徐喜辰，斯维至，杨钊等编：《中国通史》（第三卷），上海人民出版社 1994 年版，第 28 页。
④ 何平立：《狩猎与封禅：封建政治的文化轨迹》，齐鲁书社 2003 年版，第 44 页。
⑤ 班武奇：《勘察九州岛河山——中国古代地学》，人民日报出版社 1995 年版，第 20 页。
⑥ 宁梦辰等：《史书概览》，山西人民出版社 1986 年版，第 65 页。

现，标志了正史向别传野史进而向小说创作转移的一大趋势。”[①]

《穆天子传》性质之难定从辨证的角度来看也不难理解。“我们首先把文学看成为对一种外部‘生活’或‘现实’的评述……我们也是从把文学视为生活的反映进一步认识到文学是一种独立自足的语言。”[②]也即是说文学可以反映生活，但毕竟不是生活本身。《穆天子传》可以反映当时的现实经验、自然、想象的真实、社会条件，它本身却不是由这些东西构成的。因为从某种意义上说，文学是自我形成的，而不是由外加的东西所形成的。《穆天子传》的“亦真亦幻”，既是它与生俱来的特质，也是文本不断自我生成的结果。二十世纪末期国际史学界提出的打通文学与史学的新概念“神话历史”，将为《穆天子传》一书的重新定性打开前所未有的可能性。

二、《穆天子传》的其它问题研究

与《穆天子传》的性质问题相关联的应该还涉及到穆王的原型和征巡目的等问题。

穆王的原型，对于持历史说的研究者来说，不成问题，自然即西周之穆王，而持虚构说的，则提出了各种不同的意见。值得一提的有以下几说：

“赵武灵王说”：“赵武灵王……这种来去飘忽的样子，很像驾了八骏驰驱天下的周穆王……《穆天子传》的创作背景即是赵武灵王的西北略地。”[③]

“中原商人说”：“它所反映的实为春秋战国时期中原商队西行贸易情况，只不过作者假托那流传已久的周穆王游巡故事罢了。”[④]“作者认为传中的‘穆王’实际上是一个战国时期中原商人的模特儿”.[⑤]

---

① 刘真伦，兵珍选编:《历代笔记小说精华》(第一卷：先秦西汉魏晋南北朝)，四川人民出版社1999年版，第13页。

② [加]诺思罗普·弗莱，陈慧，袁宪军，吴伟仁译:《批评的解剖》，百花文艺出版社2006年版，第518页。

③ 顾颉刚:《古史辨自序》(下册)，河北教育出版社2000年版，第822页。

④ 莫任南:《从〈穆天子传〉和西罗多德〈历史〉看春秋战国时期的中西交通》，见牟实库主编:《丝绸之路文献叙录》，兰州大学出版社1989年版，第223页。

⑤ 钱伯泉:《先秦时期的丝绸之路——〈穆天子传〉的研究》，见牟实库主编:《丝绸之路文献叙录》，兰州：兰州大学出版社1989年版，第224页。

"汉武帝说"："就是不但《穆天子传》可证明是汉武帝时到西汉末年之间的作品，而穆天子也就是汉武帝。"[①]

"神巫说"："《穆天子传》中所见的周穆王，实是类似于《庄子》所见的那种'火不能热，水不能溺'之类的至人、圣人等神人范畴"。[②]

可谓各成一家之说，虽然未有定论，但从研究史的角度看，确实反映了一种变化，只是对这种变化及其原因目前尚缺乏梳理和分析。

由于对《穆天子传》性质的认识不同，对穆王征行目的、路线的真实性也有相应的争议。关于"穆天子"征行目的问题，顾实提出：西王母本是穆王之女，万里投荒，去伊朗高原为周王进行殖民事业；穆王西行，目的是探视女儿，并且视察西方边远的四境。[③]卫聚贤认为周族的始祖本是新疆西境的居民。《山海经》说："都广之野，后稷葬焉。"他以为这个"都广之野"，就是在今葱岭东坡的叶尔羌河流域。而周的先人为中亚、西亚迁来，穆王西征，本是朝拜周族的发祥地，他祖先的故乡。而周穆王所会见的西王母，在欧亚两洲交界的乌拉尔山。[④]顾颉刚则据文本说："穆王作一次西北方的大旅行，他的旅行目标似乎有两个：一是看昆仑山的宝玉，一是访问西王母这位女王。"[⑤]赵俪生说"因为《穆天子传》内容不是其它，而是一场官方的旅行，目的不外察阅山川、联系诸部落的头人和人民、采集一些异域中的动植矿物而已。"[⑥]另外，钱伯泉、莫任南等人提出穆王征行之路乃商旅之路。

对穆王的征巡路线问题同样众口不一。从研究思路方面看，大致分为两种情况，一种是从历史地理的角度来考证穆王的征巡路线。"其西行最远之地，有谓在中东两河流域的，有谓到达欧洲平原的，有谓在中亚地区的，有谓不出塔里木河流域的，还有谓不出青海的，也有谓不出今甘肃河西的。"[⑦]其中，顾实以为《穆天子传》中的"西北大旷原者，位于中国西

---

① 杨宪益：《译馀偶拾》，三联书店1983年版，第99页。
② 王孝廉：《岭云关雪：民族神话学论集》，学苑出版社2002年版，第277页。
③ 顾实：《穆天子传征西今地考》，《地学杂志》，1921年第12期，第1—10页。
④ 卫聚贤：《穆天子传研究》，《语历所周刊》，1929年第9期（100），第3972—4013页。
⑤ 顾颉刚：《古史辨自序》（下册），河北教育出版社2000年版，第810页。
⑥ 赵俪生：《寄陇居论文集》，齐鲁书社1981年版，第200页。
⑦ 杨建新编注：《古西行记选注》，宁夏人民出版社1987年版，第3—4页。

北，即今之欧洲大平原是也。”[①] 穆王西行见西王母，据刘师培说，西王母就是波斯，西膜就是塞迷人。[②] 丁谦说，西王母就是古代迦勒底国，亦即巴比伦的尼尼微城。[③] 在后来的研究者中，岑仲勉先生曾对《穆天子传》的西行路线作了较详细的考订，较为平实可信。[④] 莫任南在其基础上，提出周穆王进入新疆，越葱岭到中亚的这一段路线，就是以后“丝绸之路”的南道。[⑤]

另一种是完全从想象的、神话地理的角度来解释穆王的征巡路线。“我们只能说:《穆天子传》作者把河宗放在今包头或五原；自从西向渡河之后到了积石，在他意想中，积石是河套西北角的一座山；从积石以下就是南河，他大概要穆王沿了贺兰山南行，穆王走了五十余天到了昆仑丘，昆仑分明在积石的西南，很像现在青海的巴颜喀剌山，从此以后往北往西，到了西王母之邦，这一条路似乎是顺着祁连山走的，祁连山出玉，所以有群玉山。这是最平常的讲法，为一般好奇者所不乐于接受的。但我们须知，这个最平常的讲法在作者的脑中还是一片模糊的印象。在他的印象中，有《山海经》和《图》的书本知识，有商队所目睹的事实和传闻的神话；虽然这些知识也必有从很远地方间接又间接地传过来的，但在他的脑中已经不能想得这么远，因为现在我们所觉得不远的地方，在他看来已经是极遥远的了。”[⑥] 这种观点是认为《穆天子传》记叙的穆王征巡路线是虚构想象的，但是其中的地理方位、地点还是根据实际的情况而来。

而有的学者就完全将《穆天子传》中的山川地理看成是一个神话世界。比如王孝廉说:“华胥国所在的弇山之西，正是《穆天子传》所见‘天子遂驱升于弇山，乃纪名迹于弇山之石而树之槐，眉曰西王母之山’的西方昆仑，终北之国有神山、有甘泉、其人不夭不病、百年不死，不也是《淮南子》所见的仙境昆仑悬圃吗？我们从华胥和终北，似乎也可知《穆

---

① 顾实编纂:《穆天子传西征讲疏》，商务印书馆 1935 年版，自序，第 2 页。

② 刘师培:《刘申叔遗书·穆天子传补释序》，江苏古籍出版社 1997 年版，第 1174 页下、第 1175 页下。

③ 丁谦:《穆天子传地理考证》，《浙江图书馆丛书》本。

④ 岑仲勉:《穆天子传西征概测》，《中山大学学报》，1957 年第 2 期，第 26—48 页，又收《中外史地考证》上册，中华书局 1962 年版。

⑤ 莫任南:《从穆天子传和希罗多德历史看春秋战国时期的中西交通》，《西北史地》，1984 年第 4 期，第 50—58 页。

⑥ 顾颉刚，钱小柏编:《顾颉刚民俗学论集》，上海文艺出版社 1998 年版，第 21 页。

天子传》中穆天子所上的西王母山，也只是理想中的神话天国，而不是现实地图上的地名。”[①] 王成组说：“关于《穆天子传》所记旅游的神话性，最明显的确证是它的类似《五藏山经》中的若干山川为地理背景，而并不依据我国大西北的真实山川，这一种共同特点的指明，并不表明《山海经》曾经风行一时，而表明这两部作品中的幻想山川曾经在战国时代相当盛行。这一种在民间流行的观念，成为这些作品的共同根源，及至结合于作品里面的时候，只是异曲同工，而并非完全一致……足见《穆天子传》和《五藏山经》的地理成份，都是幻想超过现实……它们一方面依据战国时代民间流传的各种幻景和神话，一方面各自从中进一步发挥铺张。在地理资料早期零乱的条件下，主观想象的山岳川泽就可以任意摆布。历代注家还极力把古代作家幻想的山川，附会成为后代所了解的某些真实山川，甚至以这两部作品的内容细目彼此引证，殊不知同样是空中楼阁。”[②] 这种意见，从目前周原考古等发现的新材料看恐怕很难成立。

应该说要真正弄清楚《穆天子传》的性质问题，恐怕还要对《穆天子传》本身的文字结构有更深入的研究。《穆天子传》的字体，《晋书·束皙传》言为：“科斗字”。[③]《春秋左氏经传集解后序正义》则言之更详：“《束皙传》云：‘太康元年，汲郡民盗发魏安厘王冢，得竹书漆字科斗之文。’科斗文者，周时古文也。其字头粗尾细，似科斗之虫，故俗名之焉……诏荀勖、和峤以隶字写之，勖等于时即已不能尽识其书。”[④] 龚自珍提出反对意见，认为：“此籀文也，籀文孰作之？宣王朝太史臣籀之所作也。非西周世所行之文也。曷为明之？明非古文也。孰谓为古文？晋臣荀勖以为古文也，元、明契书家因以为古文也。古文简，籀文繁，古文但有象形指事，籀文备矣，晋臣不知其异。”[⑤] 顾颉刚则含混地说是“战国古字”：“《穆天子传》这部古小说书，到现在还有，内容全真。里边战国时候的古字很多。到西晋，人们就不认得了。”[⑥] 杨镰曾说是大篆：“竹简古旧，写的不是隶书，

① 王孝廉：《岭云关雪：民族神话学论集》，学苑出版社 2002 年版，第 277 页。
② 王成组：《中国地理学史》(先秦至明代)，商务印书馆 1988 年版，第 90 页。
③ [唐] 房玄龄等：《晋书》卷五一，中华书局 1974 年版，第 1433 页。
④ 《十三经注疏·春秋左传正义》，北京大学出版社 1999 年版，第 1722 页。
⑤ 龚自珍：《龚自珍全集》第三辑《最录穆天子传》，上海人民出版社 1975 年版，第 247 页。
⑥ 顾颉刚，何启君整理：《中国史学入门》，北京出版社 2002 版，第 55 页。

不是小篆，而是先秦古文字——大篆。”[①]不知何据。应该说，《穆天子传》的字体认定对确定《穆天子传》之年代、性质有重要价值，但年深日久，古物不存，使这个问题的解决难以期待。而《穆天子传》的文字结构问题应与《穆天子传》的作者问题联系起来分析，它究竟是官修还是民间传闻的汇总？它究竟成于一人之力还是多人之力？对于这些问题的分析都有待回归于文本本身的分析。

总结起来，如果说民国期间的《穆天子传》研究能体现出明显的时代特征，对《穆天子传》之史地问题的考证体现了一代学人对国家民族命运的焦虑，五六十年代顾颉刚、王范之以及台湾学者卫挺生等人的研究可以说开了一个《穆天子传》研究的新局面，七八十年代的《穆天子传》研究已然在做总结的工作，而九十年代以后，《穆天子传》研究在思路上基本上没有什么进展，因为阻滞于《穆天子传》的文体性质等关键性的问题，研究者们在无休止的争议中耗废了大量精力。当然，并不是说这些争论毫无意义，最起码这些争议说明了一个基本事实，也就是《穆天子传》具有某种难以明了的复杂性与神秘状态。

《穆天子传》性质之迷，简明地说，应该从两个方面去解析。

首先，后世漫长的流传、接受过程增加了作为元文本存在的《穆天子传》性质的复杂性。神话学派中的历史学派以为一切神话等皆本于历史的事实，因年代久远，遂以讹传讹流于怪诞。艾历亚德说：“集体的记忆保持对一历史事件之回忆到何程度？（在这一问题上）我们看到一个历史上的人物向一个神话中的英雄的转变……在史诗上受赞扬的人物之历史性并不能长久抵抗‘神话化’（mythicization）的侵蚀作用。历史事件之本身，不论如何重要，并不停留在民众的记忆以内，且对历史事件的记忆，除非其历史事件接近一个既有的神话典型，也不能激起诗人的想象力。”[②]也就是说，从接受史的客观事实来看，有一个将历史神话化的倾向。并且还需要考虑到接受者的主观因素的介入。比如在民国时期李白胡夷论甚嚣尘上，胡怀琛更认为墨子是印度人，卫聚贤为胡怀琛《墨子学辨》所作序颇能看出此时期人们的思想倾向：“现在我国的情形，非用科学建设，革命永无成

---

① 杨镰:《荒漠独行：西域探险考察热点寻迹》，中共中央党校出版社 1995 版，第 146 页。

② Mircea Eliade，The Myth of the Eternal Return，（Translated from French by W. R. Trask），New York，Pantheon Book，1954. pp.42—43.

功。是一般的同志同学，都应撇弃土法，努力于科学方法，不要再有故步自封的思想，走到腐化的路上去。胡先生说墨子是印度人，若是这一说成立了，可知我国于战国时学术所以突然发达，是受了外来学术的影响。以此类推，现在中国学术如要有进步，当然是要参用外来的科学。”[①]巧合的是，卫聚贤又正是“西源说”的鼓吹者，从中不难看出时代氛围对学术研究的影响。一个时代有一个时代的学术，一个时代有一个时代的思想，这些都会影响到人们对于文本的理解。

其次，作为文本的客观存在状态，《穆天子传》本身具有真与幻的双重性。所谓历史、小说、神话原本是现代人强加给《穆天子传》的后来的或外来的概念，Bidney 曾指出，讲述神话的社会本身不以为神话是神话，他们认为神话是真的发生过的事件，是祖辈严肃传留的智慧，不但坚信，且依其原则而生活，而行动。[②]也就是说，如果后人认为《穆天子传》记录的是神话，那么这个神话的看法只是后人赋予的，在西周时期或当时，因为认识理解世界的能力、方式与现代必然有异，今日看来完全不可信的，当时人却完全可能认为是真实的。以后世所谓“信史”的概念去考虑西周的史官是否有苛责之嫌？他的实录也只可能是所谓当下主观真实的东西。并且殷、周时期的王都具有政治领袖和宗教领袖合一的双重身份，或者说是集王权与巫权于一身的王。周之史官当然仍有巫蛊的性质，他完全可能在“记录”中掺杂巫幻和想象的成分（如长驱归周，一日千里等）。而从政治神话学的角度来看，在某个特定历史时期，出于社会生活的需要而产生了将国王神化的有意识或无意识的内在驱动，造成《穆天子传》亦真亦幻的特点则是势所必然的。这种将国王神化的现象在世界文化的范围都可以看到。

虽然，不能否认《穆天子传》的文字表述方面，有晚出的迹象，但即便是现存的主要西周史料，即儒家作为经典的《诗》、《书》、《礼》、《乐》，都经过战国时代儒家的编选和修订。所以，这一点应该说不足以动摇它的“历史真实性”。更何况“历史一词在使用中有两种完全不同的含义：第一，指构成人类往事的事件和行动；第二、指对此种往事的记录及其研究

① 卫聚贤编:《古史研究》第二集上册，商务印书馆 1934 年版，第 316 页。

② David Bidney，The Concept of Myth and the Problem of Psychocultural Evolution，American Anthropologist 52，1950，pp.294，297.

模式。前者是实际发生的事情，后者是对发生事件的研究和描述。”[①] 于是，有些学者基于这种对历史进程中的人文话语的认识，提出了所谓“虚构的存在”，或“非真实的真实”（fictitious entities）。[②] 这其中包含着对于“言说者”的历史性权力选择的认识。由此出发，可以厘清的是：历史的存在和历史故事的流传与它最终的成书是三个不同层面的问题。或者说历史事实的发生、历史故事的讲说和最终成型的叙事作品之间也不可能有所谓完全的吻合。汤因比说：“历史同戏剧和小说一样是从神话中生长起来的，神话是一种原始的认识和表现形式——像儿童们听到的童话和已懂事的成年人所做的梦似的——在其中的事实和虚构之间并没有清晰的界限。”[③] 他以《伊利亚特》为例说明：如果你拿它当历史来看，你会发现其中充满了虚构，而如果你拿它当虚构的故事，你又会发现其中充满着历史。近年来提出的“神话历史”概念恰好适合讨论此类问题。[④]

事实上，有一点是不难理解的：即使是真实的故事也不会完全等同于它所描述的事件的实际进展，这是因为文学的创作的性质决定了它必须对事实进行提炼、升华。比如《荷马史诗》中包含了史实，所以不同于纯粹的神话。然而，它也大量地采纳神话、虚构并对史实进行了文学化处理，因此也不同于现代意义上的“历史”。那么，可以认为《伊利亚特》和《奥德赛》是在诗与史之间架起的桥梁。它的真实性既反映在历史和哲学的层面，也显现在文学和形而上的神话层面。同样，笔者《穆天子传》研究的根本意图也正在于：从它看似荒诞不经的情节表述中发掘其中可能蕴含的某种形式的“真实”——它所反映的文化背景与时代精神之“真”。

第二节 《穆天子传》国外研究简述

自《穆天子传》面世后的约一千七百多年中，《穆天子传》基本存活

① 《不列颠百科全书》，中国大百科全书出版社 1999 年版，第八卷，961 页。

② Ohnuki-Tierney E,（ed,）Culture Through Time: Anthropological Approaches, Stanford University Press, 1990, p279.

③ 汤因比，曹未风等译：《历史研究》，上海人民出版社 1986 版，第 55 页。

④ 有关中国神话历史的讨论，见《百色学院学报》2009 年第 1 期至第 6 期专栏。

于单一文化视野中，但近两百年来的中西文化的交流，使得它被纳入了多元文化视野之中。并且《穆天子传》之国外研究与国内的研究之间有着密切的相互关联，这一点国内学术界少有人提及，而需要多加重视。国外研究中较为重要的有欧美学者和日本学者的研究。

大体来说，《穆天子传》的国外研究，可以分为两个不同的时期。自19世纪末到上个世纪前半期，是缓慢发展的阶段。应该说，直至十八世纪，欧洲人眼中的中国印象还是典雅而神秘的，而法国学者和英国学者一开始注意到《穆天子传》，未尝不是当作一个远古中国的传奇故事来理解的。此时，对《穆天子传》的兴趣主要集中于对西王母的研究中，最早的研究见于亨利·俞勒、爱台尔等人的论述。[①] 爱台尔（E.J.Eitel）认为：西王母三字仅为译音，别无意义。《穆天子传》以及中国他种古书，皆不言西王母为妇人。西王母为部落之名。其酋长亦以此为名也。至谓西王母为妇人者，乃后人见文生义，自启误会也。同时爱台尔谓《穆天子传》确为耶稣纪元前第十世纪之书。[②]

柏林大学教授福尔克（A.Forke）则根据中国数种记载详细考察，以为：西王母非他人，乃是示波国女王（Queen of Sheba）。周穆王所至之西王母国即今阿拉伯也。[③] 此说一出，立即引起许培尔、夏德等人的反对。[④] 夏德据中国各种古书考证，提出：周穆王诚为游幸不倦之主。认为他最远所至之地，在西面似乎未必出今天之长城边关。至若昆仑山以及各地可以证明在今新疆省西部，皆为后代人窜入。而西王母之名，亦见于《竹书纪年》："舜时来宾"，舜在穆王前一千一百年。示波女王与穆王同时，则不能与舜同时。所以福尔克所说不足信。[⑤] 夏凡纳（沙万内、沙畹）则以为

---

① 上个世纪三十年代以前的英、法、德、日等国学者之研究，参见顾实：《穆天子传西征讲疏》附录部分。

② ［英］爱台尔 E.J.Eitel 译，《穆天子传》（Mu-Tien-Tsze Chuan，or Narrativa of the Son of Heaven）（Posthumously Called）Mu，《中国评论》（China Review），第 17 册，1888（清光绪六年），pp.223—240；pp.247—258.

③ ［德］福尔克（A. Forke），《穆王与示波女王》（Mu Wang und die Konigin Von Saba），Mittheilungen des Seminars fur Orientalische Sprachen zu Berlin，Jahrgang Vii，1904，pp.117—172。

④ ［法］许培尔（Ed. Huber），穆王与示波（示巴，阿拉伯）女王之驳论》，法国河内《远东学院刊》Bulletin de L'ecole Frangaise IV，1904，pp.1127—1131。

⑤ F.Hirth，The Ancient History of China，New York，Columbia University Press，1923，pp.144—152.

前往朝见西王母者非周穆王实为秦穆公。[①] 这一明显的错误又遭到劭修尔的批评。[②]

《穆天子传》的国外研究中，致力最勤的还是日本学者。作为中国的近邻，日本学者早期的《穆天子传》研究体现了与国内研究的相似性，关注于对《穆天子传》性质和穆王征行目的的讨论。其研究始于佐佐木照山。[③] 他以《穆天子传》为可信的实录。而后最为著名的是小川琢治，作为历史学家，他的《穆天子传考》用功颇深。小川琢治也基本上持“信史”说，但他的观点比较谨慎，认为《穆天子传》是穆王时期的周朝史官的记录，可以作为古代中国历史地理的资料来源，但经魏国史家加以整理。[④] 在他之后的市川勇还是从历史地理的角度展开考察。他认为《穆天子传》是结合了古代权力者巡狩和周的一个王北征的传说而成的，其中添加了神仙的思想，当时对于西方的地理的知识也滋养了这个故事。他认为巡狩的目的除了狩猎，主要是对优良马匹的需求使周王远征北方的产马地。[⑤] 老一辈的学者的研究中，影响较大的还有盐谷温的“伪书说”。[⑥]

这一时期的国外研究有两个问题比较突出，一是文化阐释的失效。无论夏德之断言“周穆王之西游，无影响于中国文化”，或法人沙畹之显谬，以及福尔克和许培尔的争议都说明：由于缺乏对作为异质文化的中国历史文化的足够了解，这时《穆天子传》的国外研究基本上还处在克服陌生感的阶段。做出的文本阐释往往缺乏适当的背景认识，因而在很大程度上是无效的。二是文化阐释的失态。李福清说：在 H·马伯乐之前，欧洲的学

① ［法］夏凡纳 Edouard Chavannes，《西王母之游幸》（Le Voyage Au Days de “Si-Wang-Mou”），《司马迁史记随笔》（Las Memoires Historiques de Se-ma Tsien）卷五 Tome V, Appendies, 11，1905，pp.480—489，卷一 Tome 1 Foot-note 3，pp.518.

② ［法］劭修尔（L’eopold de Saussure），《穆王之游行与夏凡纳之臆说》（Le Vovage de Mou Wang et L’hypothese d’ed. Chavannes），《通报》（T’oung Pao），1920—1922，pp.19—31.

③ ［日］佐佐木照山：《贰千九百年前西域探险日志（穆天子传研究）》，东京：日高有伦堂，1910 年版。

④ ［日］小川琢治：《穆天子传考》，狩野教授还历纪念支那学论丛，支那历史地理研究，京都：弘文堂，1928 年版。

⑤ ［日］市川勇：《穆天子西征傳說の性質に就いて》，《史苑》，1938 年第 11 期，第 193 页—226 页。

⑥ 盐谷温，孙俍工译；《中国文学概论讲话》，开明书店 1932 年版，第 322 页。

者和翻译家认为《穆天子传》是真实的游记，并把它看做是可靠的史料。[①]而对“西王母和西王母之邦”的史地考证，[②]引出了中华文化族源的激烈争议。应该说，由于经济文化发展的不平衡，欧洲中心论和文化优越感的思想影响在所难免，而这种心态的失衡是双方面的。此时拉克伯里（Terrien de Lacouperie）“中国文化西来说”影响颇巨。拉克伯里也曾详细研究此书，他以为穆王曾至和阗、叶尔羌、瓦汉（Wakhan）（即赤乌氏）、吐鲁蕃、喀喇莎尔、裕勒都斯（Yulduz）等地。最西或曾至喀什噶尔。[③]无论当时的西方学者证明中国文明及中国民族西源之居心何在，这一时期，《穆天子传》的国外研究对国内学人产生了很大的刺激。

而事实是，在列强林立，民族危机四伏的特定历史背景中，中国的《穆天子传》研究不得不偏向了西北史地，以及对周人渊源考证的道路。只是在这条道路上，又不幸地体现了国人好师心自用的特点。顾颉刚曾批评道：“自从清末中西交通大开，一八九四年，法国拉克柏里（Terrien de Lacouperie）着《支那太古文化公元论》（Western Origin of the Early Chinese Civilization）引起了我国某些人的错觉，错误地认为不但中国文化是西来，即中国人种也是越葱岭而来的……于是丁谦《穆天子传考证》说西王母之邦是亚西里亚（Asia），顾实《穆天子传西征今地考》及《西行讲疏》说在

① ［前苏］鲍·李福清：《从文学角度看穆天子传》。见鲍·李福清著，马昌仪编：《中国神话故事论集》，中国民间文艺出版社 1988 年版，第 10 页，注释 8。

② ［英］H·A·Giles,《谁是西王母》（Who was Si Wang Mu),《中国杂考》（Adversaria Sinica）, 1914, pp.1—19.

［法］亨利·考提 Henri Cordier,《西王母》（Si Wang Mou),《中国通史》（Histoite Generale de la Chine）, 1920, pp.122—125.

［英］帕果 E.H.Parker,《穆王西征》（Knowledge of the West),《诸夏源来》（Ancient China Simplified）, 1908，pp213—223.

［法］劭修尔 L' eopold de Saussure ,《穆天子东土耳其斯坦之游行》（Le Voyage du Roi Mou Au Turkestan Orienta),《亚洲杂志》（Journal Asiatique）, 1920, pp.151—156。

［法］劭修尔 L' eopold de Saussure,《穆天子之游行记》（La Relation des Voyages du Rei Mou),《亚洲杂志》（Journal Asiatique）, 1921, pp.247—280.

［法］劭修尔 L' eopold de Saussure ,《穆天子传年历》（The Calender of the Muh Tien Tsz Chun),《新中国评论》（The New China Review）, II, pp.513—516.

［法］伯希和 P.Pelliod :《穆天子传研究》（L' etude du Mu t' ien tchouan),《通报》（Toung Pao）, 1922, pp.98—102.

③ 原文见 Terrien de Lacouperie：Westem origin of the Early Chinese Civilization，London，1894，pp.35，77，384. 转引自：张星烺编注，《中西交通史料汇编》，中华书局 2003 年版，第 1 册，第 78 页。

今波斯，拉着穆王走到张骞所未曾到的地方。刘师培《穆天子传补释》说昆仑丘即佛经上的须弥，又拉了穆王登喜马拉雅山的绝顶而南望印度。其实本书作者自己说，从宗周（洛阳）到阳纡（河套）三千四百里。从阳纡到西北的终点才七千里，算起来至多只有到新疆哈密呢！"[①]二战以后，西方以汤因比为首的史学家们，想用"两河流域文化"来代替世界文化之源。这更激发了我们的民族情感，常征指出："是即彼等标榜'中国文明西来'，及创立文化'中国民族西源'说。易而言之，即中国民族为劣等民族，该当接受西方即谓优秀民族之统治。以此种反科学的态度研究中国历史如《穆天子传》，自不能企望获得科学结论"，严厉批评我国学人群起而效之的"旁征博引固若说狐谈禅"，"即图力矫此弊者如顾实、岑仲勉等，考地释族动辄仍至中亚、欧洲，据之读《穆天子传》亦难窥见史实"。[②]此说不可谓不义正辞严，所以，后来的研究者如赵俪生只能战战兢兢地提出："但假如我们说周人原是西戎之一枝，来自于阗、叶尔羌、帕米尔一带（岑仲勉即持此说，丁山氏更根据《易》辞中'七日来复'和'死如、焚如、弃如'的话头，来论证这一点），那就不一定被斥为荒谬。"并强调："周人的原始居地在今新疆最西南隅一带，这依然在祖国边疆以内，总构不成'民族西来说'的翻版吧？！"[③]但平心而论，无论是顾颉刚、赵俪生等人的力证穆王之足迹不出新疆论，还是丁、顾等人的横贯欧亚之说，其本心可谓并无差别，只不过一是从捍卫华夏文明之固有纯粹，一是企图描述曾经的伟大与繁荣，杜绝他人之领土企图。

丁谦说："读是书当先知中国人种古时由西方迁徙而来，故三代以前，人多畜怀故土之思，此穆王西征之原因也。"[④]此论屡受诟病，但半个世纪后，丁、顾之苦心仍余响于卫挺生等人的研究。[⑤]这一点黄麟书在《读〈穆天子传今考〉》中有明白的论说："《穆天子传今考》，发扬中华文化，以开放其尚待开发之土地及其人民，为而不有。盖待开放之土地人民，有赖先进国家之提携，以渐臻于独立自存，杜绝侵略国乘机借口肆于占领。是为

① 顾颉刚：《古史辨自序》，河北教育出版社 2000 年版，下册，第 808 页。

② 常征：《穆天子传是伪书吗？》，《河北大学学报》，1980 年第 2 期，第 49—50 页，第 51 页。

③ 赵俪生：《寄陇居论文集》，齐鲁书社 1981 年版，第 206 页。

④ 丁谦：《穆天子传地理考证》，《浙江图书馆丛书》第二辑，浙江图书馆 1915 年版。

⑤ 卫挺生：《穆天子传今考》，台北中华学术院 1970 年版。

中华民族之伟大责任，以实现大同之理想……西北疆土，为我中华民族先民所经营，北逾贝加尔湖之外，西至里海之滨，往往不备文字之记载，而留为传说。黄帝之宫，在昆仑之丘……其认定今之帕米尔高原与新疆者，显然自黄帝起五帝时代，早为中国之领土。今之黑昆仑，为昆仑之丘；其最高峰前，有黄帝之宫……自俄罗斯东侵，我国疆土迭遭蚕食鲸吞，三百年来，祸害有加而未已。我国学者深感创伤已甚，西北边塞之研究，或考古或究今，渐由涓细，汇成洪流。”①可知，持“西源”说的学者原本有捍卫西北领土之良苦用心。

二十世纪中后期以来，随着中国社会的发展，国力的增强，紧张的民族情绪渐渐缓解，国内《穆天子传》研究的重点也逐渐由种族民族、史地问题转向对于《穆天子传》文学文化价值的探讨，国外《穆天子传》研究不仅与之相呼应，而且往往能够不断地切入新的视角，呈现出有效的文化交流与对话的可喜局面。

这一时期的研究也呈现出两个明显的特色。一是《穆天子传》的文体性质成为国外研究的一个热点，而其作为虚构的文学作品的性质似乎随着研究史的发展而越来越受到重视。如鲍·李福清以为它恐怕是中国古代文学史上的第一部虚构作品，“反映了从编年史家的纪实性的文字转向根据文学创作规律创作的艺术散文的过渡阶段。”②强调对《穆天子传》的结构、文学性的探讨。F·陶凯得出结论说：摆在我们面前的是“原始叙事体作品简述的某种变体，这一作品在一定程度上在向抒情体发展，并处于中国原始叙事体作品和大型哀歌作品发轫时期的某个阶段。”③这种“过渡”、“转向”之说也曾被国内学者借鉴来阐释《穆天子传》性质的模棱两可性。五十年代以后日本学者的研究呈现出新的变化。从小川琢治的“信史说”到小川环树将《穆天子传》定义为“历史小说”，④从中隐约可以看到时代的变迁在学术研究中的反映。当然此时仍有学者坚持《穆天子传》的史实

① 黄麟书：《边塞研究》，造阳文学社 1979 年版，第 127 页。

② ［前苏］鲍·李福清，马昌仪编：《中国神话故事论集·从文学角度看穆天子传》，中国民间文艺出版社 1988 年版，第 10 页。

③ 原文见《论〈穆天子传〉的体裁》，匈牙利《东方学报》，第 8 卷，第 1 册，第 49 页。转引自《中国神话故事论集》，第 2—3 页。

④ ［日］小川环树：《中国的乐园表象》，上田义文、小川环树等编：《另一世界题材在文学中的反映》，中央公论社 1959 年版，第 230 页。

性。对于穆王征行的目的问题，在中国学者的“探亲”说和“巡行”说之外，日本学者似乎更多军事物资方面的考虑。白川静认为：“西王母在殷代是西方的司日神，而在《山海经》里则被描写成蓬发虎啸、形象可怖的山神，《穆天子传》的故事，固然是战国时代的作品，但产生此等荒诞神话的背景，理当有某些因素存在。如今金文之中，虽没有可视为直接资料的辞例，可是近出的盠驹尊，似乎把希求良马而开始遥望慕想西方的时代心意，不声不响地透露出来了。”[①]“《竹书纪年》记载穆王初年，有北唐之戎进献骝马的事，看来那时似已获得西北的优良马种……这大概是由于如前所述对马种的关心，乃引发起对遥远的西域的慕想。”[②]安倍道子则认为这次出巡的最大目的是为了和西王母相会，以及为了采集当时兵器上所用的羽毛。[③]

二是跨学科的研究视角的引入。御手洗胜较早地从宗教、神话学的角度对《穆天子传》展开了分析，他的《穆天子传的成书背景》分五个部分讨论了《穆天子传》的思想背景。即《穆天子传》的昆仑；乐园传承和灵的存在；坐忘与升天；昆仑的两面性和三神山传承；神人·至人和水·火。他指出《穆天子传》是以中国古代萨满信仰传承为中心而成立的，不是古代历史地理学的真实反映。[④]这种观点对于国内学者从神话地理学的角度来理解穆王的征巡路线问题起到了导夫先路的作用。士居光知则注意到《穆天子传》与《吉尔伽美什》的共同点，试图论证两者之间传播和影响的关系。他指出穆王作为周天子也是天帝的后裔，也是太阳神的后裔，西王母是西方原始的月神，这个传说中的核心是穆王（太阳神的后裔）到极西之地与王母（月神）结合。[⑤]他的这种意见与二十年前杜而未

---

① ［日］白川静，温天河、蔡哲茂合译：《金文的世界：殷周社会史》，联经出版 1989 年版，第 108 页。

② ［日］白川静：《中國の神話》，中央公論社 1975 年版，第 220—221 頁。

③ ［日］安倍道子：《穆天子傳》，《東洋の奇書 55 册》，自由國民社 1980 年版，第 176 頁。

④ ［日］御手洗胜：《〈穆天子传〉成立の背景》，《东方学》第 26 辑，1963 年 7 月，第 17—30 页。

⑤ ［日］士居光知：《极東における太陽神後裔の旅行》，《士居光知著作集》第二卷，岩波书店 1977 年版，第 404 页。

的"月亮神话说"可谓遥相对照。[1]小南一郎也认为穆王旅行的目的是与西王母结合以获得再生。认为:"古来四方旅行的太阳神(男神)每年一次在冬天访问月神(女神),完成神婚,通过这种方式,使得宇宙再生,《穆天子传》的故事就是这种观念的表现。"[2]森雅子仍然延续了这种比较研究的思路,将《穆天子传》中的穆王和王母的唱和与乌尔第三王朝的《舒尔吉王颂歌》(Hymn to Shulgi, S. N. Kramer, 1981)作了一个比较,认为《穆天子传》部分是以《舒尔吉王颂歌》为样板而创作的,穆王的西行是以完成一种"圣婚"仪式为目的。[3]

法国学者雷米·马迪厄(Remi Mathiou)的专著《穆天子传:译注与考证》(Le Mu Tianzi Zhuan: Traduction annotee et Etude coritique)也主要是从文学、神话学与社会学的角度对《穆天子传》进行阐释。[4]尽管在"文本的建构、方法论的学术化和文献"三方面表现出明显的不足,但这部著作仍被认为是"在西方语言中,对本书最好的研究"。[5]尤其值得称道的是他"采用'主题学'比较方法,从《穆天子传》中提取了四十八项神话母题。"[6]在《穆天子传》的神话学研究方面跨出了一大步。在马迪厄之后二十年,与之相呼应的研究还有美国学者德博拉·林恩·波特(Deborah Lynn Porter)的《从洪水到讲述:神话、历史和中国小说的发生》(From Deluge to Discourse: Myth, History, and the Generation of Chinese Fiction.)。此书分为六章。第一章作者介绍了《穆天子传》的背景情况。如对它的发现、编辑、传播和传统的评价解读。第二章对大禹神话作出了新的阐释。作者统计出《尚书·禹贡》和《穆天子传》两个文本中存在十一处相同的地名,另有两处从语音学的角度说也是相通的。因此,"这两个文本虽然声称记

① 杜而未认为《穆天子传》是"月亮神话":"盛姬与西王母皆代表月亮神话,穆天子传的种种描写也都是希望入月宫成仙的意思。……关于穆王的种种,多属月亮神话。"(杜而未着:《山海经神话系统》,华明书局1950年版,第137页。)

② [日]小南一郎:《中国の神话と物语り》,岩波书店1984年版,第67页,第87页。

③ [日]森雅子:《穆王赞歌》,《史学》,第65卷(1/2),1995,第49—75页。

④ Remi Mathieu, Le MU Tianzi Zhuan: Traduction annote, etude critique, College de France, Institit des Hautes Etudes chinoises, Paris, 1978.

⑤ William H. Nienhauser, Le Mu tianzi zhuan, Traduction annote, etude critique, Jr. Chinese Literature: Essays, Articles, Reviews (CLEAR), Vol.4, No.2. (Jul., 1982), pp.247—252.

⑥ 李清安著:《评〈穆天子传:译注与考证〉》,《民间文学论丛》,1990年第4期,第112页。

录了至少相差千年的两次旅行，却指向了相似的区域，这提示了超越地理领域的关系。我宁可认为它们属于一个神话的领域。”① 这也即是中国的洪水神话体系。第三章提出大禹神话的内涵乃是以象征主义的手法对宇宙毁灭作出的反映，其中建立的象征的体系对于包括《穆天子传》在内的文学叙述产生了重大影响。第四章则分析了《穆天子传》中的“象征的基础”：如昆仑、浑沌和西王母。揭示了“天文学现象和中国人的宇宙论之间的紧密关系：岁差的作用从宇宙哲学的角度来说与世界秩序的改变相联系，一个（旧）时代死亡了，而另一个（新）时代诞生了。换句话说，那个特殊的西北方位的天上区域象征性地标志着转变的那个点：从最初的混乱（浑沌）到秩序。”② 穆王的旅行不应该被当作是历史记叙，而是与再生有关的象征性旅行。第五、六两章进一步分析了《穆天子传》中象征主义的发生以及它所体现的一种新的叙述方法及其文学、文化意义。此书整个框架的建立如作者在第三章中详细说明的需要归功于尼古拉斯·亚伯拉罕的象征理论。在“象征的阅读”之外，波特还借鉴了语言学和心理分析批评的理论方法来切入文本的解读，并试图从符号美学的角度来分析早期中国的思想。应该说，她的这种尝试，对于重新理解包括中国古代小说在内的古典文献是非常有益的，体现了研究思路上的一种开拓性努力。

综上所述，《穆天子传》的国外研究由心存芥蒂的文化冲突到有效的文化交流，折射了时代背景和学术氛围的变迁。而近来的《穆天子传》国外研究的新特点也反衬出国内研究的欠缺，尤其是在跨学科比较研究的新视角、新方法的应用方面，本土学者还有待拿出既具本土特色，又能融会贯通的成果。做到这一点的学术前提是，充分意识到知识全球化条件下的当代学术语境，自觉地涉猎和借鉴海外学界的研究成果，彻底改变以往那种忽略国际学术成果的闭门造车式的研究局限。同时在借鉴海外观点时也要注意不能丧失本土文化的主体意识，防止在学科分类和术语使用方面的生搬硬套和食洋不化现象。

① Deborah Lynn Porter, From Deluge to Discourse: Myth, History, and the Generation of Chinese Fiction, Albany: State University of New York Press, 1996, p27.

② Deborah Lynn Porter, From Deluge to Discourse: Myth, History, and the Generation of Chinese Fiction, Albany: State University of New York Press, 1996, P86.

第二章《穆天子传》

——以河伯水神信仰为核心构筑的政治神话

导　读：如果将《穆天子传》作为一个历史文化信息的载体来看待，它诉说了什么？又是如何诉说的？这当然是重要的研究内容。但认真说起来，却并不是首要解决的问题。对这一文化文本的阐释者而言，最先需要了然于心的应该是：它究竟在何种历史语境中产生？而“这一”特定情境中出现的“奇异”的花朵所呈现于后人眼前的“那一段”独特的时光才是关注的重心所在。人们对历史的追询从某种意义上来说源于对其中失落的一段集体记忆的缅怀与困惑。

本章主要说明两个问题。

第一个问题是:《穆天子传》的成书背景。

穆王时期的政治局面经历了动乱、变革与中兴三个阶段。青铜器等考古发掘材料也反映了穆王时期确实是西周史上的强盛期。而从现存文献记载看，穆王之政的一个重要内容是他的四方巡狩。但令人不解的是既有着名正言顺的制度背景，又符合当时的现实政治生活需要的穆王之巡，却在后世招致了激烈的批评。从对于穆王形象的历史接受来看，与《穆天子传》所塑造的骑马英雄形成鲜明对比的是后人以其“获没于祗宫为深幸”的评判，在某种意义上这种变化反映了农耕生活和游牧生活之间的一种文化间离感。如果说漫长的农业文明所孕育的深厚的文化传统，使得人们已然忘却在流光溢彩的历史深处，有着难以想象的更为久远的游牧文化之本源，但那种自由的精神，志在四方的漂泊冲动，仍然深深地隐含在后代的血液之中，是这个以儒家文化为核心的温文尔雅的礼仪之邦灵魂深处的秘密，而这才正是《穆天子传》独特的魅力所在。《穆天子传》既是对西周王者巡行的记录，也是对其政权版图的描绘。它所反映的是在周代确立的大国一统的文化扩展模式。从权力话语的集中表述这个角度来说，它可以称得上是一部真正的王者之书。

第二个问题是:《穆天子传》的成书主旨。

《穆天子传》的成书主旨与周人的宗教信仰密切相关。其根本意义在于解释王权的神圣来源问题，并以此维系新社会的正常运作。可以看到，《穆天子传》在其开篇卷一就设立了一个由“帝—河伯—天子”三者构成的神话叙事模式。首先,《穆天子传》中的“帝”，与河宗、河伯之间有着密不可分的关系。他以河伯为传达者，以河伯之子孙为侍奉者。河伯从而成为“帝”在人间的代言人。其次，混沌作为原始大水神，与《穆天子传》中的黄帝相关联。先民创世神话的混沌观念与自古而来的洪水记忆有着古老的渊源。在上古神话中存在一个由混沌—鲧—禹而不断发展的水神体系，而这个体系的源头是混沌。穆王的西行至昆仑丘，观黄帝之宫、封丰隆之葬，未尝不可以看作是前往原始大水神的圣殿所在，进行祭拜的朝圣行为。最后,《穆天子传》中的帝为周人的至上神，也是祖先神。周人之尊夏是因为周人以为自己与夏人拥有共同的祖先——黄帝。在《穆天子传》中提及的“祭河”有两次，名虽同而实异。第一次祭的只是河宗氏的部族祖先神，第二次才是祭河、祭帝。在此书中，河伯、河宗、与帝并不是相同的概念，他们三者之间是一种垂直的关系。“帝”才是周人的至上神。穆天子之西行具有“受命于帝”的神圣性质，而这种“受命于帝”的神话叙事的出现，具有深刻的历史文化内涵和宗教信仰的原因。一方面，从炎黄之争的神话内涵来说，可以发现在上古时期，谁具备了更强大的控制水的能力，谁就掌握权力。而鲧禹、共工神话所叙述的父死子继、父败子成的模式，反映的同样是上古水利技术曲折而漫长的发展过程。这种发展，在某种程度上说，却自商代以后带来了河伯水神信仰的衰落。另一方面,《穆天子传》中反映的河伯水神信仰之中兴，可以被看作是一种权力诉求的表现。从这个意义上理解穆王的西巡祭水，乃是寻求“帝”的庇护与“河宗氏”的支持。

第一节　穆王之巡的政治性——论《穆天子传》的成书背景

一、王者之巡——现实与历史之间

（一）穆王之政：动乱、变革与中兴

周人灭商，取得国家的统一，首先依靠的是武力。

自古公亶父率领族人至岐山之下，周人开始逐渐壮大，和商王朝的矛盾也逐渐尖锐起来。但为了东进，周人首先选择了扫清障碍、安定后方的策略。

古本《竹书纪年》曰：

> 武乙三十五年，王季伐西落鬼戎，俘二十翟王。
> 太丁二年，周人伐燕京之戎，周师大败。
> 太丁四年，周人伐余无之戎，克之。周王季命为殷牧师。
> 太丁七年，周人伐始呼之戎，克之。
> （太丁）十一年，伐翳徒之戎，捷其三大夫。①

《史记·周本纪》记周文王时，平虞芮之争，"明年，伐犬戎。明年，伐密须。明年，败耆国。"②耆，即《尚书·西伯戡黎》之黎国。总之，是通过一系列的战争，周人西部和北部的方国与部族基本上得以臣服，这也使得周人能够集中注意力对付东部的宗主国——商王朝，直至灭商。公元前1046年，方国周杀死了帝辛并且占据了商国的本土。在武王死后，三监和东方诸国即发动了大规模的叛乱。周公组织了周国本土的农民参加了商周之间的第二次决战，在打败了武庚之后，周公的军队又对东部沿海地区进行了扫荡。《诗经·破斧》曰："既破我斧，又缺我斨。周公东征，四国是皇。"《尚书·大传》则说"（周公摄政）一年救乱，二年克殷，三年践奄。"这场战争使得商王国的臣、盟方国们——东、盈、攸、徐、奄、丰、九夷、淮夷完全地从政治上被消灭。这次东征打垮了商人在东方的潜伏势力，周的势力才真正达到了山东苏北一带，控制了奄、徐、薄姑等地

---

① 方诗铭，王修龄辑录：《古本竹书纪年辑证》，上海古籍出版社1981年版，第83页，第84页，第85页，第85—86页，第86页。

② ［汉］司马迁：《史记》卷四《周本纪》，中华书局1982年版，第118页。

区。这时，周人才算是基本上统一了黄河中下游流域。

但正如帕森斯所说："高压手法显示出权力正退缩到较低层次的大众领域中，'武力的展示'是权力的象征性流通遭遇挫败的警讯。"[①] 在武力征服之下，只有暂时的屈服。"小邦周"尽管在一夜之间成就了征服"大邦殷"的伟大事业，但作为与商王国有着密切关系的广大东方鸟夷系地区始终拒绝承认周人统治的合法性。而连续不断的叛乱直接挑战着王权的神圣性。尤其是昭王南征而不返，死于汉江，大大损伤了周王朝的国威，造成异族更加叛离，使周王室的政权面临动摇。徐偃王之外，以犬戎为主的戎狄也再次反叛不向周王室纳贡，穆王不得已又西征犬戎。《后汉书·西羌传》说："至穆王时，戎狄不贡，王乃西征犬戎，获其五王。又得四白鹿，四白狼，王遂迁戎于太原。"[②] 应该说，穆王继乱而立，面对王权动摇的局面，他也是首先对外进行了一系列的东征西讨，平定了异姓方国的叛乱，才使政权稳定了下来。

在此之后，西周确实出现了所谓穆王中兴的政治局面，正如尹盛平先生所说："周穆王不仅不是一个失德之君，而且还是一代中兴之主……西周中期前段是西周政权重新稳定的时期，也是社会开始变革与文化发展的时期。"[③] 穆王时期在西周是变革时期，这一点从青铜器的发展变化的特点也可以得到明确地印证。

---

① Arthur Kroker，David Cook，Parsons Foucault，The Postmodern Scene：Excremental culture and Hyper-Aesthetics，New York：St. Martin's Press，1986，p.228.

② ［宋］范晔：《后汉书》卷八七，中华书局 1965 年版，第 2871 页。

③ 尹盛平：《周原文化与西周文明》，江苏教育出版社 2005 年版，第 292 页。

图一：西周扬鼎，摄于北京房山琉璃河西周遗址博物馆

就目前西周铜器的分期而言，归纳起来，可分为三期说和二期说两种。它们基本都是以穆王时期为界。“与西周初年相比较，西周青铜器的形制、纹饰、组合等因素，大约在昭穆之际有一个发展阶段，正是这一点，为学者所注意，并成为西周铜器断代三期说的基点”。[①] 三期说穆王和夷王为坐标点，分西周一代为早、中、晚三期，其中以陈梦家和北京

① 曹玮:《周原遗址与西周铜器研究》，科学出版社2004年版，第91页。

大学考古系商周组为代表。[①]二期说也以穆王为界，分为前后二期，以郭宝钧和杜乃松为代表。郭宝钧的立足点着眼于酒器，认为“酒器的消长即划出西周前后期的最大分野”[②]。并将西周铜器分为 31 分群，穆王以前的 25 分群 186 器为西周前期，其它归并为西周后期；同时参照器类的增减、形制的嬗变以及组合、铸造等指出了西周前后期的差异。杜乃松“根据西周历史发展和铜器本身发展演变的情况”，亦以穆王为限，分为前后二期，从器类、组合、形制、纹饰、铭文等因素阐述了前后期的差异。[③]以青铜器为标志反映的穆王时期社会生活的变革是非常明显的，而变革之后的穆王时期确实成为了西周史上的强盛期。

图二：甲簋，西周早期，上海博物馆

① 参见：陈梦家，《西周铜器断代》，中华书局 2004 年版，第 354 页，陈梦家将西周铜器分为初期 80 年、中期 90 年和晚期 87 年三个阶段，而初期和中期的分界即穆王初年（公元 947 年）。北京大学考古系商周组：《商周考古》第三章第一节（三），文物出版杜 1979 年版，第 149 页。其中提出西周早期的“绝对年代，约当公元前 11 世纪至公元前 10 世纪中叶，即在穆王初年。”

② 郭宝钧：《商周铜器群综合研究》，文物出版社 1981 年版，第 62 页。

③ 杜乃松：《青铜的分期与断代》，《故宫博物院院刊》，1982 年第 4 期，第 55 页。

图三：西周单子卣，摄于北京房山琉璃河西周遗址博物馆

从考古发掘中出土的材料看，编钟在穆王时代也开始流行。西周编钟最早出现的地域，当是陕西的关中地区。宝鸡竹园沟 M7 出土一组三件青铜编钟，是目前发现西周时期最早的成组编钟，墓葬时代约在昭王时期。宝鸡茹家庄 Ml 乙室出土的三件一组的青铜编钟，时代大约在穆王前后。[①]1954 年陕西长安普渡村发掘了长由墓，出土编钟一组三件，时代为

① 卢连成等:《宝鸡弓鱼国墓地》，文物出版社 1988 年版，第 97 页。

穆王时期。[①] 1980 年，陕西扶风黄堆西周墓地 M3、M4（均被盗）各出一件甬钟。[②] 日本学者白川静说："辟雍礼乐时期，大约是诗篇与乐章、舞乐的创作时期，这也可以从这个时期金文押韵现象的特别普遍来推定。经过这样的辟雍礼乐时期，带来了周王室政治秩序的安定。"[③] 周礼多数也是在穆王前后才开始完备起来，礼乐盛行作为一个重要标志反映了穆王时期社会生活的安定繁荣。周文化在西周中期发生了显着的变化，到今天已经成为古史研究者们的一种共识。而文化总是社会生活的反映，它如同一面镜子反映了穆王时期政治经济的发展、兴盛。

图四：周王室铜币——平肩空首布，摄于上海博物馆

这种良好的局面当然不可能仅通过武力征伐达到，穆王的统治方略有更成功之处。巡狩是穆王之政的重要内容。

（二）穆王之路：四时巡狩的历史背景与现实需要

巡狩作为一种自上古三代而来的古代帝王的重要活动和礼制，《尚书》、《礼记》、《孟子》、《史记》等书都有详细的记载。

> 《史记·五帝本纪》曰：黄帝"未尝宁居。东至于海，登丸山及岱宗。西至于空桐，登鸡头。南至于江，登熊湘。北逐荤粥，合符釜

① 陕西省文物管理委员会：《长安普渡村西周墓的发掘》，《考古学报》，1957 年 1 期，第 75—85 页。

② 陕西周原考古队：《扶风黄堆西周墓地钻探清理简报》，《文物》，1986 年第 8 期，第 56—68 页。

③ ［日］白川静，袁林译：《西周史略》，三秦出版社 1992 年版，第 74 页。

山，而邑于涿鹿之阿。迁徙往来无常处，以师兵为营卫。”①

《竹书纪年》曰：帝尧“五年，初巡狩四岳。”②

《尚书·虞书·舜典》：“舜让于德，弗嗣。正月上日，受终于文祖。……岁二月，东巡守，至于岱宗，柴。望秩于山川，肆觐东后。……五月南巡守，至于南岳，如岱礼。八月西巡守，至于西岳，如初。十有一月朔巡守，至于北岳，如西礼。归，格于艺祖，用特。五载一巡守，群后四朝。”③

从根本上说，任何社会习俗、制度的产生应该说就是现实需要的产物。尧、舜部落联合体的形成和发展巩固过程中，舜曾“流共工于幽州，放驩兜于崇山，窜三苗于三危，殛鲧于羽山。”④这在一方面，反映了舜对联合体成员有惩治权，以及联合体内部对最高权力的争夺和各组成部落对联合体权力结构的不同反应。⑤在另外一方面，在动荡不安的统治格局中，除了武力镇压的严厉手段之外或者说之后，王的巡狩四方可以被看作是对敌对势力进一步威慑，这对于古代酋邦的稳定是非常必要的，也使得“五载一巡狩”，成为当时治理四方的一项重要措施。

美国考古学家、汉学家基德炜指出，商代甲骨卜辞中反映的情况表明，商王并非常年居住在王都，而是长时间出游在外的。卜辞中数量最大的一类是“（王）田猎＋地名”的形式，似乎不仅是记事，而是显示权力的一种方式。“国家权力是伴随着王和他的占卜师而游走的”。第五期卜辞显示，最后一位商王征伐东南地区的人方，竟有三百多天不在都城。此类情况可以说明一种所谓的“游动中的王朝”的存在。“商王的国家观念取决于他旅行的界域，以及他如何显示他的旗帜、扎营、占卜、祈祷和献牲。”基德炜得出结论说：王者就是往者，即游走世界的人。中国文学中

① ［汉］司马迁：《史记》卷一，中华书局1982年版，第3—6页。

② 王国维：《今本竹书纪年疏证》卷上，见《古本竹书纪年辑证》第206页。

③ 《十三经注疏·尚书正义》卷三，北京大学出版社1999年版，第54—60页。

④ 《十三经注疏·尚书正义》卷三，北京大学出版社1999年版，第65—66页。

⑤ 参见谢维扬：《中国早期国家》第五章《中国古代的酋邦》第二节，杭州：浙江人民出版社1995年版，第267页。

仪式性的巫术游走主题便发源于此。[①] 至于周初，以狩猎和征伐相结合的大规模军事行动，已经是常事。

《礼记·王制第五》曰："天子五年一巡守，岁二月，东巡守至于岱宗，柴而望，祀山川……五月，南巡守至于南岳，如东巡守之礼。八月，西巡守至于西岳，如南巡守之礼。十有一月，北巡守至于北岳，如西巡守之礼。"[②]

《周礼·秋官司寇下·大行人》曰："王之所以抚邦国诸侯者，岁遍存；三岁遍眺；五岁遍省；七岁属象胥，谕言语，协辞命；九岁属瞽史，谕书名，听声音；十有一岁，达瑞节，同度量，成牢礼，同数器，修法则；十有二岁王巡守殷国。"[③]

《尚书·周书·周官》："成王既黜殷命，灭淮夷，还归在丰，作《周官》。惟周王抚万邦，巡侯、甸，四征弗庭，绥厥兆民。六服群辟，罔不承德。归于宗周，董正治官。王曰：'若昔大猷，制治于未乱，保邦于未危。'……又六年，王乃时巡，考制度于四岳。诸侯各朝于方岳，大明黜陟。"[④]

所谓"时巡"，《孔传》："周制十二年一巡狩，春东、夏南，秋西，冬北，故曰时巡。"值得注意的是这儿提出了王者巡狩的意义所在："制治于未乱，保邦于未危。"如孟子谈及周公摄政东征，即是"驱虎、豹、犀、象而远之，天下大悦。"[⑤]《逸周书·周月解》曰；"亦越我周王，致伐于商，改正异械，以垂三统。至于敬授民时，巡守祭享，犹自夏焉。"[⑥] 巡狩作为王权统治的形式和天子特权的标志，已开始具有一种制度化的倾向。

---

① David N.Keightley, "The Late Shang State: When, Where and What ?", The Origins of Chinese Civilization, Berkeley, University of California Press, 1983, p.552. 转引自叶舒宪《素女为我师：中国文学中性爱主题的升华形式》，《原型与跨文化阐释》，暨南大学出版社 2002 年版，第 189 页。

② 《十三经注疏·礼记正义》卷十一，北京大学出版社 1999 年版，第 360—363 页。

③ 《十三经注疏·周礼注疏》卷三七，北京大学出版社 1999 年版，第 1005—1006 页。

④ 《十三经注疏·尚书正义》卷二二，北京大学出版社 1999 年版，第 481—486 页。

⑤ 杨伯峻：《孟子译注》卷六《滕文公章句下》，中华书局 1960 年版，第 155 页。

⑥ 黄怀信，张懋镕、田旭东撰，李学勤审定：《逸周书汇校集注》，上海古籍出版社 1995 年版，第 620—621 页。

从文化渊源上看，“游王”和“游女”的母题也都十分古老。马承源先生主编的《上海博物馆藏战国楚竹书》(二)公布了《民之父母》等七篇竹书原件彩色图版及释文。《民之父母》第二简云;“之父母虖(乎),必达于豊(礼)乐之洍，以至(致)‘五至’，以行‘三亡(无)’，以皇(横)于天下。四方又(有)败，必先智(知)之。”[①]“四方有败，必先知之”见《礼记·孔子闲居》，孔颖达疏曰:“‘四方有败，必先知之’者以圣人行五至三无。通幽达微，无所不悉，观其萌兆，观微知着。若见其积恶，必知久有祸灾，故云‘四方有败，必先知之’。若为民父母者，当须豫知祸害，使民免离于祸，故为民之父母。然四方有福，亦先知之，必云‘四方有败’者，此主为民除害为本，故举‘败’言之。”[②]有学者认为此简的思想背景是:“有周以来，为巩固政权，世世不绝，周人十分重视防败守成。”[③]

所谓“四方有败，必先知之”与《周易》所云“‘王用出征’，以正邦也”[④]实际上也是一个意思。许慎《说文》释“巡”字，即为“视行也”。段注:“视行者，有所省视之行也。”[⑤]《孟子·梁惠王下》云:“天子适诸侯曰巡狩。巡狩者，巡所守也。”[⑥]总的来说，王者的巡狩四方自三代以来被赋予了威慑政敌，防微杜渐、安抚民情等等丰富的政治内涵与作用。不仅在中国，在欧洲一些国家的早期阶段也多有过这种类似的“巡狩”活动。比如基辅国家最初的几代大公对于臣服地区的“索贡巡行”；日耳曼人初建立的法兰克国国王对各领地的巡视等。至查理大帝时代，由皇帝每年派遣巡按使二人到全国98个郡去巡视监督地方统治者伯爵。事实上，这种制度，作为一种统治的手段和方式，不仅在游牧民族的政治社会生活中占有重要的地位，[⑦]而且被历代雄心勃勃的统治者所沿袭，不论乾隆的四下江南，还是毛泽东的巡行专列，从中似乎还能看到这种“四时巡守”的古老

---

① 马承源主编:《上海博物馆藏战国楚竹书》，上海古籍出版社2002年版，第156页。

② 《十三经注疏·礼记正义》卷五一，北京大学出版社1999年版，第1392页。

③ 魏启鹏:《说“四方有败”及“先王之游”——读《上博简》(二)笺记之一》,《上博馆藏战国楚竹书研究续编》，上海：上海书店，2004年版，第224—226页。

④ 《十三经注疏·周易正义》卷三《离卦》，北京大学出版社1999年版，第138页。

⑤ [汉]许慎，[清]段玉裁注:《说文解字注》卷四，上海古籍出版社1981年版，第70页上。

⑥ 杨伯峻:《孟子译注》，中华书局1960年版，第33页。

⑦ 比如辽人的四时捺钵制度，参见傅乐焕《辽史丛考·辽代四时捺钵考五篇》，中华书局1984年版，第36—172页。

的君王之政的遗迹。

对于周人来说，与戎狄的关系对政治生活影响甚大。“纵观整个西周王朝的兴衰，都与其西部与北部的戎狄关系联系在一起的。当与戎狄关系融洽时，就有精力对付东部和南部的方国与部族，否则，则为其拖累。最后灭周的还是戎人。”①《穆天子传》中也两次提到了戎人。

> 毕人告戎，曰：“陵翟来侵。”天子使孟念如毕讨戎。（卷五）
>
> 天子北征于犬戎。大戎□胡觞天子于当水之阳，天子乃乐，□赐七萃之士战。（卷一）

如果将穆王的西巡理解为一种外交行为，对于了解戎人以及处理与他们的关系，应是非常有益的。正如在分析了伊丽莎白女王太频繁的“使她的王公大臣们感到绝望”的无休无止的游历，以及摩洛哥的国王几乎是维继以恒的出巡之后，吉尔兹意识到皇家的巡行是一种在德国或法国，印度或坦桑尼亚（更不必说俄国和中国）等世界范围内存在的现象，尽管它们所预设的意识形态不同，但有一点是共同的，即在展现统治者的魅力之外，突出呈现“先天的中央集权的神圣性。”②从这个角度来解释，穆王的巡行自有其国家战略的考虑，对于展示国威，安抚当时的西疆之民、震慑蠢蠢欲动的戎狄之乱，应该是意义重大的。

二、王者之书——《穆天子传》的文化差异性

（一）王者自述——“荒淫无道”的历史真相

令人奇怪的是，既有着名正言顺的制度背景，又符合现实政治生活需要的穆王之巡，却在后世，招致了激烈的批评。后世对穆王形象的负面描写中，最突出一个字应该是：“荒”。

> 荒哉穆天子，好与白云期。
>
> 穆王之荒何取，文帝之事足传。

---

① 曹玮：《周原遗址与西周铜器研究》，科学出版社2004年版，第79页。

②［美］克利福德·吉尔兹，王海龙、张家瑄译：《地方性知识——阐释人类学论文集》，中央编译出版社2000年版，第190页。

何事穆王心醉饱，耄荒无复念前规。

斥姬满之荒淫兮，服尧禹之所趋。[①]

而“荒”字用来形容人多是指昏聩、逸乐过度。如《孔子家语》曰：“若非有司失其传，则武王之志荒矣”;《五子之歌》曰：“内作色荒，外作禽荒。”后人给穆王塑造的这种荒淫形象与历史事实之间或许存在着较大的反差。

从《竹书纪年》等相关文献来看，在穆王长达五十年的统治生涯中，这几次的巡狩从时间上看远没有达到“盘游无度”的程度。

十二年，毛公班、井公利、逢公固帅师从王伐犬戎。冬十月，王北巡狩，遂征犬戎。

十三年春，祭公帅师从王西征，次于阳纡。冬十月，造父御王，入于宗周。

十四年，王帅楚子伐徐戎，克之。夏四月，王畋于军丘。

十五年春正月，留昆氏来宾。作重璧台。冬，王观于盐泽（一作“王幸安邑，观盐池”，非是）。

十七年，王西征昆仑丘，见西王母。其年，西王母来朝，宾于昭宫。秋八月，迁戎于太原。王北征，行流沙千里，积羽千里。征犬戎，取其五王以东。西征，至于青鸟所解（三危山）。西征还履天下，亿有九万里。

三十七年，大起九师，东至于九江，架鼋鼍以为梁。遂伐越，至于纡。

三十九年，王会诸侯于涂山。[②]

在以上这七次之“巡”中，除了穆王十五年冬观于盐泽那一次，其它

① 以上分见：[清]彭定求等编《全唐诗》卷八三，陈子昂《感遇诗三十八首》之二十六，中华书局1960年版，第893页;[清]董诰等编《全唐文》卷六十一，胡直钧《获大宛马赋》，中华书局1983年版，第6172页;《全宋诗》卷三七八三，无名氏《虞帝陵》，北京大学出版社1998年版，第72册，第45661页;《全宋诗》卷二七一一，敖陶孙《赠缙云陈志仲主簿楚语一篇》，第51册，第37895页。

② 方诗铭，王修龄辑录：《古本竹书纪年辑证·今本竹书纪年疏证》卷下，上海古籍出版社1981年版，第250—252页。

六次之“巡”应该说都能够看出明显的政治、军事意图。

而从《穆天子传》本身看，穆王之“征巡”的特点远过于“逸游”。《穆天子传》中穆王出巡的时间，明确记载的有十五处：其中夏四处，季夏、夏、仲夏、季夏。周历四月、五月、六月当夏历二月、三月、四月。秋五处：孟秋、仲秋、季秋、仲秋、季秋。周历的七月、八月、九月，相当夏历五月、六月、七月。冬六处：孟冬、孟冬、仲冬、季冬、孟冬、仲冬。周历的十月、十一月、十二月，相当夏历八月、九月、十月。考虑到文本佚失的可能性，再以前后时间推算，穆王之出巡应是四时皆有的。

又，在《穆天子传》中，明确描写到天气情况，有以下三处：

> 癸未，雨雪。
>
> 庚寅，北风雨雪。天子以寒之故，命王属休。
>
> 日中大寒，北风雨雪。

卷六部分，还叙及盛姬之死的原因是“逢寒疾”，正是所谓“冷笑秦皇经远略，静怜姬满苦时巡。”[①] 看起来，穆王之行程，似乎并没有从气候宜人，或者说出游的舒适度方面来考虑的这种迹象。相对于后世的“捺钵”制度的夏休冬息，穆王出行的艰苦程度是不言而喻的，其艰苦性或者正相反地揭示了它不同寻常的神圣目的。由此亦可见，穆王之“征巡”绝非后世颇为非议的所谓的“逸游”。《穆天子传》所塑造的穆王显然是正面的勤政爱民的形象。有学者甚至以为“这一形象隐含了创作人的政治寄托，一种对理想君王形象的全新认识”。[②] 虽然在文本创作的当下，这种主观性未必明确，但从文本表述的客观效果来看，《穆天子传》中的穆王绝不是什么“游逸无道”之君。

其卷五曰：天子作诗三章以哀民，并且，天子还自责道：“余一人则淫，不皇万民。”类似的话还有：天子曰：“于乎！予一人不盈于德，而辨于乐，后世亦追数吾过乎！”（卷一）

这种自责也从一个侧面可以说是在表现一位帝王的道德自省。那么，

---

① ［清］彭定求等编：《全唐诗》卷八，李煜残句，中华书局1960年版，第75页。

② 邱睿：《〈穆天子传〉创作人视角初探》，新疆师范大学学报（哲学社会科学版），2005年第4期，第198页。

对于穆王的这种“荒淫”的负面印象究竟从何而来呢？有史可查的最初的记载是源自《左传》：

> 昔穆王欲肆其心，周行天下，将皆必有车辙马迹焉。祭公谋父作《祈招》之诗，以止王心。是以获没于祇宫。……其《诗》曰：“祈招之愔愔，式昭德音。思我王度，式如玉，式如金。形民之力，而无醉饱之心。”①

“获没于祇宫”中的“没”通“殁”，《纪年》曰：“穆王元年，筑祇宫于南郑”。这一句的意思是说多亏了祭公谋父的劝谏，穆王才得以寿终正寝。后世沿袭之论甚多，如：“周穆王欲肆车辙马迹，祭公谋父为诵《祈招》之诗，以止其心。诚恶逸游之害也。”②在《明史》中还记载了这么一件事情：“初，帝幸承天，河南巡抚胡缵宗尝以事笞阳武知县王联。联寻为巡按御史陶钦夔劾罢。联素凶狡，尝殴其父良，论死。久之，以良请出狱。复坐杀人，求解不得。知帝喜告讦，乃摭缵宗迎驾诗‘穆王八骏’语为谤诅。言缵宗命已刊布，不从，属钦夔论黜，罗织成大辟。”③由此可见，穆王的名声在后世似乎确实不太好，拿他比当朝皇帝是有杀头之罪的。

具体的批评，仅举一个比较典型的说法：《汉书·匈奴传》曰：

> 夏道衰，而公刘失其稷官，变于西戎，邑于豳。其后三百有余岁，戎狄攻太王亶父，亶父亡走于岐下，豳人悉从亶父而邑焉，作周。其后百有余岁，周西伯昌伐畎夷。后十有余年，武王伐纣而营雒邑，复居于酆镐，放逐戎夷泾、洛之北，以时入贡，名曰荒服。其后二百有余年，周道衰，而周穆王伐畎戎，得四白狼、四白鹿以归。自是之后，荒服不至。于是作《吕刑》之辟。至穆王之孙懿王时，王室遂衰，戎狄交侵，暴虐中国。④

---

① 《十三经注疏·春秋左传正义》卷四五“昭公十二年”，北京大学出版社1999年版，第1307—1308页。

② ［宋］范晔：《后汉书》卷六六《陈蕃传》，中华书局1965年版，第2162—2163页。

③ ［清］张廷玉等：《明史》卷二百二《刘讱传》，中华书局1973年版，第5333页。

④ ［汉］班固：《汉书》卷九十四上，中华书局1962年版，第3744页。

就这一段叙事本身而言，有两条颠倒的表述。一是，犬戎不贡与穆王伐戎孰先孰后？二是周室之衰与穆王伐戎孰因孰果？值得注意的是，这段话重复提到“周道衰”与“王室遂衰”，从其自相矛盾中，反而看出了穆王作为“两衰”之间的中兴之主的历史真相。但问题的关键是：为什么后世的历史文献中要塑造，或者倾向于塑造一个“周天子穆王无道，意不在天下”[①]的这样一个穆王形象？

这种困惑并不是现在才被人提出的。也因为不解，元代王渐在序《穆天子传》时说了一段非常耐人寻味的，也颇为愤慨的话：

> 其书纪王与七萃之士巡行天下，然则徒卫简而征求寡矣！非有如秦、汉之千骑万乘空国而出也。王之自数其过，及七萃之规，未闻以为迕也。登群玉山，命邢侯攻玉，而不受其牢，是先王恤民之法，未尝不行。至遇雨雪，士皆使休，独王之八骏超腾以先，待辄旬日，然后复发去，是非督令致期也。其承成、康熙洽之馀，百姓晏然，虽以徐偃王之力行仁义，不足以为倡而摇天下，以知非有暴行虐政。而君子犹以王为获没于祗宫为深幸，足以见人心之危之如此也。是岂可效哉！是岂可效哉！[②]

这段话，非常有价值的地方在于，他说“而君子犹以王为获没于祗宫为深幸，足以见人心之危之如此也。”此话道出了问题的核心所在。

能不能够“获没于祗宫”在尧、舜、禹时代，这是不成为问题的。例如舜虽都于山西南部，但有“南巡狩，崩于苍梧之野。葬于江南九疑，是为零陵”的传说。[③]禹也曾“巡省南土”，他约百岁还“东巡狩，至于会稽而崩。”[④]与此传说形成强烈对比的是，至迟到了穆王时代，“君子”就要以“获没于祗宫为深幸”了。

如果说“老死于祗宫”反映的是农耕文化的理想，古老的巡游则是游牧民族生活方式的遗迹。这两种不同的文化对于中华民族的文化性格的形

---

① ［唐］韩愈：《衢州徐偃王庙碑》，马其昶校注，马茂元整理：《韩昌黎文集校注》卷六，上海古籍出版社1987年版，第410页。

② ［元］王渐：《穆天子传序》。见《龙溪精舍丛书·穆天子传》。

③ ［汉］司马迁：《史记》卷一《五帝本纪》，中华书局1982年版，第44页。

④ ［汉］司马迁：《史记》卷二《夏本纪》，中华书局1982年版，第83页。

成，应该说是影响非常深远的。如吕思勉先生认为："（黄帝）'迁徙往来无常处，以师兵为营卫'，可见其为河北游牧之民了。"[①]后来又认为；"迁徙往来无常处，好战之主类然，不必其遂为游牧民族。"[②]他的《先秦史》也说"好战之主类然，初不必其为游牧之族"，而认为其为"耕农之族"。[③]实际情况是，到春秋战国以后，儒家文化，本质是农耕文化的中原文化已经确定了正统地位，所谓"父母在，不远游，游必有方"、"狐死必首丘"的观念逐渐深入人心。吕思勉对于黄帝部族的游牧民族性质的犹疑是意味深长的。这表明后人对于本民族或曾有过的游牧生活的记忆确实因久远而模糊了。而穆王八骏作为来自远古的一种符号化的暗语，它提示了一种更为深广的思维空间。

在阿尔泰语系诸民族的英雄史诗中，作为主人公非凡武力标志的战马成为一个突出表现的重要母题。E·海希西归纳出蒙古史诗的14个母题中的第5项便是"英雄的马同他的特殊关系"。[④]马，这个"表面看来这是一个无关紧要的母题，但实际上它的重要性足以揭示整个游牧民族英雄史诗发生的社会基础。不言而喻，在所有这类游牧文化中诞生的英雄形象几乎没有例外都是马背上的英雄。柯尔克孜族的英雄史诗的主人公玛纳斯的一句名言似可代表一切骑马英雄：要是徒步行走，我便成了一条不能直立的狗。"[⑤]在阿尔泰地区最有代表性的是巴泽雷克古墓群，又称巴基利克古墓群，而"在巴泽雷克挖掘的5座古墓中，每座都有9至14匹马。"在1898年考古调查中发现的早期斯基泰人的乌鲁斯基·阿乌鲁古墓之中，"在5.35米高的地方有一个坛，其上有50多匹马……周围发现有圈马用的栅栏及总共360匹马和两头牛的骨骸。"[⑥]可以看出，在古代游牧部落陵墓中的殉牲种类主要就是战马，事实上，对于游牧部落说，马匹就是他们的灵魂。

① 吕思勉：《三皇五帝考·炎黄之帝考》，上海古籍出版社1983年版，第367页。

② 吕思勉：《中国民族变迁史》，亚细亚书局1935年版，第37页。

③ 吕思勉：《先秦史》，上海古籍出版社1982年版，第59页。

④ ［德］E·海希西：《关于蒙古史诗中母题结构类型的一些看法》。见中国社会科学院少数民族文学研究所编印：《民族文学译丛》第1集，1983年版，第357页。

⑤ 叶舒宪：《英雄与太阳：中国上古史诗的原型重构》，陕西人民出版社2005年版，第19页。

⑥ ［日］林俊雄著，张志尧译：《欧亚草原古代墓葬文化》。见张志尧主编：《草原丝绸之路与中亚文明》，新疆美术摄影出版社1994年版，第201页，第196页。

同样，在整个《穆天子传》中都洋溢着这种对于马匹的热爱。《穆天子传》中的“马”字出现凡30次。其中外邦献马12次，穆王赐马3次。既有骑乘之马，又有所谓的“食马”。

河宗之子孙□柏絮且逆天子于智之□，先豹皮十、良马二六。（卷一）

因献食马三百。（卷二）

赤乌之人□其献酒千斛于天子，食马九百。（卷二）

曹奴之人戏觞天子于洋水之上，乃献食马九百。（卷二）

□之人潜时觞天子于羽陵之上，乃献良马牛羊。（卷二）

鄄韩之人无凫乃献良马百匹，服牛三百，良犬七千，牥牛二百，野马三百。（卷二）

□智□往天子于戊□之山，劳用白骖二疋，野马野牛四十。（卷三）

西膜之人乃献食马三百。（卷四）

文山之人归遗乃献良马十驷。（卷四）

巨搜之人□奴觞天子于焚留之山，乃献马三百。（卷四）

犬戎胡觞天子于雷首之阿，乃献食马四六。（卷四）

陵翟致赂，良马百驷。（卷五）

仅从上面的统计看，穆王西巡途中得到的马匹数量也是巨大的。而以马赏赐内臣则是西巡回来之后的事情。

天子赐许男骏马十六。（卷五）

天子赐奔戎畋马十驷。（卷五）

□饮逢公酒，赐之骏马十六。（卷五）

这个数量相比较而言还是非常有限的。并且，在《穆天子传》中多次提到了天子之马、豪马，以及产马之地。这种对于马匹的热爱甚至贪求除了反映实际生活的需要，它也反映了特定历史时期人们的思想、文化。

从夏代开始，包含游牧和狩猎性质的北方青铜文化就已经在我国的北方地区有着广泛分布。从目前出土的实物来说，从辽宁西部往西，冀北、晋北、内蒙古中南部、陕北一直到甘肃、宁夏、新疆，都发现有北方系的青铜器，至殷墟时期最为发达。甚至于商代后期开始，在晋陕高原黄河两岸的绥德、清涧、吴堡、子洲、子长、延长、延川、洛川和右玉、保德、石楼、永和、柳林、吉县一带，发现了受商文化影响的北方青铜文化占据的城址、遗留的墓葬和众多的文化遗物。在西拉木伦河和老哈河流域出现了定居的大型聚落，如被认为是东胡或山戎遗存的夏家店上层文化。[①]从发现的青铜容器来看，这些文化在礼制上受到中原的影响，但具有特点的青铜兵器、工具和金、铜装饰品等，又进一步突出了游牧和狩猎经济的种种因素与特征。这些文化的出现与存在，是北方民族与中原各族相互往来的结果，也是北方青铜文化和中原青铜文化交融的产物。1980 年在发掘陕西扶风召陈村西周宫殿，建筑遗址乙区的一组建筑时，发现 2 件蚌雕人头像，这两件实物是骨笄上的护帽，“雕像的形貌毫无蒙古人种的特征，那种长脸、高鼻、深目、窄面、薄唇的形象，无疑与欧罗巴人种最相近似。”[②]根据形貌特征，被判断骨笄帽上的人物造型是塞种人。因周文化的西边分布着寺洼、辛店、卡约、沙井等几支以畜牧业经济为特点的青铜文化，所以有学者主张这两件蚌雕人头像的传入，是通过北方草原一带的游牧部族间接传入的。“自殷商以来，中亚草原地区的早期游牧部落文化就与远在安阳的商王朝发生了大量的文化交流，关中地区的周人也在与草原文化的接触中间了解了包括塞种在内的西方人的生活和习俗。”[③]据此，上古三代，不同文化之间的交流与相互影响是可以想象的。

正如在“《吉尔伽美什》史诗中，首先引起我们注意的是两种不同文化的冲突与融汇，一种是建立在定居农业文化基础上的城市文明，一种是相对原始朴野的游牧文化。”[④]西周时期，中原的农业文明已经发展到一个相当的程度。但是，当时的西部地区无疑还是游牧民族的天下，所以穆王

---

① 参见靳枫毅:《夏家店上层文化及其族属问题》,《考古学报》, 1987 年第 2 期，第 177—208 页。林沄:《东胡与山戎的考古学探索》,《环渤海考古国际学术讨论会论文集》，知识出版社 1995 年版，第 174—181 页。

② 尹盛平:《西周蚌雕人头像种族探索》,《文物》, 1986 年第 1 期，第 47 页。

③ 水涛:《从周原出土蚌雕人头像看塞人东进诸问题》,《远望集》(上)，陕西人民美术出版社 1998 年版，第 377 页。

④ 叶舒宪:《英雄与太阳：中国上古史诗的原型重构》，陕西人民出版社 2005 年版，第 33 页。

的西巡寻马也可以被看作是农业文化和游牧文化之间的交流和碰撞。

《穆天子传》卷一曰："爰有温谷乐都，河宗氏所游居。"郝懿行说："游居，游牧也。"[①]也由此，可以认为穆王之西行，在某种意义上，是去探寻较为原始的游牧文化生活。纵横马上、巡行天下，追寻权力、财富、爱情和生命，让穆天子超越了帝王局促的宫廷生活，也超越了以农耕文化为本的华夏正统的儒家文化的理解范围。这也是在后世，穆王颇遭误解和非议的真正原因吧。

漫长的农业文明所孕育的深厚的文化传统，使得人们似乎已然忘却在那流光溢影的历史深处，有着难以想象的曾经十分悠久的游猎文化的本源。但迁徙是我们的原初，漂泊是生命的真相。长期的农业生活的经验滋长了安土重迁的心理惰性，但那种对于自由的精神，浪漫的漂泊之向往，是我们这个以儒家文化为核心的温文尔雅的礼仪之邦灵魂最深处的秘密。在画地为牢的现代生活中，在非英雄化的理性时代，穆天子与他的英雄传奇激发了我们最初的赤子之心。这或许正是《穆天子传》的艺术魅力所在。

（二）王者自述——"扬武修文两得之"

周人以一"小邦"，而推翻殷人之霸权，成为"中国"的主人，必然要遭遇以商文化为主的各方面的抵抗与反对。应该说，周文化的忧患感是很强烈的。在武力征服之后，对于自身的神圣合法性之论证在整个西周前期的统治意识中应该是迫切的。因为周人的世界，变成了一个"天下"，而不再是一个"大邑"，周人的政治权力需要促使他们去抟铸一个文化的共同体。《穆天子传》卷五云："蠹书于羽陵"，唐本引茅坤曰，"修文扬武两得之。"[②]扬武暂且不论，而穆王之"修文"，与完成这个工作应该有着密切的关联。

无论《穆天子传》的作者是谁，其神话历史的性质都十分显赫。如卡西尔所说，"神话是一种人的社会经验的对象化，而不是他的个人经验的对象化。"[③]尤其是在文明发展的早期阶段，个人的随兴的文学创作是难以

① 王贻梁：《穆天子传汇校集释》，华东师范大学出版社 1994 年版，第 66 页。

② 郑杰文：《穆天子传通解》，山东文艺出版社 1992 年版，第 102 页。

③ ［德］恩斯特·卡西尔，范进、杨君游译，柯锦华校：《国家的神话》，华夏出版社 1990 年版，第 54 页。

想象的。有学者曾经提出《山海经》是一本巫书，认为它的成书具有明确的政治动机，“是一部神话政治地理书。”[①] 可以想见，在上古社会，人们的精神活动以及与之相关的文字记载都是与神话思维分不开的。六经那种非常理性化的整理，是社会发展到高级阶段之后的事情，古文经所保留的大量有关巫觋活动的记载正是材料可信的依据。正如本田成之借章学诚“六经皆史”之说而发挥道：“换言之无妨说‘六经皆巫也’。”[②] 书写，在文明初期，是具有神圣性质的一种符号行为。

在《穆天子传》卷二出现了“中国”一词：“天子于是取嘉禾，以归树于中国。”这个词的首次出现是在西周《旡可尊》中：“惟武王既克大邑商，则延告于天曰，余其宅兹中国，自之辟民”。[③] 如钱穆先生所言，西周时代的中国，理论上已是一个统一国家。而这种“中国”的概念在《穆天子传》的叙事中就表现为一个非常突出的特点，即对于四方臣服之强调。并且它通过一种“套语”的方式，坚定地加以重复、突出：

□吾乃膜拜而受。(卷二)

丌乃膜拜而受。(卷二)

戏乃膜拜而受。(卷二)

潜时乃膜拜而受。(卷二)

温归乃膜拜而受。(卷二)

无凫上下乃膜拜而受。(卷二)

智氏之夫……乃膜拜而受。(卷三)

命怀乃膜拜而受。(卷三)

诸飦乃膜拜而受之。(卷三)

□□乃膜拜而受。(卷四)

□乃膜拜而受。(卷四)

---

① 叶舒宪，萧兵，[韩]郑在书著：《山海经的文化寻踪：“想象地理学”与东西文化碰触》，湖北人民出版社2004年版，第52页。

② [日]本田成之，孙俍工译：《中国经学史》(《支那经学史论》)，上海书店2001年版，第28页。

③ 中国社会科学院考古研究所编：《殷周金文集成释文》第四卷，第6014器，香港中文大学2001年版，第275页。又见，中国社会科学院考古研究所编：《殷周金文集成》第十一册，第6014器，中华书局1992年，第195页。

归遗乃膜拜而受。(卷四)

□奴乃膜拜而受。(卷四)

这个“膜拜而受”的表述在短短的《穆天子传》中出现了13次之多。可以说很形象地说明了“万邦朝服”的一时盛况。周穆天子在接受异邦小国的进奉朝拜之时也给予他们一定的恩惠与赏赐。英国现代著名诗人和神话学家罗伯特·格雷福斯在其《白色女神——神话诗的历史法则》一书中曾提出真正的诗歌是建立在由少数几个套语构成的神话语言上的，而《穆天子传》以这种独特的方式表达了诗意的想象，它所反映的无疑是在周代确立的大国一统的理论模式。

吉尔兹曾提到:“国王们通过仪典获得对他们的王国的象征性的拥有……当国王在其国土上巡行，展露龙颜，参与祭祀，授予荣衔，或交换礼物，或斥蔑政敌时，他们标记下其符号，恰如狼或老虎在它们的领地放出来它们的气味，作为它们拥有其域的实体性标示。”[①]《穆天子传》作为对这种皇家巡行的记录，它既是周人的权力意识的明确表达，同时反映了他们的政治理想。或者说，以这种书面语言的方式，周人设定了自己的政治地理版图。从这个角度看，与其说它是私人撰写的小说，不如说它是官修之书，它是一部真正的王者之书。

第二节　水神信仰的衰落与中兴——《穆天子传》的成书主旨

人类社会的政治运作均需建构起一套权力来源的理论。可以说，《穆天子传》在某种意义上，是对于这一套理论的故事性诠释。马林洛夫斯基说:“神话并不是象征的，而是题材底直接表现；不是要满足科学的趣意而有的解说，乃是要满足深切的宗教欲望，道德的要求，社会的服从与表白，以及甚么实用的条件而有的关于荒古的实体的复活的叙述。”[②]而建筑

① ［美］克利福德·吉尔兹著，王海龙、张家瑄译:《地方性知识》，中央编译出版社2000年版，第163—164页。

② ［英］马林诺夫斯基著，李安宅译:《巫术科学宗教与神话》，中国民间文艺出版社1986年版，第86页。

起庞大的"梅原古代学"的梅原猛教授认为，以《古事记》为核心的日本"记纪神话"，实际上是公元八世纪日本皇帝（元明女天皇）为安排政权接替而特意创作的作品。神话在某种意义上，不过是人们为了确认自己行动和制度之合法性而攫取的权力话语。谢选骏在他的两本专著中提出上古神话的历史化背景，是在殷末周初宗教文化大嬗替的时代。他认为："周族统治者有意识地改造利用殷人的固有宗教，开了宗教政治化、神话历史化的先河。"① 从这个角度来看，记载周穆王西行巡狩，周游天下的《穆天子传》是否也存在类似的创作意图？在人类学的观察中可以发现任何社会形态的文化核心或者文化丛（cultural complex）都是解决权力来源问题的产物，如希腊的城邦制度、西方中世纪的神学和现代的民主政治等。同样，《穆天子传》的意义在于解释王权的来源问题，以维系新社会的正常运作。

一、由"帝—河伯—天子"构成的神话叙事模式

（一）河伯为帝在人间的代表

《穆天子传》卷一记载了天子西征到了阳纡之山，河伯"都居"之所，于是天子大朝于燕然之山、河水之阿，选定吉日大规模举行祭河的典礼：

> 戊寅，天子西征，鹜行至于阳纡之山，河伯无夷之所都居，是惟河宗氏。河宗柏夭逆天子燕然之山，劳用束帛加璧。先白□天子使鄒父受之。癸丑，天子大朝于燕□之山，河水之阿。乃命井利梁固，聿将六师。天子命吉日戊午。天子大服：冕祎、帔带，搢曶、夹佩、奉璧，南面立于寒下。曾祝佐之，官人陈牲全五□具。天子授河宗璧。河宗柏夭受璧，西向沉璧于河，再拜稽首。祝沉牛马豕羊，河宗□命于皇天子。河伯号之："帝曰：'穆满，女当永致用时事'"。南向再拜。河宗又号之："帝曰：'穆满，示女春山之珤，诏女昆仑□舍四，平泉七十，乃至于昆仑之丘，以观春山之珤，赐女晦。'"天子受命，南向再拜。②

郑杰文按曰：帝，即河伯。河伯是河宗氏的祖先，亦即至上神，故称

① 谢选骏：《神话与民族精神》，山东文艺出版社 1986 年版，第 354 页。

② ［晋］郭璞注，［清］洪颐煊校正：《穆天子传》卷一，《龙溪精舍丛书》翻平津馆本。

"帝"。商人称汤亦曰"帝"(见甲骨文)。此句以下，盖柏夭传达河神命辞。[1] 郑杰文以"帝"为河伯的这种说法是需要讨论的。

首先,《穆天子传》中"帝"出现了八次，除了此处两次以外，还有六次。其中"帝"字单独出现三次。第一个"帝"字出现在卷二。

西王母又为天子吟，曰：徂彼西土，爰居其野。虎豹为群，于雀与处。嘉命不迁，我惟帝女。彼何世民，又将去子？吹笙鼓簧，中心翔翔。世民之子，惟天之望。

这个"帝"，洪颐煊注曰:"天帝也。"第二和第三个"帝"字出现在卷五。

日中大寒，北风雨雪，有冻人，天子作诗三章以哀民曰:"我徂黄竹，□负阏寒，帝收九行。嗟我公侯，百辟冢卿，皇我万民，旦夕勿忘。我徂黄竹，□负阏寒，帝收九行。嗟我公侯，百辟冢卿，皇我万民，旦夕勿穷。有皎者鴼，翩翩其飞，嗟我公侯，□勿则迁。居乐甚寡，不如迁土，礼乐其民。"

这里的"帝"，檀萃以为是"上帝"，其疏曰:"言疾威上帝，降此大戾。"[2] 这六个"帝"字中除三个单独出现外，还有三次是与"黄"、"皇"一起出现的。其中，"黄帝"出现两次。

柏夭曰：□封膜昼于河水之阳，以为殷人主。丁巳，天子西南升□之所主居。爰有大木硕草。爰有野兽，可以畋猎。戊午，□□之人居虑献酒百□于天子。天子已饮而行，遂宿于昆仑之阿、赤水之阳。爰有𠪚鸟鸟之山，天子三日舍于𠪚鸟鸟之山□。吉日辛酉，天子升于昆仑之丘，以观黄帝之宫而丰□隆之葬，以诏后世……天子□昆仑以守黄帝之宫，南司赤水而北守舂山之宝。(卷二)

现在所能看到的传世文献中，比较完整的，像春秋时代的《左传》和

① 郑杰文:《穆天子传通解》，山东文艺出版社1992年版，注19、20，第18页。
② [晋]郭璞注，[清]檀萃疏:《穆天子传注疏》卷五,《芋园丛书》本。

《国语》都提到黄帝。《国语》卷四《鲁语上》言：“夏后氏禘黄帝而祖颛顼，郊鲧而宗禹。商人禘舜而祖契，郊□而宗汤。周人禘喾而郊稷，祖文王而宗武王。”① 由此可知当时人以为黄帝既是夏人的至上神，也是华夏民族的共同的祖先。

除了“黄帝”，《穆天子传》中还有一个“皇帝”：

之虚，皇帝之闾。（卷六）

郭注“皇天子”之皇曰：“加皇者，尊上之。”那么这个皇帝仍是上帝。总结起来说，其它六个“帝”，指的都是上帝、天帝。

其次，在此处的帝出现之前，还有一句话，其中提到了“皇天子”：

祝沉牛马豕羊，河宗□命于皇天子。

“□”：檀萃本添入“致”字。郭注：“加皇者，尊上之。”檀萃疏曰：“致上帝之命于穆王如下文所号也。”在卷四又出现了一个“皇天子”。

河伯之孙事皇天子之山，有模堇，其叶是食明后，天子嘉之，赐以佩玉一只，柏夭再拜稽首。

檀萃疏曰：“事皇天子之山者即前河宗致命于皇天子之处也。”也就是说，《穆天子传》中出现的两个皇天子也都是“上帝”。

依据考古发现的周原甲骨卜辞，周人在摧垮殷王国前后是有上帝观念的。出土于关中的西周早期《天亡□》铭文有：“文王事饎上帝，文王监在上。”② 西周中期《史墙盘》铭文言：“曰古文王，初□龢子敢，上帝降懿德大甹，匍有上下。”③ 传世文献《尚书·周书》是反映周代思想的可靠资料，它生动地展现了周人对上帝唯唯诺诺的情形。周武王伐纣，他声讨商纣的

① 徐元诰撰：《国语集解》，中华书局 2002 年版，第 159—160 页。

② 中国社会科学院考古研究所编：《殷周金文集成释文》第三卷，香港中文大学 2001 年版，第 374 页。

③ 中国社会科学院考古研究所编：《殷周金文集成释文》第六卷，香港中文大学 2001 年版，第 133 页。

最大罪过就是“昏弃厥肆祀弗答”。[①]“肆祀”，包括祀典上帝。周初“武庚之乱”，周公旦对部下说“予惟小子，不敢替上帝命。天休于宁王，兴我小邦周，宁王惟卜用，克绥受兹命。今天其相民，矧亦惟卜用。”[②]而对周人来说，这个“帝”也就是他们的至上神，在周人的宗教信仰中，“帝”是彼岸世界的最高主宰，是神上之神。殷周时期虽然是多神崇拜，但这些神灵之间并不平等。“帝”就像人间的“王”一样，他高踞于众神之上。陈梦家先生认为，“上帝或帝不但施令于人间，并且他自有朝廷，有使、臣之类供奔走者”。[③]而且以为已故祖先也是上帝的廷臣。周人讲“文王陟降，在帝左右”，“三后在天”，“思文后稷，克配彼天”，[④]也都是说祖先神在神界听从上帝的遣使。或者可以说，殷周思想的一个突出特征是上帝信仰。上帝是伦理道德的立法者，也是社会的主宰。上帝的这一特征与古代巴比伦的“伊斯达”（Ishtar）非常相似。伊斯达是古巴比伦的“万都之王”，人们这样向他祈祷：

伊斯达，众神之神，万都之王，全人类的主宰
你是地上的光，天上的光，月神的爱女……
啊，圣女，你有着无边无际超乎众神的法力
你所作的一切判决都公正无比，你的意旨就是法律。[⑤]

周代的人们则这样赞颂上帝：

皇矣上帝，临下有赫，监观四方，求民之莫……
维此王季，帝度其心，貊其德音，其德克明，……
帝谓文王，无然畔援，无然歆羡……
帝谓文王，予怀明德，不大声以色。[⑥]

---

① 《十三经注疏·尚书正义》卷十一《牧誓》，北京大学出版社 1999 年版，第 285 页。
② 《十三经注疏·尚书正义》卷十三《大诰》，北京大学出版社 1999 年版，第 347—348 页。
③ 陈梦家:《殷墟卜辞综述》，中华书局 1988 年版，第 572 页。
④ 以上所引《诗经》，分见程俊英、蒋见元:《诗经注析》之《大雅·文王》、《大雅·下武》、《周颂·思文》，中华书局 1991 年版，第 746 页、第 791 页、第 952 页。
⑤ ［美］威尔·杜兰（Will Durant）:《世界文明史·埃及与近东》，台北幼狮文化事业公司 1978 年中译本，第 181 页。
⑥ 程俊英、蒋见元:《诗经注析》之《大雅·皇矣》，中华书局 1991 年版，第 777—784 页。

这种赞美是宗教信仰的文学表达，它反映的是一个时代的精神与愿望。

从《穆天子传》中也可以看出，在西周时期，天命观念和上帝信仰依然主导着人们的思想。所谓“河宗□命于皇天子”；“河伯号之：‘帝曰’”，是以河伯为中介，设立的一个由帝—河伯—天子三者组成的神话模式。

河伯在帝与穆满之间充当了一个传达者的角色，通过河伯的“号”，传达了“帝”的“诏”，也就是帝的命令。所谓“号之帝曰”，类似于后世常见的巫祝展演的魂灵附体。甚至约三千年之后的人们从《小二黑结婚》中的小芹娘身上还能看到这种古老的宗教遗俗的表现。而从《穆天子传》文本本身来看，其中的“帝”虽然未必如郑杰文所言即是河伯，但确实与河宗、河伯之间有着某种关联。有学者据“河伯无夷之所都居，是惟河宗氏”提出：“‘河伯’既是河神，又是河宗氏部族的首领。同理，‘无夷’（冰夷）既是川神，也同时是部族或首领的称号。这样，‘河伯无夷’便明显地表现为河神河伯与川神无夷的相连和相合。”[①] 也就是说，“河伯无夷”同时具有河神与川神的身份，这使得河伯成为影响最大的地方性水神。同样，在《穆天子传》中，无论是“帝”还是“皇天子”，要么以河伯为传达者，要么以河伯之子孙为侍奉者。河伯成为了帝在人间的代言人。

那么，“帝”究竟为何方神圣？

首先，洪水是人类历史上最为深刻的共同记忆。但凡一个民族，要追寻他的文化起源，由文字记载以前至于邃古之初，时代越悠远，故事越神秘，神秘到不可以再追寻的阶段，便断之以洪水。比如希伯来人说：“耶和华见人在地上罪恶很大，终日所思想的尽都是恶，就后悔造人在地上……要使洪水泛滥在地上，毁灭天下。”[②] 巴比伦古书说大神西苏诗罗斯造洪水，洪水之前有十王，历四十三万二千年；洪水后历三万四千八百年，八十六王朝始入 Chaldea 正史时代（详巴比伦高僧 Bersosus 遗书）。这与《尚书·尧典》中所谓“汤汤洪水方割，浩浩怀山襄陵”，应该同样都是第四冰河期所遗传下来的一种极深刻的印象。“孔子删《书》，断自唐、虞”，

---

① 李立：《试论夏部族河宗氏后裔的南徙与河伯、冰夷神话的重组》，《松辽学刊》（社会科学版），1999 年第 2 期，第 59 页。

② 《新、旧约全书·创世记》，中国基督教协会印发，南京爱德印刷有限公司 1994 年版，第 6 页。

正是因为古代史家寻不出本民族文化的来源和端倪，才不得不断取洪水以作为国史的起点。在战国晚期之前的中国文献中，世界的历史往往始于尧和大洪水。治理洪水是规整世界秩序以使之适于人类居住的一种方式。世界在其原初状态是被水覆盖的，也即所谓的混沌的状态。

其次，在上古神话中存在一个由混沌—鲧—禹而不断发展的水神体系。先民创世神话的混沌（沦）观念与自古而来的洪水记忆有着古老的渊源。晋代郭璞《江赋》云："或泛潋于潮波，或混沦乎泥沙。"李善注曰："混沦，轮转之貌。"[①] 所谓"混沦"乃是创世之初大水滔天的原始印象。曾有学者从语音学的角度提出混沌与鲧的对应关系。"古代汉语描述前创世无序黑暗状态的语汇——'混沌'或'混沦'正与'鲧'字有明显的语音联系。"[②] 认为鲧不仅是混沌海怪，同时也是原始洪水（大洪水）之神，鲧之缓读为混沌或混沦，混沌或混沦的本义正有原始大水的意思。

鲧、禹乃为父子，关于他们的神话核心也都是洪水。从混沌神话发展到鲧、禹神话，反映了上古水神信仰中一种有深意的变化。鲧之被殛，与禹之成功，在某种意义上标示着一个旧的水神时代的衰落和一个新的水神时代的兴起。

再次，混沌作为原始大水神，与《穆天子传》中的黄帝之间相关联。

穆王虽然西去昆仑，但令人奇怪的是并没有出现祭山的仪式场面，他只是一而再地祭河。这是为什么呢？

《周礼·春官·大宗伯》："以苍璧礼天，以黄琮礼地，以青圭礼东方，以赤璋礼南方，以白琥礼西方，以玄璜礼北方。"郑玄注："礼地以夏至，谓神在昆崘者也。"（海源阁杨氏所藏宋本）隋陆德明《经典释文·周礼音义》言："混，户本反，又作昆，音昆。沦，音伦，又作仑，鲁门反。"由此可见陆德明所见郑玄注"昆崘"为"混沦"。[③] 又，《经典释文》卷二十九《尔雅音义上·释水第十二》引述晋郭璞《尔雅注图赞》言："昆崘三层，号曰天柱，实惟河源，水之灵府是也。"梁启超先生更从山川地理变化的角度，提出："故《山海经》、《尔雅》、《穆天子传》、《史记》皆言河

① ［梁］萧统编，［唐］李善注：《文选》第二册，上海古籍出版社1986年版，第564页。

② 吕微：《神话何为》，社会科学文献出版社2001年版，第264页。

③ ［隋］陆德明：《经典释文·周礼音义》，上海古籍出版社1985年版，第467页，影印北京图书馆所藏宋本。

出昆仑，必有所受矣。”[①] 应该说，“昆崘”、“混沦”、“混沌” 之间的语义学关联是不言而喻的。可以明确的一点是，从古至今，昆仑的神圣性与其为河源、水府的特殊位置密不可分。

实际上，在中国神话体系中的昆仑从其在本族文化中的重要性来看，相当于希腊神话中的奥林匹斯神山。正如执雷霆者宙斯居于奥林匹斯山，在中国的昆仑山上，也住着一位至高无上的神。《西山经》曰，“昆仑之丘，是实惟帝之下都。”《海内西经》亦曰：“海内昆仑之虚，在西北、帝之下都。” 帝之下都者，郭璞《注》曰：“天帝都邑之在下者也。”[②] 这位至上神被称之为：“帝”、“天帝”。这座山峰的真实所在众说纷纭。但有一点是肯定的，既是 “天帝” 所居之山，自然而然地被称为 “天山”。

而昆仑，如丁山先生认为即是所谓的 “天山” 即祁连山。“周穆王所升昆仑丘，即匈奴休屠王祭天之山所谓祁连矣”，“故谓祁连（Ki-Lien）即昆仑（Kun-non）对音，今蒙古语之‘库伦’（Kun-lun），亦天山之谓。天山者，天神所在之山。”[③] 这位天神又是谁呢？《西山经》曰：“天山，有神焉，其状如黄囊，赤如丹火，六足四翼，浑敦无面目，是识歌舞，实惟帝江也。” 这位大神名字是叫帝江。毕沅云：“江读如鸿，《春秋传》云：帝鸿氏有不才子，天下谓之浑沌。此云帝江，犹言帝江氏子也。” 袁珂赞同毕沅的见解，也认为 “帝江” 即是 “帝鸿”：“《左传》文公十八年杜预注：‘帝鸿，黄帝。’《庄子·应帝王》：‘中央之帝为浑沌。’ 正与黄帝在 ‘五方帝’ 中为中央天帝符，以知此经帝江即帝鸿亦即黄帝也。”[④] 黄帝，《吕氏春秋·十二纪》也说他正是中央之帝。依此看来，这位 “浑敦无面目” 的天山之神名字叫作 “帝江”，“帝江” 音训为 “帝鸿”，“帝鸿” 即是 “黄帝”，“中央之帝”。混沌与他的关系有两种不同的说法，一是所谓的帝鸿氏（黄帝）的 “不才子”，二是他与黄帝一样同样是中央之帝。笔者认为这种关系也可以从两个方面来理解，一方面，仿佛克罗诺斯到朱庇特之间的关系，他们之间是相继而来，为众神之神的关系。另一方面，从同为中央之

① 梁启超：《洪水考》，见《中国神话学文论选萃》（上编），中国广播电视出版社 1994 年版，第 61 页。

② 袁珂校注：《山海经校注》，巴蜀书社 1992 年版，第 345 页。

③ 丁山：《古代神话与民族》，商务印书馆 2005 年版，第 449 页。

④ 袁珂校注：《山海经校注》，巴蜀书社 1992 年版，第 66 页。

帝、同样“无面目”的外貌形态推想，他们不过是同一“神”在不同时期神话传说中的变体而已。初民对于“原始大水”的极大敬畏赋予了他们作为众神之神的最主要神格。

从这个意义上来说，穆王到昆仑山所观的黄帝之宫，也可以说是中央之帝（帝鸿、浑沌）之所在：“吉日辛酉，天于升于昆仑之丘，以观黄帝之宫，而封丰隆之葬，”而穆王的西行至昆仑丘，观黄帝之宫、封丰隆之葬，乃是前往原始大水神的圣地所在，进行祭拜的朝圣行为。

（二）帝为周人的至上神和祖先神

《穆天子传》中的帝首先对穆王说：“穆满，女当永致用时事。”帝呼穆满之名，这是一种宗教行为。它有两层含义。一是所谓的君权天授，上帝赋予穆满作为治理人间的帝王的权力。二是君为天子。天在君主之上，穆王的行为是接受上天的安排，同时也受到他的庇护。人类学的研究表明，现实中能够获得“名”的知识启蒙的只是社会群体中的个别首领。而在远古部落社会中，酋长、头人往往就是亲自职掌与超自然力相交通的祭司长或巫师长，“其名不可知者”这一代称，在埃及宗教典籍中比比皆是，此一称谓用于最高神无非是因为他不受法术控制。相反，凡是有名的事物当然都难逃法术、咒语的控制。而对于古人来说，出门远行是一件危险的事情。江绍原曾提到：“呼名则能役使精物，是世界上文化程度还很低的民族已经有的观念；……故道径之精，呼其名则不迷，和在道之精善眩人而外，《白泽图》还说故台屋之精，呼其名‘使人目明’……然《白泽图》又说：故水之精，名‘庆忌’，状如人，乘车盖（盖上疑脱戴字）日驰千里，以其名呼之，可使入水取鱼。”[①] 可见呼名的神奇效力早为先民所认知。胡适在《名教》中曾颇具讽刺意味地指出：“这个宗教，我们信仰了几千年，却不自觉我们有这样一个伟大宗教。”[②] 冯友兰指出所谓“名教”便是崇拜名词的宗教，是崇拜名词所代表的概念的宗教。[③] 由此也说明了穆天子西行之“受命于天”神圣性质。

“帝”的第二句话是：“示女春山之珤，诏女昆仑□舍四，平泉七十，乃至于昆仑之丘，以观春山之珤，赐女晦。”穆王在正式开始他的西行之

① 江绍原：《中国古代旅行之研究》，商务印书馆 1935 年版，第 42 页—第 43 页。

② 胡适：《名教》。王孙选编：《新月散文十八家》，上海文艺出版社 1989 年版，第 63 页。

③ 冯友兰：《名教之分析》，《现代评论》（第二周年纪念增刊），1926 年，第 194 页—第 196 页。

前献祭上帝，不仅得到了他的“呼名”，得到了他的“授权”，并且由这个“帝”具体地安排了他的行程、目的地。这种行为显然具有巫术的性质。这里的“舍四”和“平泉七十”，郑杰文注中说：“似指示去昆仑之便于食宿之处。”[①]看来，这个帝对于天子的关怀可谓备至。

那么，这个帝与天子之间究竟又是什么关系呢？

首先，夏周同源。禹为夏人元祖，而周人要“缵禹之绪”，可见周人与夏人关系之密切。在《诗经》里，还多次提到周人与夏禹的关系：

> 信彼南山，维禹甸之。（《信南山》）
> 丰水东注，维禹之绩。（《文王有声》）
> 奕奕梁山，维禹甸之。（《韩奕》）

此外，在《诗经》和《尚书》里，周人常常自称为夏人，这种现象早已为学界所注意。

> 《周颂·时迈》曰：“明昭有周，式序在位。载戢干戈，载櫜弓矢。我求懿德，肆于时夏，允王保之。”
>
> 《周颂·思文》曰：“思文后稷，克配彼天。立我烝民，莫匪尔极。贻我来牟，帝命率育，无此疆尔界，陈常于时夏。”[②]

诗中都将“周”配于“夏”。所谓“我求懿德，肆于时夏”，意思就是说我求美德，以施行于夏域。所谓“无此疆尔界，陈常于时夏”，意思是不分此疆彼界，普遍地施农政于这个夏域。这种“周人尊夏”的语气，在《尚书》中则更多。

> 《康诰》载：“王若曰：孟侯，朕其弟。小子封。惟乃丕显考文王。克明德慎罚，不敢侮鳏寡，庸庸，祗祗，威威，显民，用肇造我区夏，越我一、二邦。以修我西土。”[③]

---

① 郑杰文：《穆天子传通解》，山东文艺出版社 1992 年版，第 18 页。

② 以上分见程俊英、蒋见元：《诗经注析》，中华书局 1991 年版，第 947 页、第 952 页。

③《十三经注疏·尚书正义》卷十四，北京大学出版社 1999 年版，第 359—360 页。

李民先生释“肇造我区夏”条曰：“‘肇’，《尔雅·释诂》曰‘始也’。‘区’，《广雅·释诂》曰‘小也’。是周人在这里自称‘区夏’，亦即称自己为‘小夏’。这与《大诰》中记周人所说之‘兴我小邦周’意义相同。”①在古典文献的记载中这种“周人尊夏”的证据实际上是非常多的。

同样，在《穆天子传》卷三记载了穆天子和西王母的诗歌唱和，其中穆天子也是以“夏”来称自己统治下的西周：天子答之曰：“予归东土，和治诸夏，万民平均，吾顾见汝。比及三年，将复而野。”周人为何要以夏自居呢？因为周人以为自己与夏人拥有共同的祖先——黄帝。

一方面，周人以黄帝为先祖。周人为姬姓。《史记·周本纪》说：“周后稷，名弃……别姓姬氏。”黄帝亦为姬姓。《国语·晋语》：“黄帝以姬水成……故黄帝为姬。”②黄帝族以天鼋为图腾，郭沫若先生有“天鼋”为古轩辕之说。③而《国语·周语》曰：“我姬氏出自天鼋。”韦昭注：“姬氏，周姓。”④因此，说“我姬氏出自天鼋”，就是说“我周人出自黄帝”。

另一方面，黄帝又是姒姓夏人的远祖。

> 自黄帝至舜、禹皆同姓而异其国号，以章明德。故黄帝为有熊，帝颛顼为高阳，帝喾为高辛，帝尧为陶唐，帝舜为有虞，帝禹为夏后而别，氏姓姒氏。（《史记·五帝本纪》）
>
> 夏禹，名曰文命。禹之父曰鲧，鲧之父曰帝颛顼。颛顼之父曰昌意，昌意之父曰黄帝。（《史记·夏本纪》）⑤

据《史记·五帝本纪》记，黄帝又号有熊，即以熊为图腾者。而《左传》昭公七年曰：“昔尧殛鲧于羽山，其神化为黄熊，以入于羽渊，实为夏郊。”⑥《楚辞·天问》则曰：“（鲧）化为黄熊，巫何活焉？”可见夏人的熊

---

① 李民：《释〈尚书〉“周人尊夏”说》，《中国史研究》，1982年第2期，第128页。

② 徐元诰撰：《国语集解》卷十《晋语四》，中华书局2002年版，第337页。

③ 郭沫若：《殷彝中图形文字之一解》，《殷周青铜器铭文研究》卷一，人民出版社1954年版，第7页。

④ 徐元诰撰：《国语集解》卷三《周语下》，中华书局2002年版，第124页。

⑤ 分见：［汉］司马迁：《史记》卷一、卷二，中华书局1982年版，第45页、第49页。

⑥《十三经注疏·春秋左传正义》卷四四，北京大学出版社1999年版，第1244页。

图腾也是源于黄帝的。[①]因此，周人认为黄帝乃是夏人与本族的共祖。[②]

其次，自黄帝、禹夏而来的文化传统与水密切相关。

杨向奎先生提出："黄帝之称作'轩辕'（天鼋）实在是图腾崇拜，即水族动物龟蛇的崇拜。"[③]而这种水崇拜的文化传统在夏人的文化中也是始终存在的。"在夏族鲧、禹的传说中始终围绕治水水神及龙蛇的崇拜……杨宽先生原文有值得注意处，即始终以共工与鲧的传说与水及水神相结合，而谓'玄'所以加'鱼'者或即因其为水神之故。"[④]

《楚辞·天问》中提到了一个河伯与后羿的故事："帝降夷羿，革孽夏民；胡射夫河伯，而妻彼洛嫔？"王逸《注》引淮南王《离骚传》云："河伯化为白龙，游于水旁。羿见，射之，眇其左目。河伯上诉于天帝曰：'为我杀羿。'天帝曰：'尔何故得见射？'河伯曰：'我时化为白龙出游。'天帝曰：'使汝深守神灵，羿何从得犯汝？今为虫兽，为人所射，固其宜也。羿何罪欤？"这是后羿射河伯的本事。或有以为："后羿曾经一度推翻夏朝，取代夏政，在此过程中，他又射杀河伯，夺取河伯的妻室。可见，河伯之邦应是夏部族的领地，所以，后羿对河伯与夏后氏一样看待，都采取诛灭政策。"[⑤]此言未必可信，但是这种以"射"为斗争、战争的隐喻性语言所反映的两方面之对立是包含在文本中的。正如邓迪斯所说："神话是关于世界和人怎样产生并成为今天这个样子的神圣的叙事性解释……而且神话也不是非真实陈述，因为神话可以构成真实的最高形式，虽然是伪装在隐喻之中。"[⑥]在这种隐喻之中，包含了历史的"真实"。隐喻的历史正是神话历史。

关于"射"，还有另外一个故事。这个有穷后羿射的是河伯。而在此

---

① 黄熊，也有人释之为黄能，以为三足鳖，见《春秋左传注疏》卷四十四陆德明《音义》，而熊如何能入水，同卷正义疏曰："若是熊兽，何以能入羽渊？但以神之所化，不可以常而言之。"参看叶舒宪《熊图腾——中国祖先神话探源》，上海文艺出版社2007年版。

② 关于熊图腾问题，参看孙作云：《诗经与周代社会研究·周先祖以熊为图腾考》，中华书局，1966年版，第10页。又，河南省登封市嵩山南麓万岁峰下曾出土一东汉延光二年的石阙，刻"夏禹化熊图"，见吕品编《中岳汉三阙》，文物出版社1990年版。

③ 杨向奎：《宗周社会与礼乐文明》，人民出版社1992年版，第19页。

④ 杨向奎：《宗周社会与礼乐文明》，人民出版社1992年版，第41页。

⑤ 李炳海：《部族文化与先秦文学》，高等教育出版社1995年版，第52页。

⑥ ［美］阿兰·邓迪斯编，朝戈金等译：《西方神话学论文选》，上海文艺出版社1994年版，导言，第1页。

之前的羿，则曾经射日。艾兰以为："羿射日的战事表达了西方月亮势力跟东方太阳的势力发生了争斗冲突"。[①] 虽然她似乎没有弄清楚羿与后羿的关系，所以结论有些可疑。但应该说，以上射河伯、射日的这两个故事反映了两种不同文化之间的冲突是可信的，而在上古的文化传统中，射日的英雄实际上并非仅有羿一人。

周人的祖先后稷，《楚辞·天问》中记有他诞生之事外，还有这么几句曰："（稷）何凭弓挟矢，殊能将之？既惊帝切激，何逢长之？"似乎是说后稷生下不久，就能够弯弓射箭，以至于使天帝受到很大的震惊。可惜的是存世文献中并没有他射日的记载。古本《淮南子》中倒是记载了尧射日的故事：

> 尧之时，十日并出，万物燋枯。尧上射十日，九日去，一日常出。
>
> 烛十日。尧时十日并出，万物焦枯，尧上射十日。
>
> 尧时十日并出，尧上射九日。[②]

但是等到古本《淮南子》被改为今本状态，羿射日除害之说便定于一尊，而尧射日除害之说便渐渐消泯乃至于无闻。

如果说后羿射河伯的传说，反映了"夷"人的势力强大以及对于夏民的压制，那么，尧、羿的射日传说，与自黄帝、夏禹以来的水神信仰是相呼应的，它们共同揭示了一个更为古老的相对"西方"的文化传统。

最后，《穆天子传》中的帝为周人至上神，也是他们的祖先神。

从商代开始，统治者推出了至上神"上帝"的概念。陈梦家先生在分析了殷墟甲骨中有关对帝的祭祀卜辞后，总结出："殷人的上帝虽然也保佑战争，而其主要的实质是农业生产的神。先公先王可以上宾于天，上帝对于时王可以将祸福、示诺否，但上帝与人并无血缘关系。"[③] 而对于周人来

---

① ［英］艾兰，汪涛译：《龟之迷——商代神话、祭祀．艺术和宇宙观研究》，四川人民出版社 1992 年版，第 29 页。

② 分见：［汉］王充，黄晖校释：《论衡校释》卷五《感虚篇》、卷十一《说日篇》、卷二九《对作篇》，中华书局 1990 年版，第 227 页、第 509 页、第 1183 页。

③ 陈梦家：《殷墟卜辞综述》，中华书局 1988 年版，第 580 页。

说，这个至上神“上帝”同时也是他们的祖先神。[①]范文澜认为祖先崇拜在周人的意识形态中占有“唯一重要的位置”。[②]所谓“宗教的整个本质表现并集中在献祭之中。”[③]从《穆天子传》的记叙来看，所出现的穆王的两次祭河，名虽同而实异。在上述穆王大规模的献祭之前，还有一次小规模的献祭活动。那是在穆王的西征之初，他去拜访的部族是“鄘人”，鄘人也是个以河宗为始祖而崇拜的部族，他们的领袖柏□柏絮迎接天子于智的地方，献豹皮和良马。“甲辰天子猎于渗泽，于是得白狐玄貉焉，以祭于河宗”。穆王这一次祭祀相对来说是比较简薄的，因为他所祭的只是河宗氏的部族祖先神。

穆王的第二次祭祀活动才是大张旗鼓地祭帝，并从帝那里获得面授天机与天瑞的至上恩宠机会。

> 天子授河宗璧。河宗柏夭受璧，西向沉璧于河……河宗□命于皇天子。河伯号之：“帝曰：‘穆满，女当永致用时事’”。南向再拜。河宗又号之：“帝曰：‘穆满，示女春山之珤，诏女昆仑□舍四，平泉七十，乃至于昆仑之丘，以观春山之珤，赐女晦。’”[④]

“河伯”句，旧注曰：“呼穆王。”郑杰文按曰：“河伯”应作“河宗”，故下言“河宗又号之”，即河宗柏夭代河神加命于穆王。[⑤]但很显然，河宗与河伯不是一个概念。所谓“天子授河宗璧。河宗柏夭受璧，西向沉璧于河”，表明这里的河宗是一个具体现实的人。而在两个河宗之间出现的“河伯”，并不是作为一个相同的概念出现的。这个河伯是与上文的“河伯无夷之所都居”相呼应的。檀萃疏曰：“河伯，冯夷也。见神自出而致帝

① 关于殷周信仰的总体特征，学术界有不同意见。侯外庐说殷代是祖宗一元神，周代是天神与祖宗神并存的“二元崇拜”，（侯外庐：《中国思想通史》（第一卷），北京：人民出版社 1957 年版，第 63 页、78 页。）任继愈、王友三认为殷周时代是天神与祖宗神分离的二元神崇拜。（任继愈主编：《中国哲学发展史》（先秦卷），人民出版社 1983 年版，第 83 页。王友三主编：《中国宗教史》，齐鲁书社 1991 年版，第 186 页。）

② 范文澜：《中国通史简编》第一编，人民出版社 1964 年版，第 38 页。

③ ［德］路德维希·费尔巴哈，荣震华译：《费尔巴哈哲学著作选集》，商务印书馆 1984 年版，下卷，第 462 页。

④ ［晋］郭璞注，［清］洪颐煊校正：《穆天子传》卷一，《龙溪精舍丛书》翻刻平津馆本。

⑤ 郑杰文：《穆天子传通解》，山东文艺出版社 1992 年版，注 19、20，第 18 页。

命。”这已经说得很清楚了，是河神代帝加命于穆王。而不是如郑杰文所说：“河宗柏夭代河神加命于穆王”。正因为没有理解这一点，所以他不仅将河宗与河伯混为一谈，而且将河伯与帝也混为一谈。但通过对文本的细读，不难看出，在《穆天子传》中，河宗、河伯与帝基本上不可能是对等的概念，理解了这一点，也就能理解，穆王的这一次祭祀为什么要“沉璧于河”，采用比上次的祭“河宗”高得多的规格。

河神“是中国最有影响的河流神，这与它所代表的黄河在中国古代经济文化中的地位有关。黄河流程万里，所以最初的河神，也应是多元的、地区性的。”[①] 而所谓“河伯无夷之所都居”，这句话较妥的理解应该是：在阳纡之山上，有设立专祠作为祭河之所，是河伯无夷常在的居所。

这里就能看出河伯与帝之间的关系了：河伯是一个地方性的水神，他都居于阳纡之山，而帝乃是原始大水神，他居于昆仑之丘。也正是因为他们之间的这种关系，使得河伯可以成为帝的意志传达者。而河宗氏是以河伯之神作为始祖而崇拜的宗族，所以，“帝—河伯—河宗”三者之间是一种垂直的关系。而周人与河宗氏的文化信仰的结合点在“帝”这个层面，“帝”才是周人的至上神。穆王的大规模的祭祀行为，不仅体现了对于河宗氏神权的认同，更重要的是在祭水、祭帝，祭祀自己的祖先神。

二、“受命于帝”的神话内涵

一切神话的产生都是社会生活和人们的思想情感需要的结果。《穆天子传》中天子“受命于帝”的神话叙事的出现，具有深刻的历史文化内涵和宗教信仰的原因。

（一）炎黄一脉的水神传统

黄帝被尊为华夏民族的始祖，而黄帝与炎帝的那场战争可能是我们的民族记忆中最为深刻的惨烈故事。

《国语·晋语四》曾记载了姬姜两族的由来：“昔少典娶于有蟜氏，生黄帝炎帝。黄帝以姬水成，炎帝以姜水成。成而异德，故黄帝为姬，炎帝为姜，二帝用师以相济也，异德之故也。”

这个神话叙事中包含了两个意思：一是黄帝、炎帝一脉同源。徐旭生

① 吕宗力，栾保群：《中国民间诸神》，河北教育出版社 2001 年版，第 282 页。

先生说华夏集团初起于甘青高原之昆仑丘，“他们逐渐东迁，少典氏和有蟜氏就是他们达到甘肃和陕西交界地区时的两个氏族。黄帝与炎帝的氏族又从他们分出来。”[①]二是无论是姬水、姜水，他们有着逐水而居的习惯，水在他们的部族文化中应该占据着重要的地位。

这场战争最后以黄帝部族的胜利而告终。《史记·五帝本纪》说：“轩辕之时，神农氏世衰。诸侯相侵伐…于是轩辕乃习用干戈，以征不享……而蚩尤最为暴，莫能伐。炎帝欲侵陵诸侯，诸侯咸归轩辕。轩辕乃修德振兵……以与炎帝战于阪泉之野……尤作乱，不用帝命。于是黄帝乃征师诸侯，与蚩尤战于涿鹿之野，遂禽杀蚩尤。而诸侯咸尊轩辕为天子，代神农氏，是为黄帝。”[②]

通过战争的手段，黄帝最后成为了权力的所有者。那么，这样一种战争的结局是由什么决定的呢？

现有的文献记载可以确定炎帝为最早的农业之神。如《国语·鲁语上》云：“昔烈山氏之有天下也，其子曰柱，能殖百谷百蔬。周之兴也，周弃继之，故祀以为稷。”韦昭注曰：“烈山氏，炎帝之号也，起于烈山。”[③]陈澔《礼记集说·祭法》曰：“炎帝，神农也”。[④]而这个烈山氏之名又令人联想到商人开发田地的制度——裒田。张政烺根据卜辞记载推测，裒田的第一阶段在盛夏夏至前后烧薙草木，及严冬冬至前后，剥除树皮使树木枯死。在用石器为主要砍伐工具时，只有经过这种方式才能清除大片土地上的林莽。第二步则是平整地面，疏解土壤，使成为可用的田地。水淹火烧杂草腐木，可以增加土壤的肥力。这时，地力已足，事实上已可种植了。第三步则是把大片田地的陇亩修整，有疆埒畎亩，可作良田了。张政烺认为这一连串的工作，属于垦辟田地的过程，正合《周易》、《诗经》等书中所谓“菑、畬、新田”的三个阶段。[⑤]证以《大田》之诗亦曰：“田祖有神，秉畀炎火。”（《诗经·小雅》）这种古老的农耕方式，也即刘禹锡《竹枝》中所唱：“山上层层桃李花，云间烟火是人家。银钏金钗来负水，长刀短

① 徐旭生：《中国古史的传说时代》，科学出版社1962年版，第43页。

② ［汉］司马迁：《史记》卷一，中华书局1982年版，第3页。

③ 徐元诰撰：《国语集解》卷四，中华书局2002年版，第155页。

④ ［元］陈澔：《礼记集说》卷八，上海古籍出版社1987年版，第255页。

⑤ 张政烺：《卜辞裒田及其相关诸问题》，《考古学报》1973年第1期，第93—120页。

笠去烧畲”，畲田之俗一直保留到近现代的一些偏远农村地区。可以设想，作为最早的农业之神，炎帝之名可能是其部族采取的耕作方式之转喻。

从炎帝到黄帝，最大的变化是什么呢？农业技术的进步，农田水利技术的发展。《史记正义》佚文云：“炎帝作耒耜以利百姓，教民种五谷，故号神农；黄帝制舆服宫室等，故号轩辕氏；少昊象日月之始，能师太昊之道，故号少昊氏。此谓象其德也。”① 所谓轩辕，有学者解释黄帝是最初发明车的人。或者可以说，黄帝（或这个部族）是最先掌握了原始机械装置技术的人。现在有些农村地区还存在的水车是否能给后人以某种启发？而这种技术的发明使得黄帝一族比炎帝一族在控制水的能力方面更加强大。

在神话叙事中是这样表达的：

> 大荒之中，有山名不句，海水北入焉。有系昆之山者，有共工之台。射者不敢北向。有人衣青衣，名曰黄帝女魃。蚩尤作兵伐黄帝，黄帝乃令应龙攻之冀州之野。应龙畜水，蚩尤请风伯、雨师，从大风雨。黄帝乃下天女曰魃。雨止，遂杀蚩尤。魃不得复上，所居不雨。叔均言之帝，后置之赤水之北，叔均乃为田祖。魃时亡之。所欲逐之者，令曰，神北行。先除水道，决通沟渎。（《大荒北经》）

在这个神话中，炎帝与黄帝双方皆有从雨之能力：一方是“应龙畜水”，另一方是“蚩尤请风伯、雨师，从大风雨”，双方是不相上下的，后世的呼风唤雨的雷公、龙王与他们似乎有着一脉相承的关系。不同之处在于黄帝一族能够“乃下天女曰魃，雨止”，并能够“置之赤水之北……逐之”，也就是既能止雨亦能制旱，而这种能力何来呢？“先除水道，决通沟渎”，即排水和防水，叔均黄帝一族之能代替原始农神炎帝—共工一族成为新的农神，其原因也即在此吧。

炎黄斗争的余绪是共工与颛顼的斗争，《淮南子·天文篇》云：“昔共工与颛顼争为帝，怒而触不周之山。”颛顼，黄帝之裔孙也。共工，《国语·周语下》韦昭注曰：“贾侍中云：共工诸侯，炎帝之后，姜姓也。”② 这次斗争的失败者仍然是炎帝一族的共工。《兵略篇》又云：“共工为水害，

① 张衍田：《史记正义佚文辑校》，北京大学出版社 1985 年版，第 3 页。

② 徐元诰撰：《国语集解》卷三，中华书局 2002 年版，第 93 页。

故颛顼诛之。”为水害即所谓“壅防百川以害天下”。《史记·律书》亦云：“颛顼有共工之阵以平水害。”从水利技术发展的角度来理解，中国上古神话中失败的英雄共工、鲧都是没有掌握先进技术，治水失败，导致水害的历史人物的代表。共工壅防百川以害天下，而鲧同样也是堙洪水以汩五行。

《海内经》云：“洪水滔天。鲧窃帝之息壤以堙洪水，不待帝命。帝令祝融杀鲧于羽郊。鲧复生禹。帝乃命禹卒布土以定九州岛。”袁珂认为禹治洪水之初亦专用湮塞之一法，与其父同，非若历史记叙禹用疏而鲧用湮。所以，屈原《离骚》云：“鲧婞直以亡（忘）身兮，终然夭乎羽之野。”以为鲧之功烈在古神话中犹未全泯。[1]而《国语·鲁语上》也记载了共工之后亦能治水：“共工氏之伯九有也，其子曰后土，能平九土。”[2]那么，鲧禹、共工后土神话的真相是什么呢？子承父业，他们都是治水之英雄人物。不同的是，父辈因为没有掌握正确的方法，导致了失败，给部族带来了巨大的损失，成为罪人，受到惩罚。而子辈在父辈失败的基础上逐渐总结出了正确的方法。这样一个父死子继的模式，反映的是一个历史发展的过程。

而《尚书·周书·吕刑》曰：“禹平水土，主名山川。稷降播种，农殖嘉谷。三后成功，惟殷于民。”[3]在古代农业为主的农耕时期，谁掌握了先进的水利技术，谁就掌握了神权，也就成为人民的领袖。事实上，两个最古老的文明——埃及文明和苏美尔文明完全取决于灌溉，而在其周围的第二类文明——亚述、波斯、腓尼基和叙利亚也都以其灌溉技能着称。从中国古老的传说中不难发现尧、舜、禹作为君主，无不是控制或试图控制洪水（以及灌溉）的人。而禹恰恰是因为能够“平水土”，所以具备了“主名山川”的权力。

炎帝与黄帝的斗争，所反映的神话现实应该是一种相对落后的农业生产方式被另一种较先进的农业方式（灌溉农业）所取代。假如说文学可以保持今天所谓的“历史的真理”，这真理永远不会与确定的人物和事件有关，而只是制度、习俗和与风景。所以，炎黄之争的实质是农业的发展和

① 袁珂校注:《山海经校注》，巴蜀书社 1992 年版，第 537 页。

② 徐元诰撰:《国语集解》卷四，中华书局 2002 年版，第 155 页。

③《十三经注疏·尚书正义》卷十九，北京大学出版社 1999 年版，第 540 页。

水利技术的进步。周人能够以一蕞尔小邦而崛起于渭上，成为古代中国的主流，开八百年之基业，与其掌握了较为先进的水利技术恐怕也有相当的关系。

许倬云认为商人在生产效率方面有所进步，但在生产工具方面没有什么发展。“商人的农作仍用石器，商代生产能力之提高，似乎与生产工具无甚关系，毋宁是由于商代在人力的组织与运用方面，比前代较有效率。”[①]而周人则大大不同，他们的农业生产技术有了很大的提高。

一是铁的使用和牛耕的发明。周人始祖为后稷，《大荒西经》曰：“帝俊生后稷。稷降以百谷，稷之弟曰台玺，生叔钧。叔钧是代其父及稷播百谷，始作耕。”《海内经》亦曰：“帝俊有子八人，后稷是播百谷。稷之孙曰叔钧，是始作牛耕。”由人耕而发展进步至于马耕、牛耕，是人类文明的一大进步。据米勒利尔《社会进化史》说，犁耕（即牛马耕）约始于新石器时代末或金器时代（即铜器时代）之初。以我国文化阶段论，大约是在夏、殷之际，也正是周弃为稷之时。西周时期冶铸业所取得的突出成就是冶铁技术的发生。由于地理位置的方便，周人比商人更早地学习到了冶铁技术。尹盛平根据周原扶风召陈村遗址发现的西周塞种人头蚌雕像，认为：“最晚至西周晚期中原地区已与新疆乃至中亚一带有了密切往来，所以中原地区最初的人工冶铁技术完全可能是从新疆传入的，而且新疆冶铁技术传入中原，很可能与塞种与中原的交往以及穆王西巡访问塞种部落有关，所以新疆冶铁技术传人中原的时间可能是在西周中期，即公元前800年以前，比过去认为中国进入铁器时代的年代提前了300年以上。”[②]并且，从目前的考古发现看，在公元前1000多年前，古代新疆地区就存在人工冶铁制品，已发现的铁器有：弧背直刃刀、弧背凹刃刀、剑尖、镰、锥、小铁刀、指环、镯、残铁块等。[③]西周冶铁技术推定为穆王时期可能还是较为保守的看法。

二是水利设施的发展。上个世纪七十年代在陕西岐山的凤雏村及扶风

---

① 许倬云：《西周史》，三联书店1994年版，第30页。

② 尹盛平：《周原文化与西周文明》，江苏教育出版社2005年版，第585页。

③ 参见：《新疆哈密焉不拉克墓地》，《考古学报》1989年第3期；《新疆和静察吾乎沟口一号墓地》，《考古学报》1981年第一期；《新疆轮台群巴克第一次发掘简报》，《考古》1987年第11期；《新疆轮台群巴克第二、三次发掘》，《考古》1991年第8期；《帕米尔高原古墓》，《考古学报》1981年第2期；《新疆阿拉沟竖穴木椁墓发掘简报》，《文物》1981年第1期。

召陈村分别有周初的大型建筑出土。这个建筑遗址的时代，由于有祭祀殷王帝乙与太甲及记载殷王来田猎的卜辞，可以肯定这组建筑的始建年代当在武王克商以前，其下限则由出土陶鬲的形制，知道可以晚到西周晚期。“遗留木料的碳十四测定年代是公元前 1095 ＋ 90 年，正是商代末季。所以凤雏村的建筑基址当是周人在灭商以前建设的都邑……全部建筑有良好的排水设施，台基下有陶管构成的水道，或用河卵石砌成。所有台檐外面均有散水沟或散水面、台基以夯土筑实，隔墙则是分层夯实。”[①] 值得注意的是，它反映了这个时期的周人，已经懂得用散水管及散水面处理排水和防水的问题。

图五：西周象纹鬲，摄于北京房山琉璃河西周遗址博物馆

在《逸周书·尝麦》中讲述了很古老的一个历史传说：“昔天之初，□作二后，乃设建典，命赤帝分正二卿，命蚩尤于宇少昊，以临四方，司

① 周原考古队:《陕西岐山凤雏村西周建筑基地发掘简报》,《文物》，1979 年第 10 期，第 27—32 页。

□□上天末成之庆。蚩尤乃逐帝，争于涿鹿之河，九隅无遗。赤帝大慑，乃说于黄帝，执蚩尤，杀之于中冀。以甲兵释怒，用大正顺天思序，纪于大帝，用名之曰绝辔之野。乃命少昊请司马鸟师，以正五帝之官，故名曰质。天用大成，至于今不乱。”[①]这是最早记载有关赤帝、黄帝、大帝、五帝历史传说故事的文献。陈逢衡、丁宗洛、孙诒让皆认为本篇为成王事。[②]李学勤先生则提出它有可能是穆王初年的作品。[③]在西周初期被建构或者说被重构的炎黄神话，应该是富有深意的。除了甲金文之外，有汉字记录的中国神话历史之脉络与源头，当以此篇为早。其首句“昔天之初”有上溯宇宙本源的创世神话背景。联系《穆天子传》中所记载的祭拜河神，登临昆仑，参见黄帝之宫，它是否反映了周人试图对于本族炎黄一脉的文化来源、传统进行澄清、梳理的思想倾向？水出昆仑，西方乃是河源之所在，[④]对于周人来说，穆王的西巡，或是对于自身的文化本源的一种确认。

（二）河伯水神——逐渐衰落的历史趋势

从炎帝到黄帝、从商人到周人，随着时间的推移，必然带来农业水利灌溉技术的递进发展。正如李学勤先生说：“其它地方的洪水传说都是讲天降洪水，将人类灭绝，惟有少数留存下来，成为现今人类的先祖，而《尧典》却说洪水怀山襄陵，禹受命动员人众将之治理平息，其思想涵义显然有别，不可与其它传说同日而语。这里面反映的不同观念，是很值得玩味的。”[⑤]在中国的洪水传说中的部落领袖最终成为了带领民众战胜大自然的民族英雄。大约从那时起，我们这个民族“人定胜天”的自信心就大大地增强了。而这种自信心的产生应该与先民较早地掌握了对抗水旱的能力有密切关系。但这同时带来了另外一个问题。列宁说：“恐惧创造了神。”又说：“野蛮人由于没有力量同大自然搏斗，而产生对上帝、魔鬼、奇迹等的

---

① 黄怀信，张懋镕、田旭东撰，李学勤审定：《逸周书汇校集注》，上海古籍出版社 1995 年版，第 781—786 页。

② 黄怀信，张懋镕、田旭东撰，李学勤审定：《逸周书汇校集注》，第 768 页。

③ 李学勤：《〈尝麦〉篇研究》，见：李学勤：《古文献论丛》，上海远东出版社 1996 年版，第 87—95 页。李学勤先生在其中提出：其篇很多地方类似西周较早的金文，时代不会太晚；并以其篇所讲故事与《吕刑》穆王所讲蚩尤作乱、苗民弗用灵等相应，以为其时代当相去不远，故推测《尝麦》有可能是穆王初年的作品。其说或可信。

④ 关于昆仑为上古大河之源的探讨，参看萧兵：《昆仑神水考》，《楚辞与神话》，南京：江苏古籍出版社 1987 年版，第 513—533 页。

⑤ 李学勤着：《走出疑古时代》，辽宁大学出版社 1997 年版，第 65 页。

信仰。”[①]神的权威来自于人们对于自然力量的畏惧。反过来说，当人的能力增强，对于神的畏惧就可能降低。

首先，在三代文化中，祭河作为一个信仰传统而存在，但河神的地位似乎却在不断地衰落。

《论语·为政》孔子云：“殷因于夏礼，所损益可知也。周因于殷礼，所损益可知也。”在最近半个世纪的时间里，关于三代文化之异同产生了激烈的争论。张光直先生在《夏商周三代都制与三代文化异同》一文中说：“三代都是有独特性的中国古代文明的组成部分，其间的差异，在文化、民族的区分上的重要性是次要的。”“从物质遗迹上看来，三代的文化是相近的：纵然不是同一民族，至少是同一类的民族。”[②]笔者认为，在某种意义上说，这种在“大同”的基础上，讨论“小异”的立场是可取的。

夏周之外，属于东夷集团的商人，亦留下了以河为祖先神的文字记录。殷墟祭祀“河”的卜辞甚多，也有称河为“高祖”的卜辞。（见郭沫若主编《甲骨文合集》32028，33339）作为祖先神，殷人的上帝就是帝喾，也就是殷人的高祖。陈梦家说：“‘河’可能转化为帝喾。帝喾本来是天帝而转化为人帝的，而帝与河都是令雨的主宰，则以河为其先祖，亦是可能的。”[③]但有学者更进一步提出：“可以推测河伯之所以被称为‘高祖’，应与夫余高丽国一样，河伯是与殷人世代通婚的外‘高祖’，其女是殷人的高妣，殷人也均是‘河伯外孙’”。[④]这种意见是值得思考的。商人以河伯为外祖的传说，它一方面说明古老的河神信仰在三代文化中的延续性。另一方面，“河伯外孙”说所暗示的父权话语意识也传达了此一信仰的衰落。神话“是已经通过人民的幻想用一种不自觉的艺术方式加工过的自然和社会形式本身。”[⑤]这种衰落的迹象在神话与历史传说中可以发现非常多的例子。

商王武乙有所谓的“射天”行为。“武乙无道……为革囊，盛血，仰

① 《列宁全集》第10卷，人民出版社1958年版，第62页。

② 张光直：《中国青铜时代》二集，三联书店1990年版，第38页。

③ 陈梦家，《殷墟卜辞综述》，中华书局1988年版，第344页。

④ 王晖：《商周文化比较研究》，人民出版社2000年版，第34—35页。

⑤ 《〈政治经济学批判〉导言》，《马克思恩格斯选集》第2卷，人民出版社1972年版，第113页。

而射之，命曰射天。”[①] 王晖提出：“武乙时射天的背景不是十分清楚，大概是与周方国的冲突有关……武乙与宋王偃所仇视的这位天神形象其实就是混沌氏帝鸿。”[②] 而帝鸿如上文所说乃是原始大水神。吕微先生指出：“洪水又言鸿水，而浑沌既可拼读成一个鸿，苦蠪也可急读如鸿。作为浑沌的帝鸿，形象是个圆形的黄囊，作为苦蠪的鸿亦有圆腹之义。”[③] 那么，虽然不能对武乙射天的原因给出明确的判断，但是其所射的对象却是可以肯定的。此处“射”的行为本身表示的对于“天”：“帝鸿”或曰“浑沌”的不敬之意也是显而易见的。

在周以后这种河伯水神信仰呈现出进一步衰微的趋势，比如在春秋战国时期，最典型地体现为对其形象的丑化和其神格的蔑视。

> 帝鸿氏有不才子……丑类恶物，顽嚚不友，是与比周。天下之民谓之浑敦。(《左传》文公十八年)
>
> 澹台子羽渡河，赍千金之璧于河。河伯欲之，至阳侯，波起，两蛟挟船，子羽左掺璧，右操剑，击蛟皆死。既渡，三投璧于河伯，河伯跃而归之，子羽毁而去。(《古微书》卷二十五)

河伯作为“神”在这儿不仅被描述为一个丑、恶、不友等不堪的形象，甚至遭遇到“人”对于他的傲慢与蔑视。例如《晏子春秋》记述了有名的“三桃杀二士”的故事，其中古冶子曰：“吾尝从君济于河，鼋衔左骖以入砥柱之流。当是时也，冶少不能游，潜行逆流百步，顺流九里，得鼋而杀之。左操骖尾，右挈鼋头，鹤跃而出，津人皆曰：‘河伯也。’”[④] 由不敬而杀之，河伯水神信仰之衰已是毋庸置疑了。这种情况在其它文化中也存在，例如本来埃及人只有一个神，这个神控制河水的能力最初是极为突出的（如俄赛里斯能赋予生命和用河水的涨落测定一年的长短），后来人们观察天狼星与太阳一起升起的现象，结果发现用太阳测算一年的长短比用河水的涨落更为准确。“最终有一位有特殊才能的人提出用观察太阳和

① [汉] 司马迁：《史记》卷三，中华书局 1982 年版，第 104 页。

② 王晖：《商周文化比较研究》，人民出版社 2000 年版，第 82 页。

③ 吕微：《“昆仑”语义释源》，载于马昌仪主编《中国神话学文论选萃》(下编)，中国广播电视出版社 1994 年版，第 508 页，注 32。

④ 吴则虞：《晏子春秋集释》卷二《内篇谏下》，中华书局 1982 年版，第 165 页。

天狼星的方法确定的新日历取代靠观察河水制订的旧日历。在宗教界，由于这样应用天文学的知识，就把死者之家从地上移到了天上，并且强调君主一神具有太阳的特征。因此，太阳神雷似乎侵占了河神俄赛里斯的地位。”[①] 埃及文化中这种太阳神与河神之间的权力斗争与演替应该与社会生产力的发展有关系。

在中国，有一个流传甚广的西门豹阻止给河伯娶妇的故事，而他之所以能够做到这一点，是因为他可以“即发民凿十二渠，引河水灌民田。”[②] 应该这样说，自三代而后，伴随着农业水利技术的发展，带来了先民对于水的敬畏之心的削弱，这解释了河伯水神在民间信仰中地位的逐步下降。从《穆天子传》中至高无上的河神到中古以后的贪婪好色的河伯，再到明清以后，伴随着商品经济的发展，到《西游记》中，大大小小的龙王就成为以猴王为代表的新兴市民阶层取笑、戏弄的对象。在中国神话体系中，他们变成了身不由己，连呼风唤雨的权力都被收上去了的、最“基层”的懦弱无能的小神形象。

（三）河伯水神——隆重其祭的现实原因

再回过头来看《穆天子传》，晁公武《郡斋读书志》尚记古本有 8514 字，今本始于元代刘廷嫉，较古本残缺 1892 字。据顾实计算，今本正文仅 6796 字，其中缺字 176 个，实际只有 6622 字。这其中提及的水名有漳水、当水、河水、赤水、洋水、黑水凡 31 处，泽 21 处，出现河字凡 34 处，池字出现 6 处。其它与水相关的地名还有滹沱、淯、大沼等。这个比例不可不引起注意。

《穆天子传》中所体现的这种对于“水”的热情，除了本身的文化传统，还与商周不同的宗教信仰相关。

穆王即位后，一个很重要的“政敌”是所谓的徐偃王。《后汉书·东夷传》说：“徐夷僭号，乃率九夷，以伐宗周，西至河上。穆王畏其方炽，乃分东方诸侯，命徐偃王主之。”[③] “徐夷僭号”，是指徐偃王称王。“九夷”则是指山东江苏一带的九种夷人。徐偃王率九夷叛周，沿济水西进，几乎

---

① ［英］G·埃利奥特·史密斯，李申、储光明等译：《人类史》，社会科学文献出版社 2002 年版，第 208 页。

② ［汉］司马迁：《史记》卷一二六《滑稽列传》，中华书局 1982 年版，第 3213 页。

③ ［宋］范晔：《后汉书》卷八五，中华书局 1965 年版，第 2808 页。

到达黄河，直接威胁到西周王朝东都成周洛阳的安全，穆王调动几路大军，用了三年的时间，才将叛乱平定了下去。

徐偃王是何人呢？《博物志·异闻》引《徐偃王志》说：

徐君宫人娠而生卵，以为不祥，弃之水滨。独孤母有犬名鹄苍，猎于水滨，得所弃卵，衔以归。独孤母以为异，覆暖之，遂虫弗成儿。生时正偃，故以为名。徐君宫中闻之，乃更录取。长而仁智，袭君徐国。后鹄苍临死，生角而九尾，实黄龙也。偃王又葬之徐界中，今见狗垄。偃王既其国，仁义着闻，欲舟行上国，乃通沟陈、蔡之间，得朱弓矢。以已得天瑞，遂因名为弓，自称徐偃王。江、淮诸侯皆伏从，伏从者三十六国。周王闻，遣使乘驷，一日至楚，使伐之。偃王仁，不忍闻言，其民为楚所败，逃走彭城武原县东山下，百姓随之者以万数，后遂名其山为徐山。山上立石室，有神灵，民人祈祷，今皆见存。[①]

作为徐偃王神话补充的，还有《荀子·非相篇》所记："徐偃王之状，目可瞻焉。"梁启雄《荀子柬释》说，焉是颜的惜字，颜，额也，徐偃王的眼睛能自顾其额，应该算是异相。[②]《尸子》（辑本）卷下说，"徐偃王有筋而无骨。"也是异相。同书卷下又说："徐偃王好怪，没深水而得怪鱼，入深山而得怪兽者，多列于庭。"[③] 这样看起来，他与穆王一样也是个传奇人物。从这两书所记载的徐偃王事迹的片断，可知最晚从战国末年起已经有关于他的神话流传了。《博物志》所引《徐偃王志》的记叙，也并不是向壁虚造，而是有古代民间传说来作为依据的。

徐本嬴姓，是中国古代东夷民族的一个分支。在古代中国东方民族中普遍流传的，是关于鸟和卵生人的神话，比如《左传·昭公十七年》记叙有少昊氏"以鸟名官"的神话。《诗经·玄鸟》也记叙有"天命玄鸟、降而生商"的神话。《史记·秦本纪》则记叙为"女修织、玄鸟陨卵、女修吞之"，生子后遂为"秦之先"的神话。《论衡·吉验篇》、《后汉书·夫余

① ［晋］张华，范宁校证：《博物志校证》卷七，中华书局1980年版，第84页。
② 梁启雄：《荀子柬释》，中华书局1983年版，第49页。
③ ［清］沈继培辑：《尸子》，［清］陈春辑《湖海楼丛书》，嘉庆已卯年刊本。

传》等也都记叙有夫余王东明卵生的神话。这一神话的核心，在于宗祖以卵生而创业。后代神话与此说属于一源而分化者，全在于东北民族及准夷地区。这里徐偃王神话说他是由神犬衔徐君宫人所弃卵回家，遂覆暖成儿，这样的一个形象与萧兵所说太阳英雄的形象甚相符合：太阳族的射手英雄往往是卵生的，或者有一个鸟的形体、鸟的化身，与鸟图腾机制相叠合。[①]作为穆王的对立面，他所代表的是东夷文化，其逻辑性在于，殷周文化在周统治下总体上趋于交流融合，但这种“东方—西方”的交汇不会是一蹴而就的，穆王和偃王之间的斗争，当然是权力斗争，但也同时反映了两种不同文化之间的矛盾。而徐偃王的叛乱只是这种宗教信仰、政治文化对立的一种爆发。可以说，在整个西周前期，这种对于周王权神圣性的质疑应该一直是周政权的隐忧和巨大威胁。

在这种情况下，穆王的西巡祭水，寻求“帝”的庇护与“河宗氏”的支持，完全是一种迫切的政治需要。

一方面，在周代的思想家们看来，上帝的意志就是政治理性，只有顺从上帝的意志，政治才能清明，国运方能长久。“予惟小子，不敢替上帝命。”（《尚书·大诰》）也就是说要听从上帝的意志。而“爽邦由哲”（《尚书·大诰》），“哲”就是政治理性，“哲”，它是永恒不变的。他们认为，历史上的贤明君主能够将国家治理得繁荣昌盛的秘诀正在于他们的“秉哲”（《尚书·酒诰》）。能够“秉哲”的明君被人们称为“哲王”，而“自成汤咸至于帝乙”都是这样的圣人。所以，一旦发生政治危机，人们便认为是当政者没有依照上帝的旨意办事。周初发生了“武庚之乱”，周公旦立即宣布说这是因为“洪惟我幼冲人，嗣无疆大历服。弗造哲，迪民康，矧曰其有能格知天命！”（《尚书·大诰》）所谓的“弗造哲”，就是说没有很好的领会和执行上帝的旨意。“哲”深藏在上帝的意志之中，它和国家的祚命密切相关。

所以，在周王权受到威胁之际，来自西方的周人回归西土，献祭于帝也即献祭自己的部落祖先神。因为国家的一切都受着祖先的支配和护佑，所以要通过祭祀祖先的方式与祖先的灵魂取得沟通，达到祈求福佑、消灾

① 萧兵：《中国文化的精英——太阳英雄神话比较研究》，上海文艺出版社1989年版，第一篇《射手英雄：感生与化身》，第3—164页。

灭祸的目的。

另一方面，河宗氏作为“帝”在人间的意志传达者，作为原始信仰的秉持者，也以巫术的方式拥有着强大的政治话语权力。河宗氏部族所生活的地方，汾河上游及黄河河套一带，又是早期夏人繁衍之地。有一种观点认为：“夏族最初的活动地区和夏文化的发源地在晋南。”[①]周人要重新确立自黄帝、夏禹以来的，以水神信仰为文化特征的，权力传承有序的这样一个话语体系，必须取得他们的认可与支持。

河宗氏所重视的神灵之地，主要是阳纡和龙门。《海内北经》曰：“阳污之山，河出其中；凌门之山，河出其中。”郭璞云：“皆河之枝源所出之处也。”郝懿行认为：阳污即阳纡，就是《淮南子》中“昔禹治洪水，具祷阳纡”之地。袁珂案曰：“郝引《水经注》‘冯逸之山’，当即‘冯夷之山’，是以河伯之名而名山矣。”[②]可知此处作为水源所出，水神显灵的圣地，乃是自古以来的传说。而据《穆天子传》记载穆王三至阳纡：“自宗周瀍水以西，至于河宗之邦，阳纡之山，三千有四百里。自阳纡西至于西夏氏，二千又五百里……复至于阳纡，七千里。”（卷四）并且在此进行了大规模的祭祀活动。

不仅如此，《穆天子传》卷四又曰：河伯之孙事皇天子之山，有模堇，其叶是食明后，天子嘉之，赐以佩玉一只，柏夭再拜稽首。穆王的“赐玉”，在整个《穆天子传》中，只有三次，除了赐给身边随侍的近臣奔戎和七萃之士各一次之外，这是剩下的唯一的一次。由此也可见穆王对于河宗的倚重和关系之密切。并且：柏夭“乃乘渠黄之乘，为天子先，以极西土。”穆王之西巡又是以柏夭为向导的。这种种行为，都体现了穆王与河宗氏或者说他们所代表的文化信仰之间的双向认同。

上古时代有图腾信仰和部族祖先信仰，在一个部族内部，所有的人都敬奉一个共同的始祖。有学者提出殷周宗教是“部族至上神教”，其主要特征是其与部族宗教相结合，但又高于部族宗教”。[③]这里，穆王的祭祀行为既能够以祭祖的形式，加强对族人的约束，增强宗族的内部团结，也

① 刘起釪：《由夏族原始居地纵论夏文化始于晋南》。见田昌五主编：《华夏文明》第一集，北京大学出版社1989年版。

② 袁珂校注：《山海经校注》，成都：巴蜀书社1992年版，第372页。

③ 张荣明：《殷周政治与宗教关系研究》（博士论文），南开大学，1995年。

能够达到对王权神圣性进行证明的效果。而从宗教与政治的关系看，上古宗教又与政治是一体化的，不分彼此。在当时，异族则异教。周人以小国寡民僻居西部，面对东部的广土众民，不得不设计一套统治机制，即所谓“封建亲戚，以藩屏周”的制度。从《穆天子传》本身来看，通过与河宗氏在宗教信仰方面的认同，穆王确实在此基础上寻求到了河宗氏的积极配合与多重支持。

第三章 神圣的国王——玉石之寻

导 读：周穆天子在中国文化中是一位独具面目的“神圣的国王”。他的征巡四方使其成为中国历代帝王中首屈一指的传奇英雄。同时也使得他在之后的几千年岁月中饱受后人的误解与非议。对穆王之路乃是玉石之路的论证与解析应该说有助于还原一个在历史文化的传承中富于逻辑性的、真实可信的王者形象。三千年前周穆天子对于玉石的狂热追逐，既是在王玉或礼玉文化的形成期，对自文明之初就已然开始的巫玉文化信仰的一次有意识的郑重回眸，也因此促进了政权的统一和民族文化的融合。

本章意在说明三个问题。

第一个问题是：为什么说穆王之路乃是玉石之路，它的意义何在？

《穆天子传》表达了对于玉石的强烈关注。它与《山经》一样，揭示了我国悠久而灿烂的玉石文化传统。前辈学人大多是从“同”的角度讨论《穆天子传》与《山经》之间互证的关系，但与此同时，更应注意到它们之间在概念表述上的较大不同，而这种不同反映出两者在成书年代和文化背景方面的差异。首先，《穆天子传》不同于《山经》，它只记玉石产地，不记“金”的产地。其次，关于“金”和“玉”的概念表述在《穆天子传》与《山经》中也有着很大的不同。最后，“金”、“玉”作为特殊的金属矿物质，它们所得到的珍视、宝爱的程度在《穆天子传》与《山经》中体现出观念性的区别。玉石作为“神圣的物质”成为周穆天子的征巡道路上一个重要的追求目标，从这种意义上，我们可以将穆王之路视作玉石之路。

周穆王的出巡基本上有两个方向，一是西行，一是东行。对于西北地区玉料的使用，大约可以上溯到公元前两千年左右。一般认为先周民族早期受到与之相毗邻的齐家玉文化的影响。处于黄河上游的齐家文化在西北大致分布于甘肃省大部、青海省东部和宁夏回族自治区南部古氐羌人活动地区。而大量的西周墓葬考古发现更进一步证明昆仑软玉的采集、使用在西周时期是确实发生过的历史事实。不仅如此，穆王时期还是西周玉器的一个非常重要的变化时期。玉器图案的丰富变化也从一个方面反映了这个时期玉文化的兴盛情况。从更深层的角度来看，穆王的玉石之路，也可以说是寻根之路。因为周人来自西方，并且在很长时间内和西北游牧民族保持着密切的关系，所以在他们的族群文化中留存着久远的来自于“西土”的深刻的集体记忆。周人自认也是夏人的一支，那么，周穆王的西行——昆仑寻玉，即是在寻宝的表层意义下，追溯夏人和周人以玉为象征的自身文化传承。周穆王的出巡的另一个方向就是东行。他的东行又分为两条路线，一条是向东北方行，另一条是向东南方行。《穆天子传》六卷之间的关联性是它的研究者一直非常困惑的问题：它是否原本就是一个有机的整体呢？如果从周人的玉文化这一角度来理解，《穆天子传》的六卷之间存在着不可分割的相关性。《穆天子传》中另一个非常重要的角色是中国文化中掌握人类生死之权的西王母。从现有文献资料和实物资料来看，可以说正是周穆王西巡至昆仑山见西王母的故事促成了东王公作为其配偶神的出现。而东王公形象的出现，从某种意义上说又是夷夏文化融合的结果与反映。应该说，政治认同必须建立在文化认同的基础上，而意识形态的同化与政权的更替相比较而言是更为漫长而艰难的过程，西周玉文化作为权力话语的一种表述，有助于建构意识形态的主流地位，由此来考察周穆王的东巡西狩，可能有更为深刻的认识。

第二个问题是：为什么说穆王具有“神巫化”的某些特点？[①] 他为什么能够成为一个传奇人物？首先，周穆王的形象有两点比较鲜明的神巫化特征。一是其以“灵鼓”为佩。灵鼓崇拜与雷神、水神、上帝信仰是密切相关的，因此穆王佩戴的“灵鼓”就不仅仅是对于原始祖神形象的模仿，也是对王者之“神性”的渲染。二是其以八骏为骑。周穆王的八骏如同完成龙蛇变化之后的龙，成为了所谓守阴负阳而超乎三界的神圣动物，它成为穆王寻求财富、权力与长生之路上的相助者。其次，穆王的行为方面也

---

① 王孝廉等人曾提出穆王乃是“神巫”，见本文第一章第一节第二部分。笔者并不赞同这种观点，穆王的神巫化形象特点和“尊巫”行为应该说与当时社会政治生活的需要密切相关，但彼时已然距历史上的“巫王时代”甚远，穆王也不可能是真正意义上的巫。

有两点比较鲜明的神巫化特征。一是书中提到他饮"青白之血"。在《穆天子传》产生的文化背景中，不仅青色的血有神奇的功效，而且白鹄之血，或者说与白色相关的血也都是神奇的物质。值得注意的是《穆天子传》中出现了大量的白色动物尤其是白鹿的形象。从穆王的猎鹿、祭鹿到昭穆时期多见的鹿纹玉器，都揭示了周人与西方的塞人和西王母之邦之间的某种联系，也提示了在华夏民族文化中，所谓"西方"[①]文化质素的未充分认识。二是他于黑水留骨的行为。周穆王的"留骨"应该不仅和古老的祈雨仪式有关系。这里的黑水具有两重含义，一方面按照创世神话的理解，世界万物都化生于黑暗母体。另一方面，对于原初之水的信仰是在世界范围内存在的。在中国文化中同样如此。昆仑黑水，它包含的是一个生命起源的神话，回归于水，乃是回归于母体子宫般充满羊水的起始点。周穆王西行至于黑水，并在此地举行的仪式行为，或者也寄托了回归于生命之初的渴望。

第三个问题是:《穆天子传》中反映的用玉情况究竟有什么样的内涵?

首先，从历史发展的逻辑来说，玉在远古之时是巫手中的事神、媚神的工具。而到了三代之时，华夏玉文化由巫玉阶段转入了王玉阶段。在西周立国后，周公制礼作乐，发展了"礼玉"文化。考古发现已经初步证明《周礼》所载玉礼器体系为真实的历史，这在《穆天子传》中也有所反映。其次，从历史发展的进程来说，自商代而来，巫权的衰落并不是伴随着社会的兴盛，而是恰恰与之相反。甲骨文等多重证据表明自成汤以下，"殷道复兴"之时，往往是巫术兴盛、巫权强大的时期。而"殷道复衰"之时，却是所谓"慢神无道"、巫权低落的时期。"历史的连续性否认前后相连的时代间存在如此明显、强烈的反差。"[②]周继商而来，巫在当时社会政治生活中应该还有相当大的影响，而穆王的西行道路同样是在巫的引导与帮助之下。

穆王在上帝的名义下，以巫者为向导展开的玉石之路不仅反映了在历史转折时期，东西文化的交融，商周文化的继承与嬗变，从某种意义上说，这也是在昭王南征而不返的政权压力之下展开的文化振兴的努力。

---

① 这个所谓的"西方"概念是相对于处在"东方"的殷商东夷文化而言的。

② Charles Homer Haskins, The Renaissance of the Twelfth Century, Harvard University Press, 1927, Preface, pp.vii-viii.

第一节　穆王之路乃玉石之路

一、玉石之思

《穆天子传》中凡玉字出现24次。璧字出现12次。其它玉名出现的有枝斯、璇瑰、□瑶、琅玕、玲□、□□、玗琪、尾、枝斯之石，□□珌佩，□等一二十种之多。产玉地点有：春山、群玉之山、文山和采石之山。与玉有关联的地名还有：珠泽、瑶池以及重璧之台。此书所记穆王得到的玉石数量更是惊人。

从某种程度上讲，《穆天子传》是一部玉书，而穆王西巡之路乃是一条寻玉之路。

《穆天子传》卷一将穆天子西行的目的性表述得很明确，是受帝之命，去昆仑春山探宝："示女春山之珤，诏女昆仑□舍四，平泉七十，乃至于昆仑之丘，以观春山之珤，赐语晦。"

这令人联想到，千年以后，《西游记》中所叙述的另一支西行队伍，唐僧师徒四众去往灵山，是要去见"西方极乐世界释迦牟尼尊者，南无阿弥陀佛"——也就是所谓的如来佛祖求取真经。所谓"我佛造经传极乐，观音奉旨上长安"，如来起念："怎么得一个有法力的，去东土寻一个善信，教他苦历千山，远经万水，到我处求取真经，永传东土，劝化众生，却乃是个山大的福缘，海深的善庆。"[①] 在《穆天子传》中，穆天子一行则是西至昆仑，见"皇天子"求取春山之珤。从文本结构分析，它们皆是服从于一位至上神的旨意所进行的探险故事。

这"春山之珤"，究竟指的是什么呢?

《穆天子传》中春山出现凡十三处：

> 河宗又号之帝曰："穆满！示女春山之珤，诏女昆仑□舍四，平泉七十，乃至于昆仑之丘，以观春山之珤，赐语晦。"（卷一）
>
> 天子□昆仑以守黄帝之宫，南司赤水而北守春山之宝。（卷二）
>
> 季夏丁卯，天子北升于春山之上，以望四野。曰："春山是唯天下之高山也。"孳木□华畏雪，天子于是取孳木华之实，曰："春山之泽，

① ［明］吴承恩：《西游记（李卓吾评本）》第八回，上海古籍出版社1994年版，第95页。

清水出泉，温和无风，飞鸟百兽之所饮食，先王所谓县圃。”天子于是得玉策枝斯之英。曰：“舂山，百兽之所聚也，飞鸟之所栖也。”爰有□兽食虎豹，如麋而载骨，盘□始如麕，小头大鼻。爰有赤豹、白虎、熊罴、豺狼、野马、野牛、山羊、野豕，爰有白鸟、青雕，执太羊，食豕鹿。曰天子五日观于舂山之上。乃为铭迹于县圃之上，以诏后世。（卷二）

曰：“赤乌氏先出自周宗，大王亶父之始作西土，封其元子吴太伯于东吴，诏以金刃之刑，贿用周室之璧。封丌璧臣长季绰于舂山之虱，妻以元女，诏以玉石之刑，以为周室主。”（卷二）

自河首襄山以西，南至于舂山珠泽，昆仑之丘，七百里。自舂山以西，至于赤乌氏舂山，三百里。东北还至于群玉之山，截舂山以北，自群玉之山以西，至于西王母之邦，三千里。（卷四）

从以上所引不难看出，舂山与昆仑、群玉之山相连，这里不仅有清水，有佳木，还有各种各样的鸟兽，这个非常理想化的地方，简直就是人间仙境，是中国文化中的“乐园”。这里还出产最好的玉：“玉英”。在《山海经》中，尤其是《山经》也记载了众多玉石产地。所谓《五藏山经》，甚至可以说是一本标明玉石产地，指导人们寻宝的地图册。夏鼐先生曾说全世界有三个地方以玉器工艺闻名，即中国、中美洲（墨西哥）和新西兰，而其中又以中国的制玉历史最为源远流长。[①] 这个久远而来的光辉灿烂的玉石文化传统，可以在《穆天子传》与《山经》中得到充分的印证。

前人多从“同”的角度论《穆天子传》与《山经》之间互证的关系。[②] 但是还应注意到它们之间在概念表述上的较大的不同，也由于这种不同，反映出两者在成书年代和文化背景等方面的差异。

首先，《穆天子传》只记玉石产地，不记“金”的产地。在《穆天子传》中，不仅是对舂山的描述，且整部文本中并不曾提到贵金属的产出。这不同于《山经》，其记贵金属的产地甚多。

① 夏鼐：《有关安阳殷墟玉器的几个问题》，见《殷墟玉器》，文物出版社 1982 年版，第 1—7 页。

② 张公量：《穆天子传山经合证》，《禹贡》半月刊一卷五期（一九三四年五月），第 6—15 页。

又西七十里，曰英山，其上多杻橿，其阴多铁，其阳多赤金。（《西山经》）

又北二百五十里，曰求如之山，其上多铜，其下多玉，无草木。（《北山经》）

又东十五里，曰水委山，其上多赤铜，其阴多铁。（《中山经》）

其次，《穆天子传》与《山经》中关于金、玉的概念至少在表述上面也有很大的不同。甲骨文中未见“金”字，[①] 殷周金文中有大量“金”字出现，[②]《尚书·舜典》：“金作赎刑”。《孔传》释为：“金，黄金。”《尚书·禹贡》：“厥贡惟金三品。”《孔传》释为：“金、银、铜也。”《正义》曰：“‘金’既总名，而云‘三品’，黄金以下惟有白银与铜耳，故为‘金、银、铜也’。”[③]《说文》言：“金，五色金也。黄为之长，久埋不生衣，百炼不轻，从革不违。”[④] 此亦是指黄金而言。劳榦则以为：“古者金多指铜，不必专指黄金”，“其所代表者为铸铜之事。”高鸿缙亦言：“中国金属矿之发现，铜为最早，锡、铁、银、金等次之，《说解》所云‘久埋不生衣，百炼不轻’乃就黄金而言，其余云云则五金所同也。”[⑤] 应该说，在上古这个“金”字所指是非常宽泛的概念。

这个特点同样体现在《穆天子传》中，其中“金”字出现19处，单独提到“金”字6处。而但凡在“金”字之前加修饰语，必加以“黄”字，《穆天子传》中黄金之称出现13次。这有情况的出现有两种可能性，一是《穆天子传》中的“黄金”就是狗头金之类自然形成的金块，再或是自然形态的赤铜。二是《穆天子传》中的“金”字所指与《尚书》一样是

---

① 参见：中国社会科学院考古研究所编《甲骨文编》，中华书局1965年版，第356页，收字4672；徐中舒主编《甲骨文字典》，四川辞书出版社1988年版，第939页，收字1111；李孝定《中央研究院历史语言研究所专刊之五十·甲骨文字集释》，中央研究院历史语言研究所发行，1965年版。劳榦亦言：“甲骨中尚未发见‘金’字。”见周法高等编《金文诂林》卷十四，香港中文大学1974年版，第7573页。

② 参见：容庚编：《金文编》，中华书局1998年版；周法高等编：《金文诂林》，香港中文大学1974年版。张亚初编：《殷周金文集成引得》，中华书局2001年版。

③ 分见：《十三经注疏·尚书正义》卷三，第65页；卷六，北京大学出版社1999年版，第146页。

④ ［汉］许慎《说文解字》第十四上，中华书局1963年版，第293页下。劳榦以为此“衣”字为衍文，见《金文诂林》卷十四，第7570页。

⑤ 分见：《金文诂林》卷十四，第7571页、7576页、7577页。

比较宽泛。在表述上，它的概念是没有区分得那么清楚的。这一点应该与“古者”以“金”为“总名”的认识水平、思维表达习惯是相一致的。

然而，在《山经》中，金、铜、铁的概念都是明确地加以区分的：

又南三百里，曰藟山，其上有玉，其下有金。(《东山经》)

西四十五里，曰松果之山。濩出焉，北流注于渭，其中多铜。(《西山经》)

又东十五里，曰（水委）山，其上多赤铜，其阴多铁。(《中山经》)

不仅如此，而且在《穆天子传》中，玉石的概念在表述上也不是非常明确的。

爰有采石之山，重□氏之所守。曰：“枝斯、璇瑰、□瑶、琅玕、玪□、玗琪、尾，凡好石之器于是出。”孟秋癸巳，天子命重□氏共食天子之属。五日丁酉，天子升于采石之山，于是取采石焉。(卷四)

曰□天子三日游于文山，于是取采石。(卷四)

从所采之枝斯、璇瑰、□瑶、琅玕、玪□、□□、玗琪、尾来看，应该都是玉，却仍然以石呼之。这在《山经》中是比较罕见的。《山经》中有很多玉、石并提的情况，

又西一百九十里，曰騩山，其上多玉而无石。(《西山经》)

又北四百里，至于虢山之尾，其上多玉而无石。(《北山经》)

又东北三百里，曰教山，其上多玉而无石。(《北山经》)

又北百里，曰题首之山，有玉焉，多石，无水。(《北山经》)

甚至采石、文石、美石都和玉、碧等在表述上区分得很清楚；

又西二百五十里，曰騩山，是錞于西海，无草木，多玉。凄水出焉，西流注于海，其中多采石、黄金，多丹粟。(《西山经》)

又西北五十里高山，其上多银，其下多青碧、雄黄，其木多棕，其草多竹。泾水出焉，而东流注于渭，其中多磬石、青碧。(《西山经》)

又东北二百里，曰马成之山，其上多文石，其阴多金玉。(《北山经》)

又南三百里，曰枸状之山，其上多金玉，其下多青碧石。(《东山经》)

又南三百里，曰独山，其上多金玉，其下多美石。(《东山经》)

又西三十里，曰瞻诸之山，其阳多金，其阴多文石。(《中山经》)

从一般逻辑来看，时代越发展，科学越进步，人对于自然、社会的认知也就越深入细致，对于外部世界的事物的界定也就越严谨明确。《穆天子传》所表现出来的金铜一体、玉石不辨的现象对于的它作成年代或有一定的旁证作用。

最后，《穆天子传》与《山经》在对于金、玉的珍爱观念上也是有区别的。《山海经》中提到产玉之山，往往金玉并提，金玉并重。张明华编《山海经名物索引》罗列产玉之山水有 136 处，其中 3 处不是产地，故实有 133 处，另列出白玉之山水 16 处，两项合计共 149 处。[①]但实际上，据本文作者进一步统计，其中，金玉并出之山水为 105 处，按其编次，出于“南山”的计有 13 处；出于“西山”计 15 处；出于“北山”的计有 23 处，出于“东山”的计 15 处；出于“中山”的计有 38 处；出于“海内”的计有 1 处。仅“金玉”二字并举就有 76 处之多，这是和《穆天子传》非常不同的地方。《穆天子传》中虽然也提到所谓“天子之珤，玉果、璇珠、烛银、黄金之膏。”（卷一）但通观《穆天子传》，很明显可以看出，穆王对于这两种物质在重视程度上的差别是很大的。

《穆天子传》共提及穆王赐“黄金”凡 11 处。[②]

① 张明华编:《山海经名物索引》，见袁珂《山海经校注》所附。

② 一般认为:“金”这个名词在中国古代文化中指代青铜，见吕振羽著:《史前期中国社会研究》，三联书店 1961 年版，第 71 页。但青铜是一种合成金属，但在《山经》中的金，显然是一种自然出产的矿物质。而《穆天子传》中的“金”具体言明是“黄金”的占三分之二以上，既不可能指代“青铜”，也不可能是所谓“金属”的概念。

天子乃□之人□吾，黄金之环三五。（卷二）

天子乃赐赤乌之人□其墨乘四，黄金四十镒。（卷二）

天子乃赐曹奴之人戏□黄金之鹿。（卷二）

天子乃赐之黄金之婴三六，朱三百裹，潜时乃膜拜而受。（卷二）

天子乃赐之黄金银婴四七，贝带五十，珠三百裹，变□雕官，无凫上下乃膜拜而受。（卷二）

智氏之夫献酒百□于天子。天子赐之狗璪采，黄金之罂二九。（卷三）

曰□余之人命怀献酒于天子。天子赐之黄金之婴，贝带、朱丹七十裹，命怀乃膜拜而受。（卷三）

乙巳，□诸飦献酒于天子，天子赐之黄金之婴，贝带、朱丹七十裹，诸飦乃膜拜而受之。（卷三）

天子觞重□之人□□，乃赐之黄金之婴二九，银乌一只，贝带五十。（卷四）

又赐之黄金之婴二九，贝带三十，朱三百裹，桂姜百□，归遗乃膜拜而受。（卷四）

巨搜之人□奴觞天子于焚留之山，……乃赐之银木采，黄金之婴二九。（卷四）

可以看出，赐予的对象是不仅较泛，而且多是所谓的外邦之臣。但《穆天子传》中叙及穆王“赐玉”仅有3处：

天子曰：“于乎！予一人不盈于德，而辨于乐，后世亦追数吾过乎！”七萃之士□天子曰：“后世所望无失天常，农工既得，男女衣食，百姓珐富，官人执事。故天有沓，民□氏响□。何谋于乐？何意之忘？与民共利，以为常也。”天子嘉之，赐以左佩玉华也。（卷一）

辛丑，天子渴于沙衍，求饮未至。七萃之士高奔戎，刺其左骖之颈，取其青血以饮天子。天子美之，乃赐奔戎佩玉一只，奔戎再拜稽首。（卷三）

河伯之孙事皇天子之山，有模堇，其叶是食明后，天子嘉之，赐以佩玉一只，柏夭再拜稽首。（卷四）

比较而言，《穆天子传》中穆王的赐玉、赐金在数量上有较大的差距。更重要的是，得到天子恩赐之玉的三个人中有二人是穆王的身边的近侍，另一人是河伯之孙，与穆王一样，是所谓的“神的后裔”。所以，在《穆天子传》中“玉”是一种非常特别的嘉奖，是一般人难以得到的特殊荣耀。值得注意的是对于能够解天子之忧的七萃之士，周穆王不仅赐玉，并且赐以“左佩玉华”。孙庆伟对于“周代墓葬所见三种组玉佩的功能及其流行时代”作了一个概括：A 型：佩于颈部而垂于胸腹部的胸佩，主要流行于西周时期，春秋早中期或有残余；B 型：佩于肩部而垂于身体一侧的胸佩，流行时代和 A 型组玉佩大体接近；C 型：佩于革带而垂于下肢的腰佩，流行于春秋晚期和战国。在三种类型之中，B 型中可以出现“左佩”或“右佩”的情况。并且，根据其对于“周代墓葬出土组玉佩统计”来看，第一等级墓葬中具体表现为“左佩”的有四处：1、茹家庄 BRM1，西周中期，左胸部有玉蚂蚱、蚕和蝉串饰一组。（表 3—32）2、晋侯墓地 M113，西周早中期之际，骨牌联珠串饰在左肩部。3、晋侯墓地 M13，西周中期，梯形玉牌联珠串饰 1 组在左肩部。4、晋侯墓地 M63，西周晚期，左肩联珠串饰一组，（无梯形牌）（表 3—33）。第二等级墓葬中有一处：晋侯墓地 M134，西周晚期，左肩骨牌联珠串饰 1 组。第三第四等级墓葬中没有发现。[①] 总结起来说，这种所谓“左佩玉华”的“服玉”之礼一则是属于上层阶级或者说贵族的特权，二则是属于西周早中期的玉饰文化的反映，这与周穆王当政的西周中期这个时间段也正好吻合，同时也从一个细节方面再次证明了《穆天子传》所反映的历史情况的真实性。

可以说，原始宗教的狂热皆源于对于“长生不死”的渴求。而在西方，这种渴求被转化为对于黄金的追求。黄金不仅被视为不朽的和不可磨灭的，而且被视为火、光和永恒的象征。比如，在美索不达米亚，苏美尔人的主要的神祇被称之为黄金之神。在金字塔时代，埃及的太阳神雷（Ra）被认为是国王们的父亲。他赋予了他们生命、力量和耐力，因此在他们的血管中流淌着“雷的血液，男女诸神的黄金，太阳发光的液体，全部生命、力量和耐力的源泉”。而在古代印度的《梵书》中，黄金也被认为是不朽的，是来源于火，能使人类返老还童、使它的所有者长寿并且多

① 孙庆伟：《周代用玉制度研究》，上海古籍出版社 2008 年版，第 179 页；第 168 页。

子多孙的东西。黄金还被说成是阿耆尼神的精液，甚至是诸神本身的化身。诸如“金羊毛”的传说、“金苹果”的故事以及“金枝”的神话，都是各种关于寻找这种金属及其神奇属性的传说的综合。

穆王的行程曾到达“长沙之山”（卷四），郑注曰：“当指蒙古人民共相国境内的戈壁阿尔泰山。”[①]阿尔泰山是中亚著名的黄金产地，但《穆天子传》中并无关于采金之片言只语。华夏先民们似乎将西方文化中对于黄金的这种狂热给予了另一种神奇的物质——玉。《楚辞·天问》云：“穆王巧梅，夫何为周流？环理天下，夫何索求？”《方言》：“梅，贪也”。[②]一般认为这是说他为了贪求宝物，所以要周游寻索，是他的占有欲发达的表现。当然，如果仅是从对于玉石的追求来说，说其贪，也不为过。因为在周代建立之前，对玉的信仰已经在这片土地上兴盛发展了两三千年。有学者认为，相对于儒教道教的小传统，玉教才是中国文化的大传统。

《穆天子传》记载了在穆王的西巡途中，异域部落曾经大量地以玉为贡献。

> 甲戌，巨搜之□奴觞天子于焚留之山……好献枝斯之英四十，□□珌佩百只，琅玕四十，□十箧。（卷四）
>
> 留昆归玉百枚。（卷五）

不过，在《穆天子传》中，记载最多的还是穆王自己寻玉、采玉的过程：

> 爰有乐野温和，穄麦之所草，犬马牛羊之所昌，宝玉之所□。（卷二）
>
> 丌乃膜拜而受曰：“□山是唯天下之良山也，宝玉之所在，嘉谷生之，草木硕美。”曰：“赤乌氏，美人之地也，宝玉之所在也。”（卷二）
>
> 爰有采石之山，重□氏之所守。曰：“枝斯、璇瑰、□瑶、琅玕、玲□、□□、玗琪、尾，凡好石之器于是出。”（卷四）

---

① 郑杰文：《穆天子传通解》，山东文艺出版社1992年版，第69页。

② ［清］钱绎：《方言笺疏》卷十三，上海古籍出版社1984年版（影自光绪十六年红蝠山房本），第738页。

季夏丁卯，天子北升于舂山之上，以望四野。曰："舂山是唯天下之高山也。"孳木□华畏雪，天子于是取孳木华之实，曰："舂山之泽，清水出泉，温和无风，飞鸟百兽之所饮食，先王所谓县圃。"天子于是得玉策枝斯之英。（卷二）

癸巳，至于群玉之山，容成氏之所守。曰："群玉田山，□知阿平无险，四彻中绳，先王之所谓策府，寡草木而无鸟兽。"爰有□木，西膜之所谓□。天子于是取玉三乘，玉器服物，于是载玉万只。天子四日休群玉之山，乃命邢侯待攻玉者。孟秋丁酉，天子北征，□之人潜时觞天子于羽陵之上，乃献良马牛羊。天子以其邦之攻玉石也，不受其牢。（卷二）

五日丁酉，天子升于采石之山，于是取采石焉。天子使重□之民，铸以成器于黑水之上。器服物佩好无疆，曰天子一月休。（卷四）

曰□天子三日游于文山，于是取采石。（卷四）

在世界范围内，存在过诸如香料之路、丝绸之路等众多的寻求财富之路。据说 W.J. 佩里博士曾经把最早入侵印度的讲雅利安语的人们行走路线标在地图上。然后，他发现梵文学者们所能确定下来的每一个在《梨俱吠陀》中提到的地方恰巧都是出产黄金的地方。而这证明了"最早进入旁遮普的讲印欧语的人们是在寻找'那种神圣的物质'，并首先定居在他们发现黄金的那些地方。"①从这个角度来看，玉石作为神圣的物质成为穆王征巡道路上一个重要的追求目标也是无独有偶的。将穆王之西巡视为一次寻宝的探险之旅确实是意味深长的。或者应该说，《穆天子传》所记载的穆王具体行程与上古的玉石之路之符合也就不是偶然发生的现象。以华夏八千年之久的玉文化传承为大背景，再看穆王西游故事，将获得新的理解。

二、玉石之路

（一）寻玉昆仑

穆王的出巡路线问题，一直以来，引起争论不休，但如果化繁为简，

---

① ［英］G·埃利奥特·史密斯，李申、储光明等译：《人类史》，社会科学文献出版社 2002 年版，第 242—243 页。

那么可以看到穆王的出行，其实只有两个方向，即：西行与东行。

对西北地区玉料的使用，据杨美莉说，可以上溯到大约公元前两千年左右。“在距今约4000年左右，上游的齐家文化、中游的陶寺文化以及陕、晋地区的龙山文化，已较大量地使用来自于上游及更西边的新疆地区的优质玉料，制作造型单纯的玉器，作为代表该文化的表征物。”[①]处于黄河上游的齐家文化在西北从公元前2200——公元前1860年持续存在了400年，实际上已经与中原的夏纪元相当。而“从空间上判断，齐家文化的分布与夏与周的势力范围密切相连，甚至可以说是部分重合的。”[②]齐家玉文化与华夏陶寺玉文化和山东龙山玉文化大体同时，都是处于王权与巫权激烈斗争，而王权已经逐渐取得优势地位的时代。大致分布于甘肃省大部、青海省东部和宁夏回族自治区南部的古氐羌人活动地区。其范围相当于《禹贡》九州岛岛的“雍州”，所产之玉名为球琳。

氐、羌或其先民是西北地区的原始民族，先周民族又与之相毗邻。所以，一般认为，他们早期受到齐家玉文化的影响。“西周玉文化中包含的齐家玉文化基因则是更为鲜明的。”[③]甚至有学者直接就说穆王寻玉之路可能就是西周的“和田玉贡路”，“周朝的玉料来源主要也是球琳产区，不外乎直接或间接地取自昆仑山白玉河、墨玉河及甘青的昆仑余脉，其取玉之路线可参照周穆王西巡访西王母的行进往返路线。”[④]这种看法虽然在目前还未能得到考古发现的充分证明，但是值得重视。

对于穆王西行的目的地昆仑所指，自古意见纷纭。大略言之，约有七说。其一，指今昆仑山脉。其二，指今祁连山。其三，指今冈底斯山。其四，指今喜马拉雅山。其五，指今玛沁雪山。其六，指今巴额喀拉山。其七，指今葱岭。“今昆仑山”说出自西汉，“今祁连山”说出自东汉，“冈底斯山”说与“须弥山”说皆是佛教东渐的产物，将中原人心中的神山与佛家圣山重合，以神其教。“玛沁雪山”说出自唐，唐人探河源，至古积石而止，故有是说。清代地理学大发展，故确知河源出于巴额喀拉山，以

① 杨美莉：《“黄河流域史前玉器特展”简介》，《故宫文物月刊》，2001年，第19卷第5期（221），第19页。

② 叶舒宪：《齐家文化与玉器时代》，《西北成人教育学院》，2008年第1期，第24页。

③ 杨伯达：《巫玉之光——中国史前玉文化论考》，上海古籍出版社2005年版，第198页。

④ 唐延龄、陈葆章、蒋壬华：《中国和田玉》，新疆人民出版社1994年版，第12页。

此定昆仑。魏源“葱岭”说，与清末人以尊大中华来抵御外来入侵的时风不无关系。[①]这七种提法中，以今祁连山和今昆仑山较为近实。但是从《穆天子传》本身所提示的内证来看，天子升于昆仑之丘之后，紧接着就有一个部族“献白玉”，还是以后者的可能性更大。

上个世纪八十年代（1983—1986），中国社会科学院考古研究所沣西发掘队在张家坡遗址发掘了包括井叔家族墓在内的西周墓葬390座，出土了大量珍贵的随葬品。张家坡位于陕西省长安县沣河西岸马王镇以西约500米，这一带相传是周文王“作邑于丰”的丰京都城遗址，是西周文化遗存保存最丰富的地区之一。

首先，这次发掘的墓葬中发现了大量的玉器，它们的矿物成分经分析，其中软玉为最多。“这次发掘的墓葬中有随葬玉器的凡217座，出土玉、石、料器1246件（组）。绝大部分的玉、石器标本都经中国地质科学院地质研究所的闻广先生和荆志淳先生鉴定……其中最多的是软玉，占鉴定标本总数的65%。”[②]“就表2—1—5可知，沣西样品中软玉全是透闪石软玉……据此，可就其主成分特征，即Fe/（Fe+Mg）p.f.u.%，明确地判别其主体系取自镁质大理石岩中软玉……同时也说明了新疆昆仑软玉早已传入内地，再一次否定了西方广为流传的昆仑软玉直至汉武帝时张骞通西域才传入内地的谬论。”[③]这说明，昆仑软玉的采集、使用在西周时期不仅是一种可能的猜测，而且是确实存在的历史事实，到目前为止的考古发现应该说使得夏商周三代皆使用和田玉已经成为共识。

其次，这次的考古发现证明穆王时期也是西周玉器的一个非常重要的变化时期。[④]张家坡西周墓地出土的玉器有很多是雕琢花纹的，还有很多是以各种动物形象雕琢成装饰品的，其中以龙、鸟、鱼最为多见。仅从这

---

① 郑杰文：《穆天子传通解》，山东文艺出版社1992年版，注释2，第31—33页。

② 中国社会科学院考古研究所编：《张家坡西周玉器》，文物出版社2007年版，第9页。

③ 闻广，荆志淳：《沣西西周玉器地质考古学研究》，见中国社会科学院考古研究所编：《张家坡西周玉器》，第二编《张家坡西周墓地玉器地质考古学研究》，文物出版社2007年版，第131页。

④ 关于西周玉器的分期，按香港中文大学杨建芳教授之论述，以武、成、康、昭诸王时期为西周早期（公元前11至前10世纪），穆、共、懿、孝、夷王之际为西周中期（公元前10至前9世纪），厉、共和行政、宣、幽王之世为西周晚期（公元前9世纪至前771年），晚期的下限包括春秋初期。参见：杨建芳：《西周玉器分期初探——中国古玉断代研究之三》，《中国古玉研究论文集》，台湾众志美术出版社2001年版，第145—158页。

三种纹饰来看，第二期也即是昭穆时期都是非常重要的时期。“第二期是龙纹的盛行时期，I、II、III 三种类型的龙纹同时并存……第三种类型（III型）是西周玉器中最富有时代特征的式样，这种特征一直延续到第五期。可见第二期既保存有殷墟玉器的传统，又开拓了西周玉器自身的特点，是西周玉器发展的一个重要的时期。”[1]不仅是龙纹，鸟纹和鱼纹玉器也是以第二期、第三期的发现最多，变化也最为丰富。

纹饰是以抽象的图形及姿势来表达思想、事实和观念的重要形式，它具有较强的时代感，是人类精神实体的最佳表达方式之一。在穆王时期玉器图案的丰富变化也从一个方面反映了这个时期玉文化的兴盛情况。

（二）寻根西土

接下来要考虑的是穆王如何完成了他西行的方向性选择，或者说西行的意义何在？

> 《穆天子传》中四次提到“西土”。
>
> 乃乘渠黄之乘，为天子先，以极西土。（卷一）
>
> 赤乌氏先出自周宗，大王亶父之始作西土。（卷二）
>
> 西王母又为天子吟，曰：徂彼西土，爰居其野。（卷三）
>
> 庚辰，天子大朝于宗周之庙，乃里西土之数。（卷四）

其中卷二所言，明确地提到了周人来自西方的族群渊源。

《周书·泰誓下》曰：“时厥明，王乃大巡六师，明誓众士。王曰：‘呜呼！我西土君子。天有显道，厥类惟彰。’”[2]众所周知，先周文化本身浸染了厚重的西北族群质素。“辛店文化和寺洼文化与先周文化的关系最为密切。辛店文化是以甘肃临洮县辛店首先发现而得名。根据现有材料，知道辛店文化主要分布在甘肃黄河附近的洮河、大夏河和湟水的下游，即临洮、临夏、和政、东乡和兰州一带。另外，在青海的卡约文化遗址中也发现所谓‘唐汪式’陶器，可见辛店文化已至青海。……寺洼文化是以甘肃临洮寺洼山首先发现而得名。……辛店文化、寺洼文化和先周文化中的

① 中国社会科学院考古研究所编：《张家坡西周玉器》，文物出版社 2007 年版，第 90 页、第 93 页、第 95 页。

② 《十三经注疏·尚书正义》卷十一，北京大学出版社 1999 年版，第 278—279 页。

一部分最早应该是一个古族。”[①] 张光直认为周人“确实也有显著的西部特征。”[②]

关于周人的发祥地，一般来说，有两种不同的意见。一种意见是认为周人起源于汾河流域。《诗经·大雅·公刘》记载了公刘迁都于豳的过程与场面。曰：“夏道衰，公刘失其稷官，变于西戎，邑于豳。”这个说法与司马迁《史记》公刘之子“庆节立，国于豳”的记载不符，清代学者崔述以为《史记》的记载不可信。[③] 目前对“豳”的具体位置，持周人起源汾河流域的学者，主张豳在山西。这主要是受钱穆先生观点的影响。[④] 邹衡先生用考古学材料进行了进一步论证，“《诗·大雅·绵》记周之先人曾经‘自土沮（徂）漆’，王引之以为土即杜（《经义述闻》卷六），陈梦家从其说（《殷墟卜辞综述》，页 272）。我们认为土……也就是今天山西西南部的石楼县。据此，更可直接证明周人来自山西省。”[⑤] 另一种意见以为周人起源于渭河流域。这一派的学者主张豳在陕西西部一带。目前从考古发掘的材料来看，支持后一种观点。[⑥]

周人来自西方，并与西北游牧民族一直保持着密切的关系。从文献记载来看，周先祖不窋开始往下数代，一直生活在戎狄之间。“夏后氏政衰，去稷不务，不窋失其官而奔戎狄之间。不窋卒，子鞠立。鞠卒，子公刘立。公刘虽在戎狄之间，复修后稷之业，务耕种，行地宜，自漆、沮渡渭，取材用，行者有资，居者有畜积。民赖其庆，百姓怀之，多徙而保归焉。周道之兴，自此始。”[⑦] 周人与戎狄的关系之密切可想而知。但他们同时又受到戎狄的欺压，因而先后的多次迁徙，都与戎狄有关。这种关系的维持一直到古公亶父。在古公亶父之前的周人，对外交往或者发生关系的部族主要是戎狄之人。“武王革命”成功，建立了周朝。周武王灭商时，

---

① 邹衡：《夏商周考古学论文集》，文物出版社 1980 年版，第 343—349 页。

② 张光直：《殷周关系的再检讨》，《中国青铜时代》，三联书店 1983 年版，第 105 页。

③ 崔述：《丰镐考信录》卷之一，《崔东壁遗书》，上海古籍出版社 1983 年版。

④ 钱穆：《国史大纲》第三章《封建帝国之创兴》：“窃疑邠在山西汾城”，商务印书馆 1996 年版，第 36 页。

⑤ 邹衡：《夏商周考古学论文集》，第 342 页。

⑥ 参见：卢连成：《先周文化与周边地区的青铜器文化》，《考古学研究》，三秦出版社 1993 年版；胡谦盈：《浅谈先周文化分布与传说中的周都》，载《华夏文明》（二集），北京大学出版社 1990 年版；刘军社：《先周文化研究》，三秦出版社 2003 年版。

⑦ ［汉］司马迁：《史记》卷四《周本纪》，中华书局 1982 年版，第 112 页。

"远矣西土之人"（即新疆诸羌）也参加了反商起义，灭商之后他们还至镐京庆贺，莎车诸部落还带来了和田玉作为贡品。[①]所以在周人的族群文化中留存着久远的来自于西土的原始游牧文化的深刻记忆。

有一点是很明确的：穆王之西行的目的地是昆仑。屈原在《楚辞》中也提到昆仑山。屈原自称为"帝高阳之苗裔"，高阳在哪里？姜亮夫先生主张"高阳氏来自西方，即今之新疆、青海、甘肃一带，也就是从昆仑山来的。我们汉族发展源于西方的昆仑，这说法是对的，也只有昆仑山才当得起高阳氏的发祥之地"[②]。楚是夏人的后裔，夏起于西北，"屈子心中所想象的'旧乡'即老家是在昆仑"[③]。卫聚贤认为：周族的始祖本是新疆西境的居民，《山海经》说："都广之野，后稷葬焉。"这个"都广之野"，就是在今葱岭东坡的叶尔羌河流域。而其先人为中亚、西亚迁来，穆王西征，本是朝拜周族的发祥地，他祖先的故乡；他所会见的西王母，在欧亚两洲交界的乌拉尔山。这种认识在今天看来确实是走的过远了，但其致力的方向还是值得后人思索的。因为周人确实自认是夏人的一支，寻玉昆仑，往西，既是追溯夏、周本身的玉文化传统。也是在寻宝的表层意义下，寄托了寻根问祖及朝圣的文化心理诉求。

（三）寻梦东方

穆王的出巡的另一个方向就是东行。在周人灭商以后，面临的一个不可避免的问题就是如何对待商人的文化以及他们残留的政治势力。"商代玉文化眉目尚清晰，可见其东夷玉文化板块的传统基因非常醒目"，[④]这一点在《穆天子传》的第五卷中也是有所体现的。

卷五开头曰"珤处"，与上文的"天子之珤"，应该是一致的，也就是说，向东仍然是寻宝之旅。东夷是居住于我国东方的古老族群，包括今内蒙古东部、东北三省、河北、山东，直至江淮的一大片土地的先民。穆王东行的大致路线是：濩泽（山西）—圃郑、洧上、大沼、渐泽、桑野、房、兔台地、栎丘（河南）—富丘（安徽）—居范宫、祭卩、雀梁、荥水、孟

① 唐廷龄、陈葆章、蒋壬华：《中国和田玉》，新疆人民出版社1994年版，第12页。

② 姜亮夫，沈善洪主编：《楚辞今译讲录》，《姜亮夫全集》（七），云南人民出版社2002年版，第29页。

③ 姜亮夫，沈善洪主编：《楚辞今译讲录》，第175页。

④ 杨伯达：《巫玉之光——中国史前玉文化论考》，上海古籍出版社2005年版，第85页。

氏（河南）—邴、台（山东）—羽陵（北京附近）—房、薮、留祈、丽虎、耪丘、黄泽（河南）—曲洛（河北）—黄室之丘（山西）—黄竹（湖北）—涂山（安徽）—曲山（湖南）—九阿、丹黄、黎丘之阳、寘軨（河南）—洹水之阳（山西）、南郑（河南）。[①] 从表面上看，似乎杂乱无序，但是梳理之后，可以看出，它大致上能被概括为两条路线，一条是向东北方行，一条是向东南方行。

《穆天子传》卷四中提到了“玗琪”，[②] 旧注：“玉属也。”郭注：“玗琪，赤玉属也。”顾实注曰：“玗琪当即珣玗琪之略。”[③] 珣玗琪是周人对我国东北夷族所用玉材的称谓，应是东夷语的音译。《说文》释珣：“医无闾珣玗琪，《周书》所谓夷玉也。”释玗：“石之似玉者。”[④]《广韵》释琪：“玉也”。珣玗琪连读即夷玉，段玉裁言：“医无闾、珣玗琪皆东夷语。”[⑤]《周书·顾命》曾提到“夷玉”，王肃释为“东方之美玉”，郑玄注曰“东方之珣玗琪”。[⑥]《尔雅·释地》：“东方之美者，有医无闾之珣玗琪焉。”周人认为珣玗琪产于医无闾。《周礼·夏官·职方氏》记：“东北曰幽州，其山镇曰医无闾。”[⑦]“医无闾”《楚辞》亦作“于微闾”，《远游》：“夕始临乎于微闾”，王逸注曰：“暮至东方之玉山也。”[⑧] 即今之北镇县医无闾山，现为辽西与辽东的山界。从穆王的行程来看，从山西、河南、到山东、北京以至河北这一带，向东北而去，正是夷玉的产地。那里在五千年前已经迎来红山文化的玉礼器时代。

而自“黄竹”至“曲山”，郑杰文以为：“似说穆王南征事”。周穆王时，有南征之举。《噩侯方鼎》，“王南征，伐角橘。”又《竞卣一》曰：“唯

① 关于详细地理路线可参见附录。

② 《穆天子传》中提到玗琪产于采石之山，它的具体位置见附录，或以为在甘肃，或以为在新疆，或以为在河北，但应该注意到提及玗琪的原文中有这样一句曰：“凡好石之器于是出”，且不论这种情况实际存在的可能性，从其语气来看，这句表述带有夸张性，其中提到的诸多美玉品种很可能只是周人实际用玉情况的概括。

③ 顾实编纂：《穆天子传西征讲疏》，商务印书馆1934年版，第202页。

④ 分见：［清］段玉裁著：《说文解字注》卷一，上海古籍出版社1981年版，第11页上、第17页下。

⑤ ［清］段玉裁：《说文解字注》卷一，上海古籍出版社1981年版，第11页上。

⑥ 《十三经注疏·尚书正义》卷十八，北京大学出版社1999年版，第503、506页。

⑦ 《十三经注疏·周礼注疏》卷三三，北京大学出版社1999年版，第875页。

⑧ ［西汉］刘向集，［东汉］王逸章句：《楚辞》卷五，四部丛刊初编本。

伯迟父以成师即东命伐南夷。”[①]《竹书纪年》曰：“穆王南征，君子为鹤，小人为飞鸮。”（唐写本《修文殿御览》残卷引）[②]实际上，在东南方向有瑶琨的产地，瑶琨是扬州所贡之玉，《说文》释瑶为“玉之美者”，古“扬州”地已知有溧阳小梅岭和茅山两处玉矿藏。[③]1985年凌家滩古遗址出土了大批玉器，其玉料来源于本地，已被发现的有软玉类的透闪石、阳起石以及叶蛇纹石、石英、玛瑙、水晶等石料。[④]而凌家滩正处于古扬州之北端，位于安徽省巢湖地区含山县铜闸镇西南约10公里的凌家滩自然村。其地理位置“处于我国的东部地区，即古史中屡屡提到的东夷、淮夷等集团活动的区域，他们刚好以鸟类作为图腾祖先。这就可以认为，璜形器上的鸟首正是当地居民的图腾祖先的象征物。”[⑤]这一点，也提示了穆王东行的某种意图，因为东方，正是商人的玉文化占主导地位的区域。

至此，可以看到，《穆天子传》的结构是比较清楚地分为三个部分。前四卷西巡，去往昆仑，见西王母，第五卷东巡，见井公，第六卷写盛姬之死。从表面看，这三个部分没有什么必然的联系，但是，从周人玉文化的角度来理解，还是能够看到它们的之间存在千丝万缕的相关性。

《穆天子传》卷五有一位非常重要的人物即是井公，如果说穆王西行是去见西王母，穆王东行的目的就是去见他。

> 是日也，天子北入于邴，与井公博，三日而决。辛丑，塞，至于台，乃大暑除。天子居于台，以听天下之。远方□之数而众从之，是以选扐。乃载之，神人□之能数也，乃左右望之，天子乐之，命为□而时□焉。□其名曰……戊寅，天子西升于阳，□过于灵□。井公博，乃驾鹿以游于山上，为之石主，而□置軨，乃次于洹水之阳。

井公，旧注曰：“疑井公贤人而隐访，故穆王就之游戏也。”黄校本书

① 唐兰定此二器为穆王时器，见唐兰：《西周青铜器铭文分代史征》，中华书局1986年版，第404页，第390页。

② 方诗铭，王修龄辑录：《古本竹书纪年辑证》，上海古籍出版社1981年版，第52页。

③ 参见：杨伯达：《丁沙地遗址出土“玉角”考——溧阳小梅岭玉及句容茅山石即瑶琨》，《东南文化》，2001年第7期，第67—70页。

④ 参见：安徽文物考古研究所编：《凌家滩玉器》，文物出版社2000年版。

⑤ 俞伟超：《凌家滩璜形玉器刍议》，安徽文物考古研究所编：《凌家滩玉器》，文物出版社2000年版，第139页。

眉载："惠云'井公疑即井利。"孙诒让说同。郑杰文以为井公非井利。井利为穆王属臣，当召之而博，不会就之而博。有学者疑井公即神话传说中的东王公。如郑杰文认为："东王公当是我国东部神话传说中的主神，自西王母传说传入中原后，成为西王母的配偶神（见《神异经·中荒经》）……《宋书·乐志三》载魏武帝《陌上桑》云：'济天汉，至昆仑，见西王母谒东君。'袁珂曰：'东君亦谓东王公'。汉画像石亦有东王公、西王母会面题材的画，是汲冢竹书出土前已有是说。"[①]但他似乎未能够证明井公与东王公之间的直接联系。《宋书》所引材料校晚，而且也没有证明见西王母谒东君的就是穆天子。

可以看到的井公与东王公的相同之处是"博"。《乐府诗集》卷五十一载古乐府有"井公能六博，玉女转投壶"之句，而旧题为汉东方朔撰、晋张华注的《神异经》则记曰："东荒山中有大室，东王公居焉。长一丈，头发皓白，人形鸟面而虎尾，载一黑熊，左右顾望。恒与一玉女投壶，每投千二百矫，设有入不出者，天为之噫嘘；矫出而脱误不接者，天为之笑。"[②]而曹唐的《小游仙诗九十八首》其二曰：

> 北斗西风吹白榆，穆公相笑夜投壶。花前玉女来相问，赌得青龙许赎无。
>
> 九天王母皱蛾眉，惆怅无言倚桂枝。悔不长留穆天子，任将妻妾住瑶池。

其中倒是很有意味地出现了一个与玉女、西王母相联系的，同样好"投壶"的穆公、穆天子形象。所谓"井公"、"穆公"、"东王公"，由此不难看出这个神话人物形象的复合型特点。不过遗憾的是，有史可查的所谓"东王公"形象的出现是比较晚的，秦汉以后的文献实物资料中他的形象才丰富了起来。

《陕西古代石刻艺术》一书中图 23 为东王公和西王母图：东汉（25—220），高 173 厘米，宽 39 厘米。1971 年米脂县出土。图中心为东王公和西王母坐于正厅对话，屋外雕玉兔捣药、九尾狐、青鸟、奔马、虎羊、翼

① 郑杰文：《穆天子传通解》，山东文艺出版社 1992 年版，第 97 页。

② ［汉］东方朔，［明］朱谋㙔校注：《神异经》，光绪崇文书局本。

兽等，边饰为秀丽的几何图案，刀法简洁严整，为汉代一件佳作。[①]但同样，在汉代的石刻画像中，“不但有‘穆天子见西王母’的题材，而且这种题材的画像石也并非个别特殊现象。”[②]嘉祥随家庄画像第二石，“画刻车骑楼宇。右方是一幢两层楼房，楼上女主人头戴花冠，其右方二人侍侯，左方一人侍侯。楼门外左方一人手持三珠果。楼下男主人头戴斜顶冠面向左跪坐，其身后一人手执便面侍立，其前一人跪着禀事。”[③]《穆天子传西征讲疏》扉页曾发表这一拓片，名曰：“汉刻周穆王见西王母画像”。从它们的构图立意方面说，是有相似性的，这也导致了后来关于这一类汉画像中的人物究竟是东王公还是周穆王的激烈争议。

图六：拜见西王母，徐州汉画像，朱存明摄

如果说到目前为止，对于他们之间的关系，还缺乏足够的文献或者实物资料的说明，那么，从时间上判断，至少可以肯定的一点是：在穆王的

① 李域铮编：《陕西古代石刻艺术》，三秦出版社1995年版，第26页。
② 王炜林：《“穆天子会见西王母”画像石之管见》，见《远望集》，第606页。
③ 朱锡禄编：《嘉祥汉画像石》，山东美术出版社1992年版，第27页。

西巡东征之后，才有了所谓东王公的出现。后世人们给西王母安排的配偶神之原型是否可能与那个和西王母完成了圣婚仪式的穆天子没有关系呢？笔者以为如果说是穆王西巡见西王母的故事促成了东王公作为其配偶神的出现，可能没有太大的问题。这个神话人物中应该综合了东方神话传说中的某些因素，比如井公的博，也可谓是作为"东方"文化的象征性符号而存在的，而在他的身上后人所觉察到的周穆王形象的投影，从某种意义上正说明这个东王公形象的出现，是夷夏文化在周人大国一统的历史背景中趋于融合的结果与反映。

《穆天子传》卷五曰："天子梦羿射于涂山"，为什么在东行途中会梦见羿呢？羿，洪颐煊注曰；"有穷氏善射者。"[①]羿乃是东夷民族之主神。而"神话与梦都是人类无意识的产物，在本质上是同一的。因此，用以分析梦的理论和方法同样可以用于解释神话，弗洛伊德本人即是将神话、民间故事、谚语、习俗都引以为他释梦的材料。"[②]同卷又记叙了穆王两次与"井公博"，在此处的"博"应该不可能只有一个单纯的游戏的目的。作为一种隐喻的神话语言，它所蕴涵的意义是深邃的。如果说，以寻玉为其表征，穆王的去往西方，从一个层面来讲，其实质是探询周人自身的文化渊源，而东方，则是殷商文化的中心所在，穆王的去往东方，这和清立国后，去往南京拜明孝陵，从政治意图上讲，是否有异曲同工之妙呢？

政治认同必须建立在文化认同的基础上，杨伯达先生曾说周人："灭商之后成立周王朝，形成了圭、璋、璧、琮和肖生玉为主体的新的玉文化，最终排除了承传东夷玉文化的殷商玉文化影响，而构成特点鲜明的西周王室玉文化。"[③]意识形态的同化与政权的更替相比较而言是更为漫长而艰难的过程，玉石作为权力话语的间接表述，有助于建构意识形态的主流地位。

---

① ［晋］郭璞注，［清］洪颐煊校正：《穆天子传》卷五，《龙溪精舍丛书》翻平津馆本。

② ［奥］弗洛伊德，高觉敷译：《精神分析引论》，商务印书馆1984年版，第119页。

③ 杨伯达：《巫玉之光——中国史前玉文化论考》，上海：上海古籍出版社2005年版，第198页。

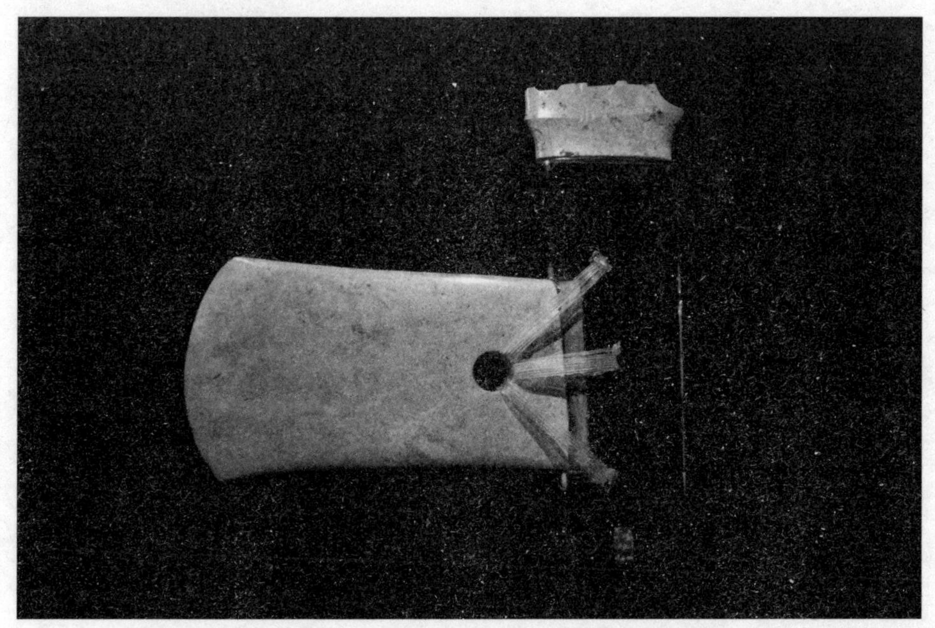

图七：象征权力的良渚文化玉钺，摄于上海博物馆

第二节　神圣的国王——论穆王的“神巫化”特征

尼采说过，一些时代具有英雄的气质。穆天子，如同亚瑟王、奥底修斯，经历了一种肉身和精神的放逐与自我放逐，其始可谓是路漫漫其修远兮，吾将上下而求索。其终则可谓是上穷碧落下黄泉，两处茫茫皆不见。在此过程中，“国王”将自己变成了存在于历史与神话之间的英雄传奇人物。换言之，穆天子如世界第一部史诗《吉尔伽美什》的主人公，他们都作为神话历史的典范人物而传之后世。

神圣的国王总是有不平凡的出身，例如吉尔伽美什半人半神；再比如“亚历山大的生平故事曾讲到他本人的降生就是一件不平凡的事情：埃及的最近一位国王——魔法家涅克坦涅布，因亚梦神附在身上而潜入了亚历山大母亲的住处，这样，亚历山大似乎就是亚梦神的儿子和埃及法老的后裔了。亚历山大的远征波斯，因此也就好像是向征服埃及的波斯人复仇似的。远征的记载有着冒险故事的性质：亚历山大到过大人国、小人国、食人国、丑人国，到过有着异乎寻常的动植物的希奇的自然界的地方，还游历过许多极乐的国家等等。"[①] 同样，《国语·周语》惠王十五年曰：有神降于莘，王问于内史过曰："今是何神也？" 对曰："昔昭王娶于房，曰房后，实有爽德，协于丹朱，丹朱冯身以仪之，生穆王焉。" 也就是说穆王出自丹朱。

那么，丹朱又是何神？古代神话传说中关于他，一是说他乃为尧子，所以也被称为"帝"，身份原本高贵。《世本》（张澍稡集补注本）则云："尧取散宜氏之子，谓之女皇。女皇生丹朱。""尧造围棋，丹朱善之。"[②]《金楼子·兴王篇》亦云："尧教丹朱棊，以文桑为局，犀象为子。"[③]《海内南经》中称丹朱为"帝"："苍梧之山，帝舜葬于阳，帝丹朱葬于阴。" 二是说他德行不好，被冠"不肖"的名声，恐怕也属于失败的英雄之类。如《尚书·益稷》曰："无若丹朱傲，惟慢游是好，傲虐是作，罔昼夜頟頟。罔水行舟，朋淫于家，用殄厥世。"《太平御览》卷六三引《尚书逸篇》云："尧子不肖，舜使居丹渊为诸侯，故号丹朱。"[④] 其结果是如《竹书》所曰："后稷放帝朱于丹水。" 总结起来看，这个丹朱，他既有天父的神圣血统，又与穆王一样好逸游，确实很适合做穆王的神圣的"父亲"。

从《穆天子传》中穆王的形象和行为来看，穆王本身具有近神似巫的特性。

一、穆王形象

（一）灵鼓为佩

《穆天子传》卷五云：

> 季冬甲戌，天子东游，饮于留祈，射于丽虎，读书于菞丘。□献酒于天子，乃奏广乐，天子遗其灵鼓，乃化为黄蛇。是日天子鼓，道其下而鸣。乃树之桐，以为鼓，则神且鸣，则利于戎。以为琴，则利□于黄泽。

---

① ［前苏］M.C. 波德纳尔斯基：梁昭锡译，赵鸣岐校，齐思和审：《马其顿的亚历山大的远征（公元前336—323年）》，《古代的地理学》，商务印书馆1997年版，第92页。

② 《世本八种·张澍稡集补注本》，上海商务印书馆1957年版，第22页、第88页。

③ ［清］鲍廷博编：《知不足斋丛书》第三册，中华书局1999年版，第551页下。

④ ［宋］李昉等：《太平御览》卷六三，四部丛刊三编本。

对于鼓的神异性质的认识在中国文化中，应该说有着悠久的文化渊源。中国社会科学院考古研究所山西工作队在襄汾陶寺墓地发现了大量的鼓："在大型墓中，成对的木鼓与石磬、陶异型器同出，放置位置固定。鼓身皆作竖立桶形，当为树干挖制而成，外壁着彩绘。鼓皮已朽，但鼓腔内常见散落的鳄鱼骨板数枚至数十枚不等，由之可证，原以鳄鱼皮蒙鼓，即古文献中记载的鼍鼓，无疑。鼓腔内还常发现一些黑褐色低温陶的小圆锥体，高 0.5—1，底径 1—2 厘米不等。据推测，可能是贴附在鼓皮上，作调音之用。"① 夏周文化同源，这个有"作调音之用"构件的"鼍鼓"，也为周穆王之善"鸣"的灵鼓提供了原型。

至今在民间还有关于灵鼓的传说。比如云南的纳西族中至今流传着这样一个故事：在远古的时候，长江第一湾（石鼓镇）一带居住着禾、梅两个部落，他们之间连年发生残酷的械斗，人畜伤亡，村寨败落。天神目不忍睹，于是在夜里派神丁变成白发苍苍的老妇人，从丽江玉龙雪山顶背下一面能敲响的石鼓，来调解械斗，超度冤魂。老妇人走一段路，敲一下鼓，两个部落的战士听到鼓声，就不由自主地放下武器，握手言和，死者的冤魂也得以安息。当她把石鼓背到冲江河边，歇下来敲了三下，忽然报晓鸡鸣叫起来，神丁急急回去，丽江石鼓就永远地留在了那里。最早的巫是女性，这个白发苍苍的敲鼓的老妇人或是由早期的女巫形象演变而来。

应该说，在后世，佩（持）鼓确实成为了巫觋特有的一种标志性的装饰。"在西伯利亚……萨满者合先知祭司、医师而为一，以小鼓一面为最重要的徽帜。"② 而当东巴教祖师（神）丁巴什罗从天上下来时，他的外观形象是："戴着父亲给的镇鬼铁冠，穿着母亲给的压鬼统靴，左手摇动金板铃，右手翻动玉皮鼓。"③ 通古斯语系称巫为"萨满"。到上世纪前半叶，他们还手持平鼓，腰系铜或铁的铃铛，载歌载舞地事神，并与有灾难的人及其家属沟通，送去幸福，驱逐邪恶。所以老百姓称巫（萨满）事神为"跳大神"。

---

① 吕大吉，何耀华主编：于锦绣，杨淑荣分主编：《中国各民族原始宗教资料集成：考古卷》，中国社会科学出版社 1996 年版，第 46 页，图 4。资料来源：中国社会科学院考古研究所山西工作队，临汾地区文化局（高炜、李健民执笔）：《1978—1980 年山西襄汾陶寺墓地发掘简报》，《考古》1983 年第 1 期。

② ［美］路威，吕叔湘译：《文明与野蛮》，三联书 2005 年版，第 194 页。

③ 和钟华，杨世光主编：《纳西族文学史》，四川民族出版社 1992 年版，第 102 页。

图八：乌德赫人神鼓绘画

而灵鼓崇拜又与雷雨之神是密切相关的。《穆天子传》卷二又有云：吉日辛酉，天子升于昆仑之丘，以观黄帝之宫而丰□隆之葬，以诏后世。《水经·河水（一）注》："丰隆，雷公也。"顾实注曰："《河图》曰，'黄帝以雷精起。'《春秋合诚图》曰：'轩辕主雷雨之神。'则丰隆疑即黄帝之别名，而墓在塞外，岂亦冠带葬耶？"[①]《海内东经》云："雷泽中有雷神，龙身而人头，鼓其腹。在吴西。"《大荒东经》云："东海中有流波山，入海七千里。其上有兽，状如牛，苍身而无角，一足，出入水则必风雨。其光如日月，其声如雷，其名曰夔。黄帝得之，以其皮为鼓，橛以雷兽之骨，声闻五百里，以威天下。"郭璞注曰："雷兽即雷神也，人面龙身，鼓其腹者。橛犹击也。"[②] 其出入水则必风雨的特征与作为雷雨之神黄帝也相符合，或者说，这个雷神乃是黄帝作为雷雨之神的分身而已。又，《中次十二经》曰："洞庭之山……帝之二女居之。是常游于江渊……出入必以飘风暴雨。"作为天帝之女，她们具有"飘风暴雨"的能力或者说特性，也再一次说明了天帝为雷雨之神的身份。《史记·五帝本纪》正义引此经云："雷泽有雷

① 顾实编纂：《穆天子传西征讲疏》，商务印书馆1934年版，第72页。

② 袁珂校注：《山海经校注》，巴蜀书社1992年版，第416页。

神，龙首人颊，鼓其腹则雷。”《淮南子·墬形篇》云：“雷泽有神，龙身人头，鼓其腹而熙。”也就是说，鼓神即雷神的形象为“龙”，实际上，自天（黄）帝而下，在中国神话中的神多有为龙身，或手持龙的形象。

图九：双龙首神面纹玉璜，商代晚期，摄于上海博物馆

穆天子的灵鼓，遗失之后则化为“黄蛇”，而据闻一多先生说在先民的观念中所谓龙只是一种大蛇。苏秉琦先生则说如果将赵宝沟鳞身、红山龙身、陶寺彩绘蟠龙和商代带鳞玉龙放在一起进行比照，结果会很清楚地观察到，这种数千年间一脉承传的艺术处理形式，本质上表现的都是现实世界中的蛇。所以笔者认为在中国神话哲学中，的确存在着所谓龙蛇变化的思维模式。①而所谓化为“黄蛇”，也可理解为化作“黄龙”。在上述陶寺早期大型墓中还发现了彩绘蟠龙的陶盘（《考古》1983年1期，图版肆，1），“是中原地区有关龙的图像中，迄今所见的最早标本”，这个陶寺蟠龙的具体形象是“作蛇躯鳞身”，被认为是“具有一定原始性的反映”，因此穆王佩戴的灵鼓就不仅是对于原始祖神形象的模仿，也是对于穆王这种“神性”的渲染。文中还提到在“灵鼓”丢失的地方栽种桐木，再“以为鼓”或“以为琴”都仍然具有神奇的效应：“利于戎”。叶舒宪先生从知识考古学的思路，提出这种自夏禹而来的“灵鼓”神话之中包含了真实的历史信息：“夏禹建鼓叙事虽然带有圣王神话之政治理想的浓厚色彩，却是以祭政合一的神鼓传统为实物原型的。”认为其发生的根源在于“神鼓信仰

① 见拙作：《龙蛇之辨与阴阳之化——说龙在中国神话哲学中的意义》，《唐都学刊》，2007年第4期，第22—26页。

背景和史前社会宗教领袖沟通神鬼的仪式性活动”。[①] 从这个角度来说，“灵鼓”之灵性不仅是古老的法术思维的产物，也是其作为王者神圣权力象征的必要符号。

（二）八骏为骑

在整个人类文明史中，动物的神秘象征意义对艺术构思和文学产生过深刻的影响。张光直先生说：“在商周的神话与美术中，动物占有很重要的地位……在神话里，动物所扮演的角色，从族群的祖先，一直到上帝的使者；从先祖英雄的伴侣，一直到为英雄所征戮的恶魔。动物在神话中的重要地位，甚至比表面看得出的还要大些。”[②] 动物之所以有这样特殊的地位和作用，则是由于当时普遍存在的巫术。张先生的论文详细讨论了古代的巫和巫术，巫是“知天知地又是能通天通地的专家”，而动物便是他们借以通天地的工具。青铜器，主要是青铜礼器，其使用者是巫，而其用途正是“通民神”亦即“通天地”，所以在礼器上面充满了饕餮、肥遗，夔、龙、虬一类神话动物。

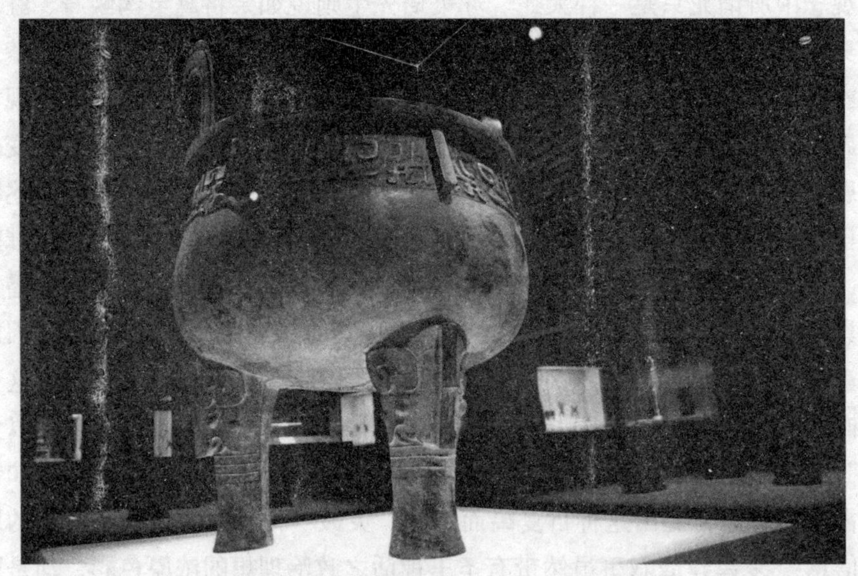

图十：德鼎，西周成王，摄于上海博物馆

① 叶舒宪：《〈容成氏〉夏禹建鼓神话通释——五论“四重证据法”的知识考古范式》，《民族艺术》，2009 年第 1 期。

② 张光直：《中国青铜时代》（一集），三联书店 1983 年版，第 288 页。

《穆天子传》中最令人注目动物的当然是天子之马，即所谓的八骏，“天子之马走千里，胜人猛兽。”应该说，穆王的八骏具有超现实的意义。《述异记》卷上补充了一个关于八骏神话的细节：“东海岛龙川，穆天子养八骏处也。岛中有草名龙刍，马食之，一日千里。古语云：‘一株龙刍，化为龙驹。’”龙是虚构之物，但在中华先民意识中它却是神通广大、影响极其深远的动物神和天神之一。[①]龙是能上天入地的神兽，曾是传说中黄帝上天的坐骑和天帝使者（《史记·封禅书》），这一远古的传说还可以见于宋·马远的《乘龙图轴》，又是夏后开“嫔于天”的坐骑。（《山海经·大荒西经》）可以说，“乘龙”是华夏民族一种美好的精神愿望的隐喻性表示。

关于八骏，《穆天子传》里只是简单地记下了它们的名称，而在《拾遗记》卷三里，却是这么描写的：“穆王即位三十二年，巡行天下……王驭八龙之骏，一名绝地，足不践土；二名翻羽，行越飞禽；三名奔霄，夜行万里；四名越影，逐日而行；五名踰辉，毛色炳耀；六名超光，一行十影；七名腾雾，乘云而奔；八名挟翼，身有肉翅。”[②]这说明八骏在后世传说中确实具有“飞马”的特征。一九七一年春，在内蒙古翁牛特旗的三星他拉村，农民在村北的山岗植树造林时，于地表下五六十公分深处发现了新石器时代的红山文化碧玉龙。“玉龙由一整块玉料加工而成，色泽碧绿，完整无缺。高26公分，是早期玉龙中最大的一件。体形蜷曲成‘c’字形，龙首吻部前凸，略翘，嘴紧闭，鼻端平缓，端面近椭圆形，上有对称的两个小洞表示鼻孔，双眼凸起呈细长棱形，额及颌地皆刻细密的斜方格纹，颈脊长鬣飞扬，恰似一匹飞奔的骏马。”[③]这一龙马形象或可为穆王八龙之骏做原型性的注解。

《尔雅·释龙》引东汉哲学家王符云：“世俗画龙之状，马首蛇尾。”《周礼·夏官》载：“马八尺以上为龙，七尺以上为騋，六尺以上为马。”杨美莉在论述秦汉之际的骑马图玉雕文物时说：“虽然周尺与今尺不同，然

① 参见：于锦绣：《玉与灵物崇拜——中国玉文化的原始宗教学研究》，见：《中国玉文化玉学论丛》，紫禁城出版社2002年版，第266—307页。

② ［晋］王嘉，［梁］萧绮录，齐治平校注：《拾遗记》，中华书局1981年版，第60页。

③ 翁牛特旗文化馆：《内蒙古翁牛特旗三星他拉村发现玉龙》，《文物》，1984年6期。

将高大的马称作‘龙’，则自秦汉以来已有此说，故有‘龙马’之称。”[①]。穆王的马在后世文献中多以龙代称：扬雄《河东赋》云：“乘翠龙而超河兮，陟西岳之峣崝”。师古曰：“翠龙，穆天子所乘马也。”[②]杨炯《少室山少姨庙碑》云：“昔者夏后氏之乘四载，曾开宛委之图；周穆王之御八龙，犹纪弇山之石。”曹勋《胡无人行二首》云“西极奉龙马，何用赟白狼。”无论是翠龙、八龙还是说龙马，都说明八骏如龙，它们似乎具有飞行的神奇能力。

所谓“昆仑弱水，非乘龙不至”[③]，而与龙一样，马的另一个特征是它与水的联系。这种与水的联系是欧洲和亚洲的马所共有的——印度的火神阿格尼和希腊的飞马珀伽索斯。希腊的飞马珀伽索斯与水有着某种关联，它用蹄子踏出了赫利空山上的一眼新泉——希波克瑞涅灵感之泉。在这儿，马原初的冥界特性是显而易见的。当珀伽索斯在阿克罗戈孚的庇瑞涅泉边喝水时，柏勒洛丰用阿西娜给他的辔头套他。海王波塞冬的神马们将马与水的联系揭示得更为分明。海王有时将马赠给向他虔诚祷告的人，如他曾将几匹马赠给了珀罗普斯，珀罗普斯借助这些马在竞技场上超过了俄诺玛俄斯，为自己从俄诺玛俄斯那儿夺回了未婚妻。阿耳戈英雄们也看到了从海中走出的双侧长着金鬃的马。[④]马不仅可以上天，也可以入水，成为人们“通天地”，“游八荒”的特殊载体，这种无滞无碍的绝对自由作为人的心灵达到极乐境界的普遍渴望投射为一种普遍存在的神话意象。

《穆天子传》卷五曰：“癸亥，天子乘鸟舟龙卒浮于大沼。”洪颐煊校曰：“龙下有舟字，舟皆以龙鸟为形制，今吴之青雀舫，此其遗象也。”此处的鸟龙舟在现代的考古发现中可以得到佐证。1973年湖南长沙子弹库一号战国楚墓出土了一幅《人物御龙图》，佚名，帛画，墨笔，设色，纵37.5厘米，横28厘米。现藏于湖南省博物馆。此图“是一幅描写墓主人御龙升天的铭旌。帛画顶端裹着一细竹竿，并系丝绳，可以举挂。画面描

---

① 杨美莉：《秦—西汉早期骑马图玉饰》，《故宫文物月刊》，1999年，第17卷第8期（200），第103页。

② ［汉］班固：《汉书》卷八七上《扬雄列传上》，中华书局1962年版，第3539页。

③ ［唐］司马贞：《史记索隐》引《括地图》，见《史记》卷一二三《大宛列传》，中华书局1982年版，第3164页。

④ ［俄］弗·雅·普洛普：《神奇故事的历史根源》，贾放译，中华书局2006年版，第228页。

绘一身着广袖长袍、头系峨冠、腰佩长剑的男子手架龙舟，遨游天宇，飘飘然迎风而行的形象。男子有胡须，身材修长，神情潇洒自若，其上方有华盖。龙尾立一昂首鸣叫的仙鹤，龙身下画一尾游动的鲤鱼。”① 乘龙舟，既可以“遨游天宇”，也可以“浮于大沼”，这令人想起，在古埃及神话中，拉神常乘船，白昼在天上巡游，夜晚在阴间巡游。著名的太阳船就是法老模仿拉的神船而制作的，太阳船的意义是在时空中，自由穿梭。这又证明了时间越往上古，不同文化之间的同构性就越强。其基本原因可诉诸神话思维的类比联想。

神话之中的马既然被认为是能够穿行于三界之间的生灵，因此，在很多文化中，它又很自然地成为穿梭于尘世与冥界的使者，“马是‘进入灵魂世界的死者的象征’……它们证明了墓中为死人殉葬的马母题的历史性……马不仅在一些宗教中，而且在故事中也是为死者安魂的动物。”② 当穆王走向掌握着生命与死亡双重权力的大母神西王母所在的极西之地时，八骏也就顺理成章地成为了他最好的“相助者”，负载着周王朝的文化英雄驰向那条寻求美玉、权力与永生之路。

二、穆王行为

（一）饮血青白

《穆天子传》中多次提到穆王之饮血。卷三云：

> 辛丑，天子渴于沙衍，求饮未至。七萃之士高奔戎，刺其左骖之颈，取其青血以饮天子。天子美之，乃赐奔戎佩玉一只，奔戎再拜稽首。

从为了保护自己或获取食物而杀戮动物的经验中，以及亲眼看到自己同伴受伤的经验中，先民体会到了血液的重要性。由于血液的损失能够引起类似于睡眠的无知觉状态，这种状态还可能发展成我们称之为死亡的现象，古代的人们就认为血液同样是有生命的东西。所以，血液应该是最

---

① 刘王华、杨永胜主编:《中国传世名画》，济南出版社 2002 年版，第 4 页。

② ［俄］弗·雅·普洛普:《神奇故事的历史根源》，贾放译，中华书局 2006 年版，第 216 页、第 217 页、第 218 页。

早的长生不老药之一。《穆天子传》中多次提到穆王之饮血，但似乎在某个方面，他的这种行为有着不同于原始游牧民族茹毛饮血之习俗的神异性质。令人惊奇的是，这里穆王所饮之马血是青色的。所谓“恨血千年土中碧”，在古人看来，青色的血是异乎寻常的，也因此具有特殊的效力。这种效力何来呢？“同样获得了赋予生命的神奇能力的是绿颜色……正如唐纳德·麦肯齐先生首先指出的，铜矿孔雀石显然由于其绿颜色而分享了长生不老药的声誉；在埃及，磨成粉末的孔雀石混合松脂制成的软膏涂抹面部变得非常普遍。这种引人注目的习俗在早期的埃及（和苏美尔）起过如此重要的作用，以致在前王朝时期的坟墓中，用来研磨这种给予生命的化妆品的石板是最常见的物品之一。”[①] 绿颜色的神奇的赋予生命之能力应该又因它与万物复苏的春天的颜色相一致而产生的联想。

在华夏文化中青是东方的代称。《说文》：“青，东方色也。”《周礼·职方氏》：“正东曰青州。”青也是春的代称：“镜朱尘之照烂，袭青气之烟。”（南朝江淹《别赋》）古诗中将天上永生之仙女称为“青女”：“青女素娥俱耐冷，月中霜里斗婵娟”（李商隐《霜月》），将主掌春天的帝称为“青帝”：“众星已穷次，青帝方行春。”（储光羲《秦中守岁》）从中也可以看到在以青色（绿色）为生命象征的这一点上，不同文化之间的消息相同之处。

除了青色的血，《穆天子传》中还提到穆王饮“白鹄之血”：

> 巨搜之人　奴乃献白鹄之血以饮天子，因具牛羊之湩以洗天子之足及二乘之人。（卷四）
>
> 官人进白鹄之血以饮天子，以洗天子之足。（卷四）

同卷还提到“爰有黑牛白角，爰有黑羊白血。”（卷四），看起来，在《穆天子传》产生的文化背景中，不仅青色的血有神奇的功效，白鹄之血，与白色相关的血也是神奇的物质。而实际上，这个白色从比例上看，是《穆天子传》中出现最多的颜色。其次是黑色。两种颜色共出现了 29 次之多。

---

① ［英］G·埃利奥特·史密斯，李申、储光明等译：《人类史》，社会科学文献出版社 2002 年版，第 250 页。

在神话思维中黑白是与生死二元的想象相对应的。“扎姆杰尔引用拉德洛夫的话说，与死者灵魂同赴阴曹地府的西伯利亚萨满要用烟灰把脸涂黑……白色是冥界生物的颜色，对此涅格莱恩在其论白色意义的专门论著中曾明确指出过这一点。白色是丧失了实体感的事物的颜色，因此鬼魂都是白色的”。[①]“白色的玫瑰可以象征死亡和清白无辜”[②]。而埃伦莱希最早观察到了北美印第安人高度发展的象征手法：“摇篮板罩的装饰通常很华丽……罩的上面通常是白色，白色在印第安人中被视为天空和生命。”[③]“西非洲的伊科易（Ekoi）人拿白粉涂在小孩子身上以求幸福，又相信某种黑色物质有起死回生的妙用。”[④]在不同的文化中，白色与黑色都可能与生命或死亡相关联。

在《穆天子传》中，黑字出现7次，玄字出现4次。除黑水之外，黑色往往与白色并见：

> 甲辰，天子猎于渗泽，于是得白狐玄貉焉。（卷一）
>
> 乃执白圭玄璧以见西王母。（卷三）
>
> 爰有黑牛白角，爰有黑羊白血。（卷四）

黑白作为修饰语，形成对比反差的关系，可是，从被修饰的名词来看，狐貉、圭璧、牛角，羊血，它们之间又具有同一性。这种语言表述的逻辑本身是引人深思的。实际上，在中国上古神话哲学中黑与白并不是一对截然相对立的范畴，比如作为五帝之中的黑帝代表着北方，而白帝却并非与之相反地代表南方，而是代表着西方。《周礼·天官·大宰》曰：“祀五帝。”唐贾公彦疏：“五帝者，东方青帝灵威仰，南方赤帝赤熛怒，中央黄帝含枢纽，西方白帝白招拒，北方黑帝汁光纪。”[⑤]从空间概念上说，黑与白不是相对立的关系，而是相互转换的关系。这是神话中国特有的颜

---

① ［俄］弗·雅·普洛普：《神奇故事的历史根源》，中华书局2006年版，第165页，第220—221页。

② ［美］弗朗兹·博厄斯，金辉译：《原始艺术》，贵州人民出版社2004年版，第71页。

③ 埃伦莱希：《民俗学笔记》第2卷，1899年，第27页以下。转引自弗朗兹·博厄斯，金辉译：《原始艺术》，贵州人民出版社2004年版，第61页。

④ ［美］路威，吕叔湘译：《文明与野蛮》，三联书店2005年版，第196页。

⑤ 《十三经注疏·周礼注疏》卷二，北京大学出版社1999年版，第47页。

色对应编码，表明人们怎样以一种变化的精神来诠释对于生命与死亡的理解。

在《穆天子传》中白字出现了18次之多。其中有诸多白色的神奇动物：如“白虎”（卷二）、“白鸟”（卷二）、“白鹄”（卷四）、“白鹤”（卷五）。《大荒西经》曰：“西海之南，流沙之滨，赤水之后，黑水之前，有大山，名曰昆仑之丘。有神——人面，虎身，文尾，皆白——处之。”《海内北经》曰：“蓬莱山在海中。”郭璞注云：“上有仙人宫室，皆以金玉为之，鸟兽尽白，望之如云，在渤海中也。”袁珂案曰：《史记·封禅书》云：“蓬莱、方丈、瀛洲，此三神山者，其传在渤海中，诸仙人及不死之药皆在焉。其物禽兽尽白，而黄金银为宫阙，未至，望之如云。”[①]《山海经》中的这些特意强调的白色显然赋予了普通的动物以具有某种神奇的属性。

值得注意的是，在《穆天子传》中还出现了大量“白鹿”、“鹿”的形象。在《穆天子传》的六千多字的文本中，“鹿”字出现了11次之多。其中有三次是出现在人名、地名之中：“鹿人”（卷一）、“天子东征，舍于五鹿”（卷六）、“是曰五鹿官人之□是丘”（卷六）。还有一次是天子赐鹿：“天子乃赐曹奴之人戏□黄金之鹿”（卷二）。其余则是穆王的猎鹿、食鹿、驾鹿与祭鹿。

> 仲秋丁巳，天子射鹿于林中。（卷五）
>
> 天子射兽，休于深雚，得麋麕豕鹿四百有二十。（卷五）
>
> 乃驾鹿以游于山上。（卷五）
>
> 于是白鹿一牾椉逸出走，天子乘渠黄之乘□焉。（卷六）
>
> 天子饮于漯水之上，官人膳鹿献之天子，天子美之，是曰甘。癸酉，天子南祭白鹿于漯□，乃西饮于草中，大奏广乐，是曰乐人。（卷六）

《诗经·小雅·鹿鸣》曰：“呦呦鹿鸣，食野之苹。我有嘉宾，鼓瑟吹笙”。说明在周代，将鹿鸣视为瑞兆而倍加赞颂。汉武帝郊祀得一白鹿，以为是祥瑞。从此以后，在汉文化中，鹿就成为了吉祥安泰的象征。神

① 袁珂校注：《山海经校注》，巴蜀书社1992年版，第378页。

奇的白鹿形象还出现在纳西族史诗《黑白之战》中。"在白露化生的米丽达吉神海边，长着一棵开金银花，结珍珠果的含英巴达神树。白色是光明……后来，东主的子孙对不敬老者的过错进行忏悔，请东族白鹿把东主的灵魂接引回来祀奉，东主灵魂作变化，东界才又兴旺起来：米利东主来护佑，东族白马跑更快，东族白牦又繁衍，东族白羊又增殖，东山金黄猛虎更雄威！东地银白箭猪更伟俊！东子坡上虎皮大裳，东女穿上白布长裙……"[①]在这儿，白鹿成为了带来光明、希望和幸福的神奇动物。

鹿是赫梯人信仰的诸神中最重要的一位，赫梯的男守护神便是以鹿为坐骑，希腊神话中的月神塞勒涅的坐骑也是一头公鹿。斯拉夫民族常在民间故事或民歌中赞美长着金角的鹿，并将它尊为太阳神，印度早期佛典中也有关于金鹿的故事。而后世传说中西王母的使者也是一只白鹿。西晋张华《博物志》云："汉武帝好仙道，祭祀名山大泽，以求神仙之道。时西王母遣使乘白鹿告帝当来，乃供帐九华殿以待之。七月七日夜漏七刻，王母乘紫云车而至"。[②]这种传说的产生，不大可能凭空而来。《竹书纪年》曰："穆王十七年（约 960 BC）西征，至昆仑丘，见西王母。"而从现在的考古发现来看，确实也正是在昭穆以后，鹿纹成为当时比较多见的一种玉器纹饰。[③]这种现象不应该仅仅被看作是一个巧合。

1980 年陕西扶风西周宫殿遗址出土的二件蚌雕胡人头像被认为是尖帽塞人或月氏人。[④]《管子》中一书曾以不少篇章叙述了古代帝王"贵用禺氏之玉"和昆仑墟之"璆琳琅玕"的情景。《穆天子传》卷一曰："巳亥，至于焉居禺知之平。""禺知"，王国维以为即是"禺氏"，《周书·王会篇》之"禺氏"，何秋涛《笺释》谓即"月氏"。[⑤]《汉书·西域传》曰："自疏勒以西北，休循、捐毒之属，皆故塞种也。"而"（乌孙国）本塞地也。大月氏西破走塞王，塞王南越县度，大月氏居其地。后乌孙昆莫击破大月

---

① 和钟华，杨世光主编：《纳西族文学史》，四川民族出版社 1992 年版，第 150 页，第 168 页。

② ［晋］张华，范宁校证：《博物志校证》卷八《史补》，中华书局 1980 年版，第 97 页。

③ 参见：中国社会科学院考古研究所编：《张家坡西周玉器》，文物出版社 2007 年版，第 192 页：M44：22 玉鹿（昭穆时期）：长 2.7、高 4.1、厚 0.4 厘米（图 3—3—4）；第 236 页：M163：7 玉鹿（孝懿时期：长 4.4、高 2.9、厚 0，4 厘米（图 3—3—39）。

④ 林梅村：《开拓丝绸之路的先驱——吐火罗人》，《西域文明——考古、民族、语言和宗教新论》，东方出版社 1995 年版，第 3—10 页。

⑤ 王贻梁：《穆天子传汇校集释》，华东师范大学出版社 1994 年版，第 22 页。

氏，大月氏徙西臣大夏，而乌孙昆莫居之，故乌孙民有塞种。”[①]在游牧战争时期，塞人、月氏这些部落的领地互相侵夺，而文化自然也会互相影响。一般还是认为这里发现的头像是塞人的形象。

在中国史书中被称作塞人的民族，在波斯文献中称萨迦（Sakes），前苏联学者 B.N. 阿巴耶夫认为萨迦（Saka）的波斯原义就是鹿。[②]而古希腊人则称他们为斯基泰（Scythians），或译西徐亚、塞西安。根据新疆岩画，敦煌、青海和西藏壁画的研究，斯基泰人大约在 2 万年前就迁徙到了青藏高原，壁画里有大量的“车猎”和“骑猎”场面。有学者提出《穆天子传》中的西王母就是塞人部落首领，认为“西王母是塞人部落，‘西’字兼有音义，译出了‘斯基泰’（Scythia，Scyth）民族的首音。”[③]从后世的文献记载来看，塞种人原来居住在后来乌孙国所在的地方即今天新疆北部，中、俄、蒙、哈四国交界之处。而从阿尔泰地区一直到蒙古高原北部，广泛地分布着一些被称作“鹿石”的石柱。同样，据邓淑萍说：“敖汉旗、小山等地区出土的赵宝沟文化陶器上，刻绘了许多已被神化的鹿纹，多呈现奔腾飘逸的气势。”[④]邵国田先生则认为 C 字龙或许为赵宝沟文化的遗物，就是以鹿为原型的玉龙。[⑤]实际上，蒙古先祖和塞人均把鹿尊崇为动物图腾，认为它在祭天、祭祖、敬诸神的祭祀仪式中具有一定的巫术作用。鹿作为一个看似简单的艺术原型，它是否提示了在华夏民族文化中，属于西北和北方的非农业文化质素的未充分认识？

（二）留骨黑水

殷周宗教的许多方面都利用了原始宗教自然形成的内容和形式。也保留了很多原始宗教的内容比如占卜、草筮、血祭等。

《穆天子传》卷二曰：

> 甲申，至于黑水，西膜之所谓鸿鹭。于是降雨七日。天子留骨六

---

① 分见：《汉书》卷九六上、卷九六下，第 3884 页、第 3901 页。

② ［前苏联］B.N. 阿巴耶夫：《论词源研究的原则》。见《中国语文》编辑部编：《语言学资料》第 10 期，（内部刊物）1962 年版，第 22 页。

③ 沈福伟：《中西文化交流史》，上海人民出版社 2006 年版，第 13 页。

④ 邓淑萍：《介绍院藏最古老的玉龙》，《故宫文物月刊》，2000 年，第 17 卷第 11 期，第 35 页。

⑤ 邵国田：《敖汉旗南台地赵宝沟文化遗址调查》，《内蒙古文物考古》，1991 年第 1 期，第 2—10 页。

师之属。天子乃封长肱于黑水之西河，是惟鸿鹭之上，以为周室主。是曰留骨之邦。

留骨六师之属，明诸本及洪本皆作“骨”，《通解》据卢校及顾本该骨为胥。“天子”句：旧注：“穆王马骏而御良，故行辄出众前。”郑杰文解释为：出众前，留六师之人避雨，而与七萃先行。[①]但是奇怪的是，在《穆天子传》中，穆王先行的时候不止一次：

庚子，至于□之山而休，以待六师之人。（卷三）

天子五日休于澡泽之上，以待六师之人。（卷四）

为什么这儿要特意为之命名为“留骨（胥）之邦”？“‘命名’行为对于一个当下的事物，即对于一个以前已熟悉的对象，不只是增加一个单纯的、约定的符号；毋宁说它是关于客体概念的先决条件，也是关于一个客观的经验的实在观念。”[②]现代人类学家的研究可为老子“有名万物之母”的卓越命题提供解释。利奇指出，原始社会的初民只对那些他们觉得有用或有意义的东西才赋予名称。“换个方式可以这么说，当人们把一个特定的范畴词赋予一类事物时，他便创造了那类事物。一个事物如果没有名称，就不被认可是一个事物；在社会的意义上：‘它不存在’”。[③]并且，可以看到“鸿鹭”、“留骨”这两个词语在短短的五句话中，被分别重复了两次，还应该注意到《穆天子传》所特有的以不断重复的“爰有”为标志的古拙的表述方式，它形成一种独特的语言风格。“多数原始叙述文学的特点是不厌其烦地交代过程，列举细节，一笔不漏……研究了原始叙事文和诗歌以后就会发现，这些文体的主要审美特点之一就是重复，尤其是有韵律的重复。”[④]而这种属于古代史诗的不寻常的风格是其深刻的神话性质的重要的标志。比如《伊利亚德》和《奥德赛》留传至今的是一种相当于扬

① 郑杰文:《穆天子传通解》，山东文艺出版社 1992 年版，第 43 页，注 6。

② ［德］恩斯特·卡西尔，范进、杨君游译，柯锦华校:《国家的神话》，华夏出版社 1990 年版，第 52 页。

③ ［美］利奇:《从概念及社会的发展看人的仪式化》，见史宗主编:《20 世纪西方宗教人类学文选》，三联书店 1995 年版，第 507 页。

④ 弗朗兹·博厄斯著，金辉译:《原始艺术》，贵州人民出版社 2004 年版，第 214 页。

抑抑格的六韵步诗体。而实际上这种诗体既不适宜于希腊语的自然格律，同时也不适宜于英语的自然格律。但它却是诸如德尔斐这类先知神殿的语言，也就是神秘崇拜使用的语言。另外，在宗教节日里也使用这种语言来讲述诸神的种种传说。所以，应该说，这种重复具有巫术语言的特征，此处的命名行为也应该包含了某种宗教信仰的内涵。

《穆天子传》卷二曰："爰有□兽，食虎豹如麋而载骨"，陈逢衡曰，"载，置也。谓弃置虎豹之骨而不食也。"[①]这也可能反映了古人对于"骨"的神异性的理解。"按照萨满教的灵魂观，人类与动物的第三个灵魂为真魂，藏于牙齿、骨窍与头发之中，是人与动物最有生命力的本魂，是永生的魂和能够转生的魂。北方初民认为：人的肉体死后很快就会腐败，但真魂却永世长存"。[②]那么骨对于古人来说，究竟具有什么重要的现实意义呢?

所谓的"灼其骨以数焉"(《列子·汤问篇》)，在先民的生活中，骨的一个最大的用途可能就是占卜。在甘肃永靖秦魏家齐家文化墓地发现卜骨是放在一件高领双耳罐内。谢端琚先生以为这反映了"他们认为卜骨为神圣之物，乱丢将有祸事发生，所以不能轻易抛弃。"[③]以此来解释所谓"留骨之邦"，体现了古人对于"骨"之神圣性的认识，可能更为近实。李零以为"骨卜起源于北方特别是西北，似可成立"。[④]"卜骨常见于新石器时代晚期龙山文化与铜石并用时期的齐家文化。据笔者的不完全统计，在河南、山西、山东、河北、辽宁、内蒙古、陕西与甘肃等8个省共有35处遗址出土原始卜骨。其中，有31处遗址出土的卜骨均有具体数目，合计187件。除齐家文化73件与富河文化1件外，其余113件都是属于不同地区的龙山文化系统。"[⑤]齐家文化与周文化渊源甚切，这种骨卜的传统是被延续下来的，甚至在周代这还是很盛行的占卜方式之一。"说起'卜'的历史，过去我们满脑子全是殷墟甲骨，前面是空白，后边也是空白。这是

---

① 郑杰文:《穆天子传通解》，山东文艺出版社1992年版，第37页。

② 王宏刚:《北方民族女神崇拜的历史、文化意义》，《社会科学战线》，2000年第3期，第195页。

③ 谢端琚:《中国原始卜骨》，《文物天地》，1993年第6期，第16页。参见：中国科学院考古研究所甘肃队:《甘肃永靖秦魏家齐家文化墓地》，《考古学报》，1975年第2期。

④ 李零:《中国方术续考》，第294页。

⑤ 谢端琚:《中国原始卜骨》，《文物天地》，1993年第6期，第15页。

因为那时的发现太少，我们注意的太少。现在发现多了我们才知道，不仅殷墟以后还有西周甲骨、东周甲骨，殷墟以前还有还有二里冈甲骨、台西甲骨，而且时间跨度更大、地理范围更广……情况表明，'卜'是新石器时代晚期和整个青铜时代都很重要的考古现象。商周以后也有很长的延续。"[①] 中国最早的卜骨，是 1962 年内蒙巴林左旗富河沟出土的鹿卜骨。其 14C 年代为公元前 3510—前 3107 年。[②] 骨卜的延续，以中原地区而论，至少可以晚到西周（如周原甲骨就有卜骨）。张忠培先生总结出中国史前时代有三大宗教："以龟甲为卜卦器具的宗教……以玉琮为重器的宗教……骨卜宗教。"[③] 三类宗教在商周时代都得到发展。

图十一：良渚文化多节大玉琮，摄于上海博物馆

① 李零:《中国方术续考》，东方出版社 2001 年版，第 286 页。

② 中国社会科学院考古研究所:《中国考古学中碳十四年代数据集（1965—1991 年）》，文化出版社 1992 年版，第 55 页。

③ 张忠培:《窥探凌家滩墓地》，《文物》，2000 年第 9 期，第 56 页。

另外，必须注意到这一段简短的叙述中，还有一句曰："于是降雨七日。"在《穆天子传》中提到天气情况的有三处：

癸未，雨雪。（卷一）

庚寅，北风雨雪。（卷一）

有阴雨，梦神有事，是谓重阴，天子乃休。日中大寒，北风雨雪。（卷五）

却都只是简单地叙述天气情况。从表述上看，和"于是降雨七日"明显差异很大。这六个字，有地点、有持续的时间，有一个动作，应该还有一个隐含的主语。联系到卷五还有一句曰："丁丑，天子□雨乃至。"这里将主语"天子"提出来了，并且，《穆天子传》卷二还提到："天子升于昆仑之丘，以观黄帝之宫而丰□隆之葬，以诏后世。"郑杰文注曰："此盖昆仑土人亦从商旅处知中原雷神丰隆之传说，为其筑墓台而祭祀求雨也。"[①]如果将这三句话合起来看，穆王的留骨也应该和祈雨有关系。

在这仅五十六个字的一小段话中，还有一个地名被重复了两次："黑水"。"至于黑水……天子乃封长肱于黑水之西河，是惟鸿鹭之上，以为周室主，是曰留骨之邦。"这里的"黑水"不应该被简单地视作地名而已。

一方面，水有着作为死亡和生命象征之物的双重内涵。人的死亡，在古代看来也不是一下子就死亡的，而是一个过程，例如，在一些民俗思想中，要等三个月之后，白骨显，真正血肉化成水之后，人才算死亡，这个时候才能下葬。所谓"滚滚长江东逝水，浪花淘尽英雄"；"江水流春去欲尽，江潭落月复西斜。"水的流逝在华夏文化传统中自然地与青春、生命、爱情的逝去相联系。而对于原初之水的信仰则是在世界范围内存在的。埃及人认为世界的原初是一片茫茫的大海，或称为圣水。圣水神叫努，万物都在水中产生。古希腊哲学家、米利都学派唯物主义创始人泰勒斯（公元前624—前547年）认为水是宇宙万物的开始、本原与实体，万物从水中而来，是水的变形，万物又复归于水。水包围着大地，大地在水上漂浮，不断从水中汲取它所需要的营养。在中国文化中，同样存在对于这种

① 郑杰文：《穆天子传通解》，山东文艺出版社1992年版，第33页。

原初之水的信仰。“太一生水”的哲学命题诞生于二千多年前的东方：“是故太一藏于水，行于时，周而或始，（以已为）万物母”。[①]古代也有通过水而受孕的传说，认为水有生殖功能。所谓“不尽长江滚滚来”，这里的水就暗喻了绵延不绝的生命活力。水又与母亲相关联。弗洛伊德说：在人们的梦中“表示分娩常用与水有关的事：例如入水或出水，那就是说自己分娩或自己出生……无论何人若梦见一个人出水，他便认为这人是他的母亲。”[②]也正是在这种意义上，我们将黄河称为母亲河。昆仑黑水，它包含的是一个生命起源的神话，“玄牝之门，是谓天地根”，回归于水，就是回归于母体子宫般充满羊水的起始点。

另一方面，黑水乃是昆仑四水之一，是弱水之正源。依照创世神话的理解，万物都化生于黑暗母体，如埃及人认为人世间所有的生命都始于拉神取代那恩神（黑暗混沌的化身）形成宇宙之际。吕微先生说：“以黑为尊大概是汉语史上出现的最早的一种价值判断。据《礼记·檀弓上》的追诉，‘夏后氏尚黑’，其原因不明……中国的创世神话经过阴阳五行说的整合，洪水被认同于冬季，认同于北方，认同于黑色，是为水德。”[③]穆王西行至黑水，并在此地举行的仪式行为，或者也寄托了回归于生命之初的渴望，其蕴涵的整个人类历史上始终保持不变的“精神原则”应即在此。

穆王在他死后成为一个传奇人物。“王在世的时候受到崇拜，在他死后继续受到崇拜，这不是因为他成为死人，而是因为人们相信他还以某种方式活着。”[④]而这种心理驱使之下，人们进一步夸大他的神性，这才产生了所谓“穆王百年”等等奇异的传说。

---

① 陈伟：《郭店竹书别释》，湖北教育出版社 2002 年版，第 25 页。

② ［奥］弗洛伊德，高觉敷译：《精神分析引论》，商务印书馆 1984 年版，第 121 页。

③ 吕微：《神话何为》，社会科学文献出版社 2001 年版，第 416 页、第 160 页。

④ Lord Raglan：The Origins of Religion，Watts，London，1949，p.80.

第三节　巫王之玉——西周玉文化的历史回归

一、神话历史的开展——从巫玉到王玉

"玉，亦神物也"。[①]《说文解字·玉部》解释"灵"字下部的"巫"时，说"巫以玉通神"，从巫字的甲骨文结构来看，与玉有着密切关系。殷墟甲骨文巫字作双玉交叉状。而甲骨文玉字作"丰"，一竖贯三或四横，后逐渐演化为今天的"玉"字。唐兰先生根据《诅楚文》隶定为巫，可能是巫以玉事神的早期象形文字。[②]巫将玉与神联系起来，为玉披上了神秘的外衣，玉因此成为了巫手中的事神、媚神的工具。究其原因，是东亚史前居民将玉神圣化和神话化的结果。玉教信仰的存在成为华夏文明发生之根基。[③]

在笼罩着万物有神的原始宗教氛围之下，玉神物这一观念始终支配着玉的雕琢和使用。"神物是宗教学上的'灵物'，实质是超自然力（灵性）及其载体（灵体，灵魂）观念的物化形态；又是人们与超自然力交往的必要物质媒介和实物手段，是概括的形象思维。"[④]从此，重要的玉神器也由巫来雕琢，由巫专用，归巫所有，玉被巫所垄断。在人们心目中玉就是神，祀玉就是事神。张得水先生在《史前玉与巫关系之探讨》一文中提出："一、史前玉与巫关系密切……二、史前玉礼器——巫师通神的工具……三、玉雕——巫术的参与者……四、玉——是巫师权力与地位的象征……五、玉卜——是史前巫教中的一重要现象……六、史前玉礼器——探讨文明起源一个值得重视的因素。"[⑤]不过，巫觋的黄金时代在红山文化牛河梁期和良渚文化瑶山、反山期，[⑥]伴随着原始宗教的发展，其财富和权

---

① ［汉］袁康：《越绝书》卷第十一，《越绝外传·记宝剑·第十三》，四部丛刊初编本。

② 唐兰：《古文字学导论》，齐鲁书社1981年版，第166—167页。

③ 参看叶舒宪《玉教——中国的国教》，第二届世界汉学大会论文（2009，北京），《读书》2010年第1期。

④ 于锦绣：《玉与灵物崇拜——中国玉文化的原始宗教学研究》，见杨伯达主编：《中国玉文化玉学论丛》，紫禁城出版社2002年版，第266—307页。

⑤ 张得水：《史前玉与巫关系之探讨》，见杨伯达主编：《中国玉文化玉学论丛》，紫禁城出版社2002年版，第317—319页。

⑥ 参看：《红山文化玉器与原初形态萨满教》，赤峰学院红山文化国际研究中心编：《红山文化研究》，文物出版社2006年版，第379—390页。

力达到顶点。到了龙山文化时期，巫觋的权力遭到削弱，财富也被剥夺或部分剥夺，其占卜、事神的权力已被掌握着军政大权的王所攫取，巫觋被从以玉事神的祭坛上驱赶下来，其地位一落千丈，降至为王权服务的神职人员。《说文》释“巫”云:“巫，祝也，女能事无形，以舞降神者也。”这正是巫的权力来自其通神祝舞之角色的写照。《周礼·春官·宗伯》记，巫觋均由“大宗伯”属下的“司玉”（相当中士一级官吏）统领之，“司玉”为巫觋之长，下设“男巫”和“女巫”之职，由此可知巫觋的地位到了周代已较为低下，远不能与史前巫觋相比。一般认为，三代之时，华夏玉文化由巫玉阶段（距今10000—4000年）转入了王玉阶段。

西周立国后，周王设玉作，管理专为王室雕琢玉器的奴隶——玉人。《周礼·冬官考工记第六·玉人》:

> 玉人之事，镇圭尺有二寸，天子守之；命圭九寸，谓之桓圭，公守之；命圭七寸，谓之信圭，侯守之；命圭七寸，谓之躬圭，伯守之。天子执冒四寸，以朝诸侯。天子用全，上公用龙，侯用瓒，伯用将，继子男执皮帛。天子圭中必，四圭尺有二寸，以祀天；大圭长三尺，杼上终葵首，天子服之；土圭尺有五寸，以致日、以土地；裸圭尺有二寸，有瓒，以祀庙；琬圭九寸而缫，以象德；琰圭九寸，判规，以除慝，以易行；璧羡度尺，好三寸，以为度；圭璧五寸，以祀日月星辰；璧琮九寸，诸侯以享天子；谷圭七寸，天子以聘女；大璋中璋九寸，边璋七寸，射四寸，厚寸，黄金勺，青金外，朱中，鼻寸，衡四寸，有缫，天子以巡守，宗祝以前马。大璋亦如之，诸侯以聘女。瑑圭璋八寸，璧琮八寸，以眺聘。牙璋、中璋七寸，射二寸，厚寸，以起军旅，以治兵守。驵琮五寸，宗后以为权。大琮十有二寸，射四寸，厚寸，是谓内镇，宗后守之。驵琮七寸，鼻寸有半寸，天子以为权。两圭五寸，有邸，以祀地，以旅四望。瑑琮八寸，诸侯以享夫人。案十有二寸，枣栗十有二列，诸侯纯九，大夫纯五，夫人以劳诸侯。璋邸射，素功，以祀山川，以致稍饩。①

① 《十三经注疏·周礼注疏》，北京大学出版社1999年版，第1120—1128页。

如此详细的关于用玉的制度规定说明在当时礼玉文化已经发展到了一定的高度。这里的玉作为“礼”的象征之物，它显示了一种明确的等级差别。《礼记》曰：“大飨，其王事与？三牲、鱼、腊，四海九州岛之美味也。笾、豆之荐，四时之和气也。内金，示和也。束帛加璧，尊德也。”[①] 如果说武王伐纣，是政治革命，那么周公制礼作乐，就是文化革命。他的最核心意图在于从思想文化上对商周之际的王朝更替求得一理性的解答，“以德配天”的新天命论，由此产生。它在本质上是君权神授和天命依德转移相结合的实用政治神学。这也启发了“玉德”说的产生。“以玉比德是玉之美的第二次转换，很可能最早出现于周初，完成于春秋时的儒家学派。”[②] 这是玉神话向伦理化发展的结果。

周公制礼作乐，进一步发展了礼玉文化。比如《周礼·春官·大宗伯》记载：“以玉作六器，以礼天地四方。以苍璧礼天，以黄琮礼地，以青圭礼东方，以赤璋礼南方，以白琥礼西方，以玄璜礼北方。”[③] 玉璧、玉琮、玉圭、玉璋、玉琥、玉璜就是六种礼器，即“六器”，也称“六瑞”。除六器外，周礼还规定了天子与诸侯的服饰制度，建立严格的等级制度。如皇帝冕冠前后备有“十二旒”，用玉 288 颗，玉珠使用白玉。

近年来的考古发现逐渐证实了传世文献记载的真实性。从张家坡西周墓地玉器发掘的情况来看，周人用玉的等级如《周礼》所说是比较严格的。“沣西玉器如前所述存库的曾经逐件肉眼鉴定，当地墓葬虽大都曾经盗掘，但除了只出个别几件的墓难以讨论者外，存玉稍多者无一墓全是真玉，说明没有“用全”。两座西周重臣井叔墓出土玉器数及存库者鉴定结果……相当于“用駹”，与他们的上公身份相符……同为周代的北京琉璃河（BL）和曲沃曲存（QQ）各墓，与沣西类似，也没有‘用全’。这些事实可以初步说明《周礼·考工记·玉人》记载的制度，在周代是实际执行的。”[④]《穆天子传》所记应该也可作为佐证。如卷五曰：“见许男于洧上，祭卩父以天子命辞曰：‘去兹羔，用玉帛见。’许男不敢辞，还取束帛加璧。

① 《十三经注疏·礼记正义》卷二四《礼器》，北京大学出版社 1999 年版，第 761 页。
② 杨伯达：《巫玉之光——中国史前玉文化论考》，上海古籍出版社 2005 年版，第 207 页。
③ 《十三经注疏·周礼注疏》卷十八，北京大学出版社 1999 年版，第 477—478 页。
④ 闻广，荆志淳：《沣西西周玉器地质考古学研究》，中国社会科学院考古研究所编：《张家坡西周玉器》，第二编《张家坡西周墓地玉器地质考古学研究》，文物出版社 2007 年版，第 133 页。

□毛公举币玉。”这里的玉、璧成为等级礼节的一种表征，也说明神玉信仰依然在周王朝官方礼仪活动中发挥重要作用。

图十二：体现西周时代葬玉制度的晋侯 8 号墓玉敛葬复原，摄于山西省博物馆

二、神话历史的重构——帝、巫与王

查尔斯·奥曼曾经说过一段非常有意思的话：“自从‘进化’这个神圣的词被发明并当做灵丹妙药应用到宇宙的所有（历史的以及物理的或玄学的）问题上以来，已经过去两代人了。我的意思是说，整个史学界已经提出这样的论点，即历史是一个连续的逻辑过程，是按照各种安排好的原因相继发生的一系列不可避免的结果。假如一架飞机从天上掉下来砸死他自己，他认为：‘这个结果不是不可避免的进化的一个事例，而是一次意外事故，对我个人来说是一次灾难’。我用这个观点来反对所有那些想把历史变成一个由逻辑原因和必然结果构成的连续的和机械的综合景象的历史学家。”①从现代历史哲学的观点来看，自然灾害与伟大人物的意志等都会对于历史发展进程产生重大影响。换句话说，对《穆天子传》所反映的西周

① 转引自：[英] G·埃利奥特·史密斯，李申、储光明等译：《人类史》，社会科学文献出版社 2002 年版，第 31 页。

玉文化的发展，既要考虑到玉的信仰支配下的神话历史发展的逻辑，同时也要考虑到昭王南征而不返等现实偶然性因素的作用。

首先，自商代而来，巫权的衰落并不是伴随着社会的兴盛，而是与之相反。从一方面说，祖甲改制，是上古巫文化的一大转折点。从祖甲的“考验太卜”到武乙的“射天”、“慢神而震死”，再到帝纣的“慢于鬼神”，同样都预示着殷商后期巫文化的一种新的变化。在武丁盛世以前，巫权和王权结合非常紧密。但是自祖甲改制以后，不仅卜事减少，占卜的范围也受到了更多的局限。并且，商王还亲自占卜，有意识地疏离了太卜、太史。而伴随着巫史对于占卜技术的独占局面被打破，巫权与王权的冲突也逐渐地显露出来。这些都意味着殷商晚期的政治结构正在发生新的变化。一种新的思考方式正在萌发，而巫权也开始走向式微。并且，商代晚期卜事的减少和占卜法的变革，也表明了人与神之间的关系发生了新的变化，而人的主体意识也渐渐地得到发挥。与此同时，这也预示着一种新的宗教价值观正在产生。最后，商代晚期巫史失势，流散民间。在某种意义上，这可以被当作是“道术将为天下裂”的一种预兆。但是另一方面，在今天的四重证据研究视域下，一个历史事实逐渐明晰：高级巫职人员是否能够在政治决策中发挥重要的作用与商代社会的兴衰治乱之历史演变，确实形成了富有深意的逻辑关联：自成汤而下，所谓“殷道复兴”之时，往往是巫术兴盛、巫权强大的时期；而每每“殷道复衰”之时，则又是巫权低落的时期。这对于周人的思想是否没有影响呢？

其次，在周代，巫在社会政治生活中应该还有相当大的影响。长期以来，思想史家对于殷周两代的思想与文化有一个非常顽强的印象，即西周对于殷商来说，是一个发生了根本性变化的时代。这种印象来源于古代的一些零星记载，比如殷人尚鬼神，而周人敬天重人，等等。近代，王国维的《殷周制度论》又进一步强化了这一印象，他说：“中国政治与文化之变革，莫剧于殷周之际。”[①] 于是有很多学者和很多著作都认为，至少在对待鬼神的态度上，殷周是很不相同的。即：殷商时代是“残民事神”，而西周时代则是“敬天保民”。[②] 郭沫若甚至认为西周人一面怀疑天，又一面仿

---

① 王国维：《殷周制度论》，《观堂集林》，中华书局1959年版，第453页、454页。

② 郭宝钧：《中国青铜器时代》，三联书店1977年版，第226页。

效殷商尊崇天。凡是尊天的话都是对殷人或殷商旧人说的，凡是疑天的话都是对周人说的，所以继承殷人尊天的思想“只是政策上的继承，他们是把宗教思想视为了愚民政策”，也正因此，《礼记》的《表记》中才说周人是“事鬼神而远之”。[①] 这也似乎成了思想史上的一个定论。

事实究竟怎样呢？正如葛兆光先生所说：“周人如此多的祭祀与占卜的记载，并不能说明他们的尊天是一种策略……以祭神祀鬼而言……周代仪式大体承袭殷商，殷商多以燎祭，又曾用人为祭，而大祭用燎祭以及燎祭时伐人用牲之多，西周并不在殷商之下，例如《逸周书·世俘》记载武王克殷时曾经于癸丑日‘荐殷俘王士百人’，回到周后又于庚戌日‘伐右厥甲小于鼎大师，伐厥四十夫家君鼎师’，所谓‘荐’，可能是当了祭祀时的牺牲，而“伐”字本来就是以戈临于人头，表示‘杀戮’……可见在殷周易代前后，有相当长一段时期，这种祭祀仪式传统并没有消失。”[②] 总体来说，夏商周时代，宗教与政权相结合，是神权政治的时代。三代以后，巫觋的权力虽然渐趋衰落，成为替王效力的神职人员。但卜史巫祝作为国君的近侍监督官，对于国家重大活动还有着一定的影响。

并且，在远离政治文化中心的边地异域，巫文化作为更古老的文化传统，保留的影响应该更为深远。无论是河宗氏，还是西王母之邦，都具有巫王统治时期的特点，穆王西行至其地，也即至以巫为血缘、地缘之主的方域。《穆天子传》中穆王的神巫化倾向，尤其是在西行途中表现的对于巫权的尊崇，从这个角度来看，都不难理解。而无论是希特勒的种族优越神话，还是文革时代的阶级优越神话，他们的共同点是，通过提高某一群体在整个社会群体中的地位，来取得最为广泛的政治支持。这也是《穆天子传》对河宗氏以及治玉之邦（巫觋之族）特别优待（“以其邦之攻玉石也，不受其牢”）的原因。

① 郭沫若：《青铜时代》，科学出版社 1957 年版，第 20 页。

② 葛兆光：《中国思想史》，复旦大学出版社 2001 年版，第 33 页。

图十三：玉戈，商代晚期，摄于上海博物馆

事实上，在东周时期，还存在大量的以巫为人名和地名的现象。[1]巫在上古三代的作用不应该被低估。穆王的西行道路同样是在巫的引导与帮助之下。

《穆天子传》卷二云："吉日辛酉，天子升于昆仑之丘，以观黄帝之宫。"这个黄帝与玉有什么关系呢？

又西北四百二十里，曰峚山，其上多丹木，员叶而赤茎，黄华而赤实，其味如饴，食之不饥。丹水出焉，西流注于稷泽，其中多白玉，是有玉膏，其原沸沸汤汤，黄帝是食是飨。是生玄玉。玉膏所出，以灌丹木。丹木五岁，五色乃清，五味乃馨。黄帝乃取峚山之玉荣，而投之钟山之阳。瑾瑜之玉为良，坚粟精密，浊泽有而光。五色发作，以和柔刚。天地鬼神，是食是飨；君子服之，以御不祥。（《西山经》）

① 李零：《中国方术续考》，东方出版社2001年版。第62—63页，其中两条为：东周人名中的"巫"；东周时期以"巫"为名的地名。

这里提到黄帝和玉的两种关系。从中可以看出黄帝在上古神话传说中既神且巫的身份。作为神，他以玉为食物："是食是飨"。作为巫，他又给神"种"（生产制作："取峚山之玉荣，而投之钟山之阳"）玉，也就是给神提供食物："天地鬼神，是食是飨"。以玉为食的信念从史前时代持续到商周秦汉，衍生出玉英、玉桃、玉屑、玉精等五花八门的食玉实践与不死想象。[①]

穆王去昆仑，观黄帝之宫，也可以说是对早期的巫玉文化的一种回归，之所以说是回归，乃是因为《穆天子传》所表现的穆王以玉为祭的仪式之中，巫所体现的作用和史书所载周公时期相比，似乎更为重要。

如果把《穆天子传》中穆王的用玉情况和《尚书·金縢》中周公的用玉情况作一个比较，可能得到有意义的启示。

《尚书·金縢》曰：

> 既克商二年，王有疾，弗豫。二公曰："我其为王穆卜。"周公曰："未可以戚我先王。"公乃自以为功，为三坛同墠。为坛于南方，北面，周公立焉。执璧秉圭，乃告太王、王季、文王。史乃册，祝曰："惟尔元孙某，遘厉虐疾。若尔三王，是有丕子责于天，以旦代某之身。予仁若考，能多材多艺，能事鬼神。乃元孙不若旦多材多艺，不能事鬼神。乃命于帝庭，敷佑四方，用能定尔子孙于地下，四方之民罔不祗畏。呜呼！无坠天之降宝命，我先王亦永有依归。今我即命于元龟。尔之许我，我其以璧与珪归，俟尔命；尔不许我，我乃屏璧与珪。"乃卜三龟，一习吉。启籥见书，乃并是吉。[②]

《尚书》中的这一段叙述与《穆天子传》卷一穆王祭帝的叙述有诸多类似处，基本上反映了西周早中期最高统治者与帝（祖先）对话、沟通的场景。穆王和周公在这里皆是在进行告祭，祈求帝的指示，希望得到祖先的护佑。

首先，作为礼神的方式，周公和穆王都以玉为祭。"周代各种祭祀都

① 叶舒宪：《食玉信仰与西部神话的建构》，《寻根》2008年第4期。

② 《十三经注疏·尚书正义》卷十三，北京大学出版社1999年版，第332—335页。

普遍用璧”。[①]《史记集解》:“孔安国曰：璧以礼神，珪以为贽。”“献祭的普遍意义可以合适地称为神和人之间的中介，这种意义以某种方式表现在其各种不同的形式中。有些作者甚至认为献祭的普遍概念可以从其经验—历史现象的研究中抽象出来，认为所有献祭的目的在于通过神性活动过程中所毁坏的一种祭品的中间环节，以创设神性和渎神世界之间的一种联系。”[②]夏商周三代政治均用玉为媒介，建立起天帝与人王之间的联系。这就是神话历史得以不断展开和重构的信仰基础。

其次，这个献祭仪式的完成，对于周公来说是自为的，而穆王却要转借第三者的帮助来完成。在《尚书》中，周公“乃自以为功，为三坛同。为坛于南方，北面，周公立焉。执璧秉圭，乃告太王、王季、文王。”“尔之许我，我其以璧与珪归，俟尔命；尔不许我，我乃秉璧与珪。”周公自己“告、祝、卜”，他与神之间的对话交流是直接的。实际上，周民族的开国史诗《皇矣》中也强调了这种帝与王之间的直接的沟通关系：

> 帝谓文王：无然畔援，无然歆羡，诞先登于岸。
> 帝谓文王：予怀明德，不大声以色，不长夏以革。
> 帝谓文王：询尔仇方，同尔弟兄。

诗中文王与上帝直接对话，一方面暗示文王受命于天，神奇不凡。另一方面也从文学的角度体现了巫权与王权合一的情况。但在《穆天子传》中，情况却略有不同，“天子授河宗璧，河宗柏夭受璧，西向沉璧于河，再拜稽首”。也就是说王与神之间的沟通仍然要通过河宗柏夭（巫）来完成，在这个文本中，巫仍然是人神之间交流的一个中介，巫仍然是神在人间的代表，是神的意思体现者。从《穆天子传》成书的神权政治背景来看，这种现象可以理解为穆王的一种刻意“尊巫”的行为。

应该说，从以神为本的尊神文化到以人为本的尊礼文化，这种转变不可能一蹴而就，这中间经历长达数千年的曲折演变。西周昭穆时期，是

---

① 孙庆伟:《〈左传〉用玉事例研究》，北京大学中国考古学研究中心，北京大学古代文明研究中心:《古代文明》第1卷，文物出版社2002年版，第240页。

② ［德］恩斯特·卡西尔，范进、杨君游译，柯锦华校:《国家的神话》，华夏出版社1990年版，第248页。

周代具有人文精神的礼乐文化的确立时期，也是新旧文化的交替期。在这种新旧并存中可以清楚地看到西周前期文化的发展和处于转型期的阶段特征。而这其中礼玉文化的最终确立是以对前期巫玉文化的全面总结和重构为条件的。重构的方向就是突出等级制的用玉体系。穆王的西行不能排除是在进行这种努力。在巫神帝合一的黄帝时代，“王者自己虽为政治领袖，同时仍为群巫之长。”①

王像上帝一样，他像上天一样渴求、下令、判断并审判神谕，伤害或嘉奖，这是他的天赋职责，并不需要任何借口去统治，这是帝王的黄金时代。商周以后，这种情况逐渐发生改变。而穆王的西行寻玉、寻求巫权的支持，乃是为了再度强化王权神圣化的目的而采取的变通之法。

① 陈梦家:《商代的神话与巫术》下编《巫术》第一章《巫》,《燕京学报》,1936 年第 20 期，第 535 页。

第四章 超越二元的世界

——《穆天子传》的生命观念

导 读： 正如二十世纪重要的神话学大师约瑟夫·坎贝尔所说，尘世间的一切都是二元的存在，爱恨、男女、生死。泯灭了二元的一元的世界是神的世界。而实际上，每个个体的生命都在这个一元和二元的终极对立中轮回，由一而二而归于一。几千年来，在古老的华夏大地上绵延不绝的子民们，以各种各样的方式来劝解着、抚慰着自己对于死之必然的恐惧与不安，世世代代。但从根本上说，对于"人"，生、死，是永不可解的谜题。谁也给不出谜底，惟有留下种种窥探的姿态——那就是人类一切文化最基本的创造力之由来。对《穆天子传》之生命观念的解读即对其姿态的描述。

本章意在说明两点。

第一，《穆天子传》体现了古人对于永恒世界的追寻以及希望超越生死的梦想。

《穆天子传》不仅以相当长的篇幅描述穆王的"猎羽"、"载羽百车"，而且详细地记叙了穆王的四至羽陵。事实上，在中国文化中，羽毛是与不死的概念联系在一起的。而在世界文化的范围内，羽毛在神话思维中与太阳的关系，使之成为一种与上天相关联的神圣物质，具有神奇的魔力。《穆天子传》中提到的在西北方向的羽陵、羽琌是众鸟脱落羽毛的地方。但值得注意的是羽毛的脱落并不只单纯地象征着大鸟的死亡，其更重要的意义在于其对于再生与复活的隐喻性表达。王者或者英雄对于鸟羽的贪求，以及他们去往西方的"羽山、羽陵、羽琌"的神话内涵则是传奇的英雄人物去面对死亡的考验并最终超越死亡的历程。这种对于"超越死亡”的渴望同样体现在中国文化中的“赤乌青鸟（凤）”与所谓的“龙马”这一对神话范畴构成的逻辑演变关系之中。这种演变的发生，其基础就在于“鸟”的概念在上古神话思维中所具有的二元性。如果说鱼鸟变形神话反映了古人“灵形分离”的思想，那么在上古神话哲学中，人们则以这种生死无限的二元转换逆转了死亡的不可避免。

第二，《穆天子传》中出现的“玉女”形象寄托了当时人们的生命观念和死亡意识。

古典文献中记载的不死药，主要有两种。一种是不死的植物，如不死树、不死草。事实上，这种具有神奇性质的植物在世界文化的范围内存在。而在中国文化中，此类记叙则非常丰富。总结起来说，它们有两个特点。其一是这个不死树、不死草和玉或玉石的产地相关联。其二是这个不死树（草）又和女性相关。第二种是不死之水。水为什么也有“不死”的功效呢？仍然是因为好玉出于水，玉膏、玉树出于水，而周穆王得到的“玉荣枝斯之英”同样是得之于水。众所周知的是巫为原始宗教的创始人和主持人，拥有对于玉石的采集和制造的权力，最早期的玉文化也应该是由他们开始的。而最早的巫多为女性，拥有玉浆——不死之药的女性即是所谓的“玉女”。自始至终伴随着周穆王追寻之旅的也是和玉——不死之药密切相关的神圣女性。他与西王母的会见唱和尤其值得注意。弇山的地名既暗示了居住于“极西之地”的西王母作为死亡之神的性质，也暗示了穆王作为一个民族的文化英雄、传奇人物已经面对并认识了死亡。但正如史前大母神具有双重性，西王母既是死亡之神，又是生命之神。所以，从反面来看，这个故事的另一层含义是：人（帝王、英雄）必须首先经历死亡才能得到重生。穆王之“寻”作为神话叙事的根本意义或即在于此。但令人遗憾的是，我们发现到达了世界的边缘，完成了和“玉女”的圣婚仪式，经历了死亡的考验之后，本应获得不死之药的穆王却似乎并没有从此摆脱死亡的恐惧与悲哀。从穆王还归中土之后，所吟唱的《黄竹》诗中，似乎颇有梦醒颓悔之意。而第六卷作为《穆天子传》不可分割的一个组成部分，表达的不仅是看似与穆王的东巡西征毫无关系的所谓的爱情故事，在对盛姬的怀念之外，它所隐含的是上古先民对于“死亡”的最终的清醒地认识与接受。从西王母到盛姬，从其象征意义上说，是由不死之迷思回归于必死之现实，女性伴随着穆王完整的寻玉的过程，而这也是以玉为媒，祈求长生的梦想破灭的过程。

第一节 赤乌与青鸟——寻找永恒的世界

在《楚辞·天问》中也提到一位西征的传奇人物："阻穷西征，岩何越焉？"王逸注认为指的是"尧放鲧羽山，西行度越岑岩之险"一事。[①]后代学者多有争议，叶舒宪先生综合众家之说，以为这句话应该仍然指的是羿事。其实，这种争论或者正从一个方面提示了穆王的西巡见西王母这种行为本身乃是渊源有自的。不仅如此，从"尧放鲧羽山，西行度越岑岩"之中的"西行"、"羽山"，可以看到西方似乎成为了上古的传奇英雄们共同的放逐与自我放逐的方向。无论是鲧、羿，还是穆王，在他们的身上恐怕都有着本民族某种集体无意识的投影吧？叶先生认为：主人公探求不死的旅行，这是一个重现频率很高的世界性文学母题。他将上古神话中的羿与巴比伦太阳神的后裔吉尔伽美什相比较，认为两位英雄的这次旅行还有三个共同的亚母题：1、越过非凡人所能越过的艰险。羿是"阻穷西征，岩何越焉？"而巴比伦太阳神的后裔吉尔伽美什，"竞渡过了那难以渡过的海"。2、来到一座神山山颠。这座神山在巴比伦史诗中叫马什山（Mashu），在《天问》和《山海经》中叫昆仑。3、找到一位不死的仙人。古尔伽美什找到的是巴比伦的"挪亚"，一位名叫乌特那庇什提牟的神人。羿上昆仑找到的则是西王母。[②]只是，鲧、羿的神话传说从现存文献来看，显得简略难明，若将巴比伦史诗《吉尔伽美什》与《穆天子传》比较而论，或者可以得到更为丰富而生动的远古信息。应该不难看出，这两位传奇英雄确实有众多的相似之处。而其中最值得注意的是，他们作为"寻求生命的英雄"，对于不死之药的寻求。吉尔伽美什跳入深渊，找到了那棵能使人长生不老的草。但非常可惜的是"有条蛇被草的香气吸引，[它从水里]

---

① [西汉] 刘向集，王逸章句:《楚辞》卷三，四部丛刊初编本。

② 叶舒宪:《英雄与太阳：中国上古史诗的原型重构》，陕西人民出版社2005年版，第119—135页。

出来把草叼跑。”[①] 而周穆天子历经风霜雨雪，访遍千山万水，最后的结局却也是不得不面对爱人的死亡。如果追溯人类远古时代的历史，可以看到对于能够永久地维持自己生存的神奇物质的向往几乎是一种普遍现象。而“不死”的不可得乃是这两部上古的英雄传说共同表达的悲哀的叹息。

一、不朽的羽毛

《穆天子传》中“羽”字共出现8次。尤其在卷三，以相当长的篇幅来描述穆王的猎羽：

> 巳酉，天子饮于溽水之上。乃发宪令，诏六师之人□其羽。爰有□薮水泽，爰有陵衍平陆。硕鸟物羽，六师之人毕至于旷原。曰天子三月舍于旷原□。天子大飨正公诸侯王，勒七萃之士于羽琌之上，乃奏广乐。□六师之人翔畋于旷原，得获无疆，鸟兽绝群。六师之人大畋九日，乃驻于羽之□。收皮效物，债车受载。天子于是载羽百车。

《纪年》亦曰：“穆王北征，行流沙千里、积羽千里。”“穆王西征，至于青鸟之所解。”[②] 对于《穆天子传》中的羽毛的用途，曾有日本学者提出其作为兵器构件的假设（见第一章第二节）。但如果将之与穆王对于玉石的贪求联系起来，会发现这两种情况的出现可能是源于同一渴望——永生不死。

在中国文化中，不死的概念常常与羽毛联系在一起。

《山海经》等古代文献中讲到不死山、不死国、不死民。

> 流沙之东，黑水之间，有山名不死之山。(《海内经》)
> 有不死之国，阿姓，甘木是食。(《大荒南经》)
> 不死民在其东，其为人黑色，寿，不死。《海外南经》

不死民就是羽人。《楚辞·远游》曰：“仍羽人于丹丘兮，留不死之旧

① 赵乐甡译：《吉尔伽美什——巴比伦史诗与神话》，译林出版社1999年版，第87页，第十一块泥版。

② 《古本竹书纪年辑证·周纪》，第48—49页。

乡。”王逸注云：“因就众仙于明光也，丹丘，昼夜常明也。《九怀》曰‘夕宿乎明光，’明光即丹丘也。《山海经》言有羽人之国，不死之民。或曰：人得道身生毛羽也。”是以羽民即仙人矣，故后世有所谓羽化而登仙之想。洪兴祖注曰：“羽人，飞仙也。”《论衡·无形篇》云：“图仙人之形，体生毛，臂变为翼，行于云”。证以武梁祠等汉石刻画像，其伏羲与女娲交尾图像中所刻飞行云中之小仙人，的确都生有翅翼。在上古文献中还记载了一种以羽毛为装饰的舞蹈。《周易》曰：“上九：鸿渐于陆。其羽可用为仪，吉。”[①]毛奇龄曰：“仪，舞也，《书》：‘凤凰来仪’，文舞用羽，名羽舞，不可乱，谓羽舞有次第。”[②]将这个“仪”字解释为一种在舞蹈中使用的以羽毛制作的道具。《礼记·月令第六》曰：“是月也，命乐师修鼗、鞞、鼓、均琴瑟、管、箫，执干戚戈羽，调竽笙簧，饬锺磬柷敔。”正义曰：“羽，鸟羽，《周礼》‘羽舞’、‘皇舞’之属是也。”[③]“皇舞者，以羽冒覆额上，衣饰翡翠之羽”，[④]这种在祭祀仪式中经常出现的以羽毛为装饰的舞蹈是否隐含了远古先民的永生之思呢？

这种对于羽毛的神奇作用的崇拜不限于中国文化。乔治.A.赖斯纳教授在吉萨金字塔中发现的一系列奇妙的三位一体石板上描绘了迈锡里努斯国王。在这些雕刻中，国王的右侧是哈索尔女神，左侧是一个女人或男人代表一个特定的行省。其头部的上方有一个相应的仪仗。值得注意的是：“在仪仗上的豺狗背上插着一根羽毛……从金字塔时代起，在仪仗上插上这种传统的羽毛成了惯例。例如，第十八王朝的仪仗上的两条鳄鱼分别在背上和头上插着这样的羽毛。我们至今还不了解它们的确切含义，但是这种羽毛可能是一种等同于天的象征。”[⑤]不仅在埃及，在美洲文化中，也认为羽毛具有神奇的作用。路威曾提到他所遇到的一件很不可思议的事情。“北美洲的印第安人把鸟和鼬皮和鸟羽之类打成包裹，向它膜拜。有一回一个平原印第安人拿‘世界上顶伟大的东西’给我看。他掏出一个包裹，把绳子解开，郑重其事地揭开一层又一层的包皮，末后露出——一卷鸟

---

① 《十三经注疏·周易正义》卷五，北京大学出版社 1999 年版，第 219 页。

② 马振彪:《周易学说》，花城出版社 2002 年版，第 519 页。

③ 《十三经注疏·礼记正义》卷十六，北京大学出版社 1999 年版，第 500 页。

④ 《十三经注疏·周礼注疏》卷二三《乐师》，北京大学出版社 1999 年版，第 596 页。

⑤ ［英］G·埃利奥特·史密斯，李申、储光明等译:《人类史》，社会科学文献出版社 2002 年版，第 260 页。

羽……野蛮人视为神圣的东西，不是那呆板的物件，却是那黏着在对象上的超自然力量。"[1]可以看出，在世界文化的范围内，羽毛常常是一种与上天相关联的神圣物质。

《穆天子传》中除了记叙穆王猎羽，还多次提到一个地名：羽陵。其卷二曰：

孟秋丁酉，天子北征，□之人潜时觞天子于羽陵之上，乃献良马牛羊。于羽陵之上。

羽陵，顾实曰："《穆天子传》言羽陵凡四见，则不独一地有羽陵之名……元耶律楚材《西游录》曰：'翰海去城数百里，海中有屿，其上皆禽鸟所落羽毛。'李文田注云，'此海子在今巴里坤，汉之蒲类海也。'以此推之，则羽陵必为丘陵，而其上皆禽鸟所落羽毛，故名之曰羽陵耳。"[2]除了羽陵这个地名之外，《穆天子传》中还提到了"羽琌"。其卷三曰：

天子大飨正公诸侯王，勒七萃之士于羽琌之上，乃奏广乐。

《海内西经》曰："大泽方百里，群鸟所生及所解。在鴈门北。"这个在西北方向的羽陵、羽琌是群鸟脱落羽毛的地方，其为有水之沼泽。《淮南子·墬形训》云："北方曰积冰，曰委羽。"高诱注："委羽，山名，在北极之阴，不见日也。"[3]有学者提出："大鸟脱落羽毛，象征着太阳'死亡'，即太阳鸟解羽后沉入西方或北方的冰泽"。[4]但作为象征之物，鸟羽还有另一层意义。在周人的丧葬礼仪中，也有羽毛的出现。《礼记》曰："诸侯御柩以羽葆。"而《礼记·杂记下》曰："匠人执羽葆御柩"，孔疏曰："羽葆者，以鸟羽注于柄头如盖，谓之羽葆……谓执羽葆居柩前御行于道，示指挥柩于路为进止之节也。"为什么灵柩的进止要以羽毛为指引呢？1949年出土于湖南长沙陈家大山楚墓之中用以引领死者"灵魂升天"的铭旌，以及1972年出土于湖南长沙马王堆一号汉墓的"非衣"当中都出现了鸟

① ［美］路威，吕叔湘译：《文明与野蛮》，三联书店2005年版，第192页。

② 顾实编纂：《穆天子传西征讲疏》，商务印书馆1934年版，第116页。

③ 刘文典：《刘文典全集·淮南鸿烈集解》卷四，安徽大学出版社、云南大学出版社1999年版，第136页。

④ 吕微：《神话何为》，社会科学文献出版社2001年版，第266页。

（凤鸟、金鸟）的形象。并以鸟来代表三界中的“天上”。[①]所以，这里的鸟羽应该具有同样的意义。所谓“死则又育”，脱落的羽毛并不只是象征着大鸟的死亡，其更重要的意义在于象征着人在死亡之后获得再生。

首先，这是因为鸟既是来自冥界的使者，也是来自神界的使者。一方面，鸟作为运载亡灵或指引亡灵之路的冥使，它成为死亡的化身。“最早驮人的是那些死人变来的动物——鸟，到后来才出现真正的供骑乘用的动物……鸟代表着死者的灵魂，这早已为人所知，在塔希提和汤加，鸟儿带走灵魂的观念到19世纪末还存在着。那里的人认为，当人死去的时候，灵魂是被鸟儿抓走的。由此可见，是鸟儿将灵魂送往冥国。这类运送死者的鸟儿在大洋洲人那里是犀牛鸟，在澳洲是乌鸦，在努卡特部族是渡鸦。在塔希提和汤加，人们还相信是鸟儿守护着死者的灵魂，而且将它吞进了肚里。达雅克人也有同样的犀牛鸟，这只鸟迅速可靠地将死者的灵魂送往死者之城。”[②]在《亡灵书》里也有着亡灵骑鸟飞行的记叙。“我飞起来，像一只巨大的破卵而出的金鹰。我就像一只背有四肘宽，翅膀像南方祖母绿的鹰那样飞起飞落。”（《亡灵书》二十七，248）巴比伦对这种观念也并不陌生。代表其文学上的最高成就的史诗《吉尔伽美什》中，[恩奇]都梦见有人召唤他去地狱，“‘黑暗之家’，伊尔卡鲁拉的住处……那里，尘埃是他们的美味，粘土是他们的食物，穿上有翼如鸟的衣服，就在那黑暗见不到光的黑暗中居住”。[③]这样说来，早在距今三四千年以前的古人的神话想象中死者就被想象成鸟的形状。

而在西伯利亚，“生病的人是因为他的灵魂叫鬼神抓去了，所以医生的责任是去把它找回来。他敢于尝试吗？他敢，因为他有神道帮他的忙，在阴间指点路径。他治病的时候先敲起一种小鼓，把他的熟神道召集进来。或者召请他的祖宗，这也很简单，只要深深地吸几口气。他穿上一件特别的衣服，做成鸟羽模样，这就可以使他自在飞行。衣服上面画着许多圆点，代表日月星辰，照他在阴间走路。”[④]所谓人穿上“做成鸟羽模样”

---

① 刘王华、杨永胜主编：《中国传世名画》，济南出版社2002年版，分见：《龙凤人物图》，第3页。《升天图》，第5页。

② [俄]弗·雅·普洛普：《神奇故事的历史根源》，中华书局2006年版，第264页、第265—266页。

③ 赵乐甡译：《吉尔伽美什——巴比伦史诗与神话》，译林出版社1999年版，第55页。

④ [美]路威，吕叔湘译：《文明与野蛮》，三联书店2005年版，第218页。

的衣服就可以“在阴间走路”，它隐含的神话思维是：羽毛（使得人）具有经历死亡并超越死亡的神奇能力。而这一思维在中国的“人面鸟身”神像中也有生动的体现。

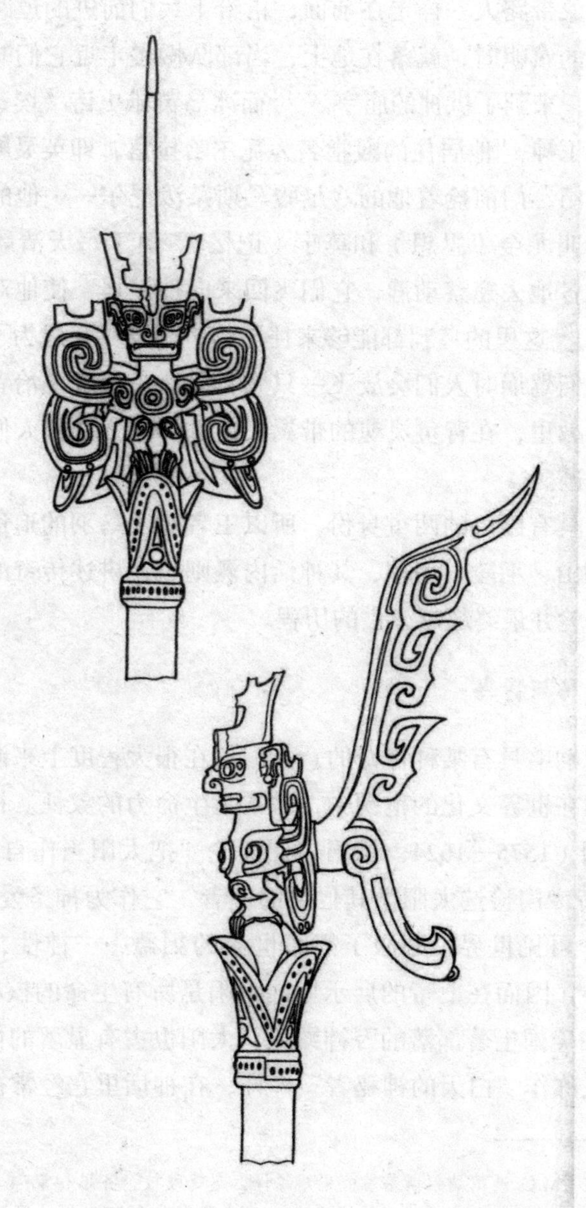

图十四：三星堆出土人面鸟身神像，商代晚期至西周时期

所以在另一方面，鸟（三足乌，赤乌、乌鸦）不仅与冥界相连，也与天国相连。当马其顿的亚历山大的远征（公元前336—323年）“在大沙漠里走了四天，当一大群乌鸦来迎接军队的时候，即发觉已经离神庙不远了。乌鸦就象带路人一样走在前面，指给士兵们前进的道路。它们安详地飞过最前列的旗帜时，就落在地上；当部队慢慢走近它们时，又马上飞升天空。最后，来到了供神的庙宇。”[①]而冰岛英雄史诗《埃达》中也提到北欧古老的奥丁神：“他居住的殿堂名为瓦尔哈拉宫，即英灵殿……大殿共有五百四十扇门，门前拴着他的八足骏马斯莱泼尼尔……他的双肩上栖着两只乌鸦，名叫尤金（思想）和莫宁（记忆）。奥丁每天清晨都派出两只神鸦飞往世界各地去窥察动静，它们飞回来向他汇报，使他对统治下的地方了如指掌。”[②]这里的乌鸦都能够来往与尘世与神界，成为了神的使者。在罗马，帝王们驾崩时人们会放飞一只鹰，以让它载着统治者的灵魂飞往天国。在基督教里，在背负灵魂的带翼天使的形象之中，人们也还能看到这一信仰的遗迹。

因为鸟具有以上的两重身份，所以王者对于鸟羽的追逐，以及他们去往西方的羽山、羽陵、羽琌，其神话内涵则是在讲述传奇的英雄人物去面对死亡的考验并最终超越死亡的历程。

二、赤乌与青鸟

如果说羽毛具有某种神奇的意义，这在很大程度上来源于它与太阳的关系。太阳在世界文化的范围中，常常是生命力的象征。神秘的神学家杰克伯·鲍姆（1575—1624，德国）在评论“把太阳当作自然生命之核心”时说：“上帝专门捡选太阳做其仁慈的使者，它作为神圣爱心的真正形象，统治着整个可见世界，制服了黑暗世界的猖獗……神性、神光，是所有生命的核心，因而在上帝的启示里，太阳是所有生命的核心。”（《Signat》，4，17）[③]在美国土著部落的万神殿里，太阳也占有显著的位置。正像太阳被达科塔人称作“白天的神秘者”一样，在神话里它经常被认为是人类之

---

① ［苏联］M.C.波德纳尔斯基着：梁昭锡译，赵鸣岐校，齐思和审：《马其顿的亚历山大的远征（公元前336—323年）》，《古代的地理学》，商务印书馆1997年版，第95页。

② ［冰岛］佚名，石琴娥、斯文译：《埃达》，译林出版社2000年版，译序第11页。

③ ［德］麦克斯·缪勒，金泽译：《比较神话学》，上海文艺出版社1989年版，第6页。

父，是一位保护人类成长、给人类以帮助，并倾听其祈祷的神祇。阿尔贡魁（美国最大的印第安部族）语中的 Kesuk（太阳），来自意为"给以生命"的动词，在 Zunian 神话里，用图像描述了"太阳构成了世界的种子材料"。[①]事实是太阳作为天父、天神、君王在众多文化中被顶礼膜拜。而羽毛与太阳的关系又是太阳鸟神话之引申。泰勒认为凡是太阳照耀的地方，都有太阳神话。[②]而"在世界神话中，光明（日、火）之神的象征性置换物或为鸟，或为弓箭等兵器，鸟的飞翔比拟了太阳的运行"。[③]所以太阳鸟或所谓日中之鸟的形象非常普遍地呈现在东西方的文学艺术史之中。

日中之鸟在中国文化中则多被指认为乌。古典文献中记载了众多的所谓日中有乌的传说。如《山海经·大荒东经》曰："一日方至，一日方出，皆载于乌。"郭璞注："中有三足乌。"[④]《淮南子·精神训》曰："日中有踆乌。"高诱注："谓三足乌。"《说林》："乌力胜日。"高诱注："乌在日中而见。"[⑤]东汉王充《论衡·说日》则曰："日中有三足乌。"[⑥]《春秋元命苞》亦曰："日中有三足乌"。[⑦]这个"乌"的形象同样出现在《穆天子传》中。

《穆天子传》卷三曰：

> 天子遂驱升于弇山，乃纪丌迹于弇山之石，而树之槐，眉曰"西王母之山"。丁未，天子饮于温山。□考鸟。

这里的"考鸟"，旧注曰："《纪年》曰：'穆王见西王母，西王母止之。曰："有鸟□（金蓉镜曰，有本作'鹆'，亦无义可训。）人。"'疑说此鸟，脱落不可知也。"郝曰："《文选·赭白马赋》注引古文《周书》：穆王曰'有黑鸟若鸠'云云，或即考鸟之事。"[⑧]这个黑鸟，应该是后世传说

---

① ［德］麦克斯·缪勒，金泽译：《比较神话学》，第 7 页，第 10 页。

② 参见：［英］爱德华·泰勒（Edward Tylor），连树声译：《原始文化》，广西师范大学出版社 2005 年版，第 259—291 页。

③ 吕微：《神话何为》：社会科学文献出版社 2001 年版，第 265 页。

④ 袁珂：《山海经校注》，上海古籍出版社 1980 年版，第 355 页。

⑤ 分见刘文典：《刘文典全集·淮南鸿烈集解》卷七、卷十七，安徽大学出版社、云南大学出版社 1999 年版，第 221 页、第 570 页。

⑥ 黄晖：《论衡校释》，北京中华书局 1990 年版，第二册，第 502 页。

⑦ ［宋］李昉：《太平御览》卷三引，中华书局 1960 年版，第一册，第 15 页。

⑧ 郑杰文：《穆天子传通解》，山东文艺出版社 1992 年版，第 56 页。

的西王母的供役者。《海内北经》曰："西王母梯几而戴胜杖，其南有三青鸟，为西王母取食。在昆仑虚北。"郭璞云："又有三足鸟主给使。"袁珂案："郭注三足鸟，宋本、藏经本作三足乌。"《史记》卷一一七《司马相如列传》引《大人赋》云："亦幸有三足乌为之（西王母）使。"《玉函山房辑佚书》辑《河图括地象》亦云："有三足神乌，为西王母取食。"则作三足乌是也。[①] 而《西山经》云："三危之山，三青鸟居之。是山也，广员百里。"《大荒西经》云："有西王母之山，有三青鸟，赤首黑目，一名曰大鵹，一名少鵹，一名曰青鸟。"可见，所谓三青鸟、三足鸟、三足乌乃是一物之多个名称而已。上古传说有云：黄帝与蚩尤九战九不胜，玄女来，教黄帝兵法。而玄女就是人首鸟形的。又，《左传》说："少皞挚之立也，风鸟适至，故纪于鸟。"少皞恰是日西之神。在某种意义上说这个鸟形的玄女和日西之神的风鸟与西方母神的青鸟具有消息相通之处。

这个日中之乌或即是后世所谓的"玄鸟"。它因为与太阳的关系而成为了带来生命的使者，成为光明与永恒的象征，得到非常的崇祀。

《礼记·月令》曰：

> 是月也，玄鸟至。至之日，以大牢祠于高禖。天子亲往，后妃帅九嫔御。乃礼天子所御，带以弓韣，授以弓矢，于高禖之前。

又曰：

> 盲风至，鸿雁来，玄鸟归，群鸟养羞。天子居总章大庙，乘戎路，驾白骆，载白旗，衣白衣，服白玉。食麻与犬，其器廉以深。[②]

商人以鸟为图腾，产生了以鸟为祖先神的传说。《诗经·商颂·玄鸟》曰："天命玄鸟，降而生商，宅殷土芒芒。古帝命武汤，正域彼四方。方命厥后，奄有九有。"关于这个玄鸟，王逸的《楚辞》注以为是指燕子，程俊英等的《诗经注析》也依此说，以为燕子的颜色黑，所以称之为玄鸟。

---

① 袁珂校注：《山海经校注》，巴蜀书社 1992 年版，第 359 页。

② 分见：《十三经注疏·礼记正义》卷十五、卷十六，北京大学出版社 1999 年版，第 473—475 页、第 523—524 页。

当然这种意见也在学界引起了众多争议，笔者以为若希望对此问题有更符合实际的认识，回到文本本身可能是有益的思路。

屈原曾经多次提到生商的这个玄鸟。《楚辞·天问》："简狄在台，喾何宜？玄鸟致贻，女何嘉？"《离骚》："望瑶台之偃蹇兮，见有娀之佚女……凤鸟既受诒兮，恐高辛之先我。"同一作者记同一神话，或为玄鸟，或为凤鸟，可见玄鸟即是凤鸟。所以袁珂以为这是玄鸟再经神话之夸张，遂为凤凰、鸾鸟之属。① 而这个凤鸟不过是所谓五采鸟的一个别名而已。

图十五：甲簋基座侧面的凤鸟纹饰

从文献记载来看，这个五采之鸟有着很多不同的名字。

《大荒西经》云："有五采鸟三名：一曰皇鸟，一曰鸾鸟，一曰凤鸟。"它还有一个名字为"灭蒙鸟"。《海外西经》云："灭蒙鸟在结匈国北，为鸟青，赤尾。"有意味的是，这灭蒙鸟"为鸟青"，也就是所谓的青鸟，但是却有着一个红色的尾巴。袁珂以为"为鸟青，赤尾"或"其鸟文赤、黄、青"云云，就是所谓的"五采之鸟"，《山海经》多有记载，皆凤凰之象。而此处所记的"灭蒙鸟"，就是凤属之狂鸟、鸣鸟、孟鸟之异名。这个五

① 袁珂校注：《山海经校注》，第 410 页。

采之鸟的“五采”，已知的有青色、赤色、黄色、应该还有“玄”色、非常可能的最后一种颜色是白色。总结起来说，青鸟、赤乌、玄鸟、或者巫山之上的“黄鸟”，从本质上都可以被理解为凤凰，或者叫做五采之鸟，它是一个泛称，或者说是一个总称。

而反过来，从文化接受的角度看，在后世文本中，“乌”也常常被称为：金乌：赤乌、阳乌、丹乌。

金乌海底初飞来，朱辉散射青霞开。（韩愈《李花赠张十一署》）

脱衫湔锦浪，回扇避阳乌。（萧纲《蜀国弦歌篇十韵》）

御座丹乌丽，宸居白鹤惊。（窦希玠《奉和九日幸临渭亭登高应制得明字》）

甚至直接将青鸟与赤乌合为“青乌”：“风鉴麻衣仙，地理青乌子。”（宋文天祥《赠神目相士》）这也更进一步反映了赤乌、青鸟作为五采之鸟、凤凰之属在后代文学中的可转换性。

“凤”的概念，在中国神话中，与龙相对应，是神奇之鸟的综合体。凤，《说文》说：“神鸟也。”又《南山经》释为：“丹穴之山……有鸟焉，其状如鸡（“鸡”，《史记·司马相如传》正义、《文选》卷三张衡《东京赋》及卷二六颜延年《赠王太常诗》之注文、《艺文类聚》卷九九、《初学记》卷五均引作“鹤”），五彩而文，名曰凤凰。首文曰德，翼文曰义，背文曰礼，膺文曰仁，腹文曰信。”《广雅》释凤凰“六似”“五德”，这些都说明凤是我们的先民所创造的复合型瑞鸟。殷墟妇好墓出土的黄玉立凤提示了一个大约开始于新石器时代的“以凤鸟为图腾”的文化渊源。[①]西周时期出现了更多的“凤纹”玉器。而先民为什么要“崇凤”呢？

---

① 参见：吕建昌：《关于殷墟妇好墓玉凤的归属问题》，《东南文化》，1996年第4期，第21—28页。

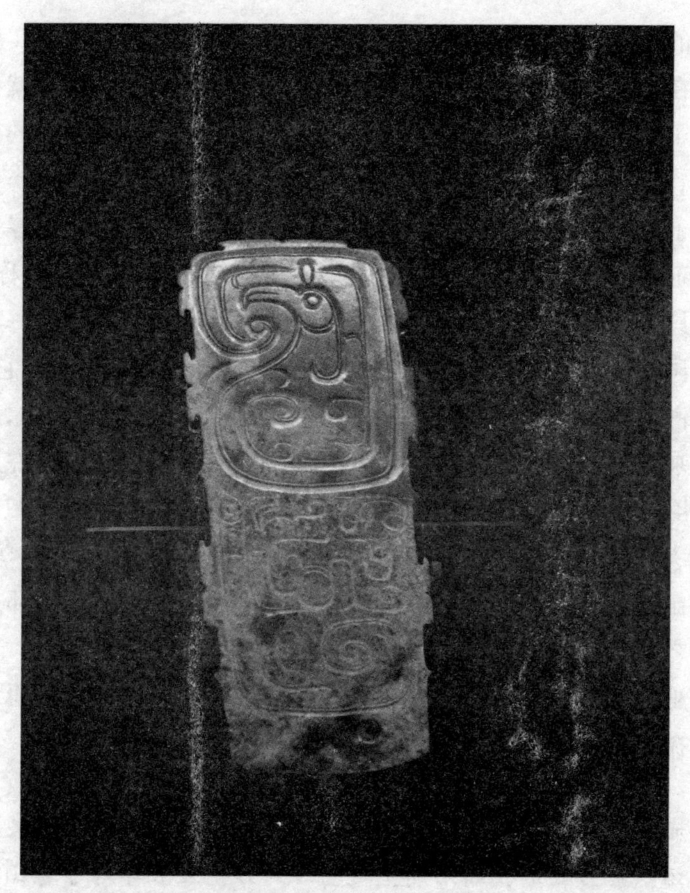

图十六：凤纹玉牌饰，西周晚期，摄于上海博物馆

《大荒东经》曰："有五采之鸟，相乡弃沙。惟帝俊下友。帝下两坛，采鸟是司。"看来这个五采之鸟具有所谓"帝使"的神圣身份，这当然也是凤凰所具有的属性。《卜辞通纂》所载第三九八片甲骨云："于帝史凤，二犬。"郭沫若释曰："卜辞以凤为风。""凤或为神鸟，或为鸷鸟者，乃传说之变异性如是。盖风可以为利，可以为害也。此言'于帝史凤'者，盖视凤为天帝之使，而祀之二犬。"①郭沫若说"古人盖以凤为风神，……为天帝之使而祀之。"②"风"与"凤"通。这个"凤"为风神，为天帝之使的神话内涵乃是生殖神话。"'助人之风'的意义也许与那具有生殖力的灵

① 郭沫若:《卜辞通纂》，科学出版社 1983 年版，第 376—378 页。

② 陈梦家:《殷墟卜辞综述》，中华书局 1988 年版，第 572 页。

气是相同的，它从太阳神中溢出，流进灵魂里，使其结出了果实。太阳和风的联系在古代的象征体系中是经常出现的……实际上中世纪就有图画描绘一根管子或水龙软管从上帝的宝座上垂下来，伸进了玛丽亚的身体，使她怀了孕，我们还可看到有一只鸽子，也许是儿童时的基督，飞下这条管子。鸽子代表着生育天使，代表着那圣灵之风。”[①]所以，胡厚宣说所谓“玄鸟生商即太阳生商”。[②]玄鸟、青鸟、赤乌、五采之鸟或总称为凤凰。它们同样具有与生殖力相关的神奇性质。

在中国民间文化中，长期将乌视为吉祥之鸟。民间多认为它是神鸟，有特殊的占卜作用。《风俗通》引《明帝起居注》曰：“东巡泰山，到荥阳，有乌飞鸣乘舆上，虎贲王吉射之。作辞曰：‘乌乌哑哑，引弓射左腋。陛下寿万年，臣为二千石。’帝赐钱二百万，令亭壁画为乌也。”[③]窦叔向《春日早朝应制》诗又曰：“紫殿俯千官，春松应合欢。御炉香焰暖，驰道玉声寒。乳燕翻珠缀，祥乌集露盘。宫花一万树，不敢举头看。”都是以乌为长寿吉祥之象征。

乌在巫术宗教信仰中的这种神圣地位应该衍生于它在神话思维中的象征意义。在《穆天子传》中也曾多次提到所谓的“赤乌氏”：

> 赤乌氏先出自周宗，大王亶父之始作西土，封其元子吴太伯于东吴，诏以金刃之刑，贿用周室之璧。封丌璧臣长季绰于舂山之虱，妻以元女，诏以玉石之刑，以为周室主。（卷二）
>
> 赤乌氏，美人之地也，宝玉之所在也。（卷二）

这里不仅强调了周宗与赤乌氏的关系，更将之视为穆王所追求的人生理想之地。饶宗颐又结合王家台秦简《归藏》（523简）所言：“昔者赤乌卜浴于而见神为木出焉，是啻”，认为：“周人与西域赤乌氏有渊源……赤乌在殷时的传说有它的远源。”[④]可以说，《穆天子传》中的羽毛、青鸟、赤乌共同构成了一个隐喻的体系，在所谓的神话叙事中寄托了周人的生命

---

① ［瑞士］荣格，冯川、苏克译：《心理学与文学》，三联书店1987年版，第106页。

② 胡厚宣：《楚民族源于东方考》，北京大学潜社《史学论丛》第一册，1934年。

③ ［唐］徐坚：《初学记》卷三《鸟部·乌第五》，中华书局2004年版，第732—733页。

④ 沈建华编：《饶宗颐新出土文献论证》，上海古籍出版社2005年版，第17页。

之思。

在另一方面，值得注意的是：赤乌与青鸟共同具有一样特殊的身份，即衔书传信的使者。

> 太湖中洞庭山林屋洞天，即禹藏真文之所，一名包山。吴王阖闾登包山之上，命龙威丈人入包山，得书一卷凡一百七十四字而还。吴王不识，使问仲尼，诡云赤乌衔书以授王。仲尼曰：昔吾游四海之上，闻童谣曰：吴王出游观震湖。龙威丈人名□居。北上包山入灵墟，乃造洞庭窃禹书……赤乌所衔。非某所知也。吴王惧。乃复归其书。(《古微书》卷三十二《河图纬》)
>
> 朱雀作南宿，凤凰统羽群。赤乌衔书至，天命瑞周文神。(《古乐府》，卷二)

后世所谓“赤乌衔书，有周以兴”的传说，是否也承载了“一段由神话所传达的失落的文化记忆”？并且在后世文化中，赤乌、青鸟之间可以互转的情况很常见。即所谓：“赤凤来衔玺，青乌入献书。”(《庾子山集》卷五《道士步虚词十首》之一）当然，后世更为常见的是所谓的“青鸟传书”：“杨花雪落覆白苹，青鸟飞去衔红巾。”（杜甫《杂曲歌辞·丽人行》）三者名称虽不同，但作为“信使”的身份特征与其在远古神话中为天帝之使的五采凤鸟的原型是相吻合的。

而所谓青乌之术在后世又成为占卜星象之说的代名词，“史仲宏，桐城人，少习形家言，遇异人，以青乌秘诀授之，遂臻其妙。”(《江南通志》，卷一百七十一）这个“青乌秘诀”之说何来呢？

《穆天子传》(卷一）曰：

> 巳未，天子大朝于黄之山。乃披图视典，用观天子之瑶器。

郑注曰：“图，此指河图。”[①]《易传·系辞上》曰：“河出图，洛出书，圣人则之。”《墨子·非攻下》曰：“天命文王，伐殷有国，泰颠来宾，河出绿图，地出乘黄。”《贾子·修政语上》曰：“黄市取绿图，西济积石。”而

---

① 郑杰文：《穆天子传通解》，山东文艺出版社1992年版，第19页。

这个河图据后世传说是由龙马背负而出的。

> 帝颛顼，昌意子，昌意出河滨，遇黑龙负玄玉图，过十年颛顼生，手有文如龙，亦有玉图之像。(《拾遗记》)
>
> 太昊因龙马负图出于河之瑞，始名官，而以龙纪，号曰龙师。(《资治通鉴纲目前编·外纪》)

《尸子》中另有河精为禹献上《河图》之说。《水经注》又有洮水中长人受黑玉书的记载。由此可以推想河图、玉书的意义总是与水有关，或者说它们是出自河水的“宝典”。《尚书·顾名篇》记载了康王即位时的陈设，一共是有越玉五重：陈宝、赤刀、大训、弘璧、琬琰，在西序。大玉、夷玉、天球，河图，在东序。这个河图是与几种不同产地的玉礼器放在一起的。

可是，疑古派学者顾颉刚先生说这个龙马所负之河图，与赤乌所衔之书不知怎么就合为一事了。而将凤鸟与河图联系在一起，这个源头又似乎是从孔子哪儿来的。顾颉刚说：“《论语》记孔子叹道：凤鸟不至，河不出图，吾已矣夫！(《子罕》)……《河图》与《洛书》从此联合而不可分了。”① 后世的所谓“青乌秘诀”应该就是从青乌所衔之书而来，或者说青乌所衔之书之所以具有神奇的价值，乃在于它是河图。虽然无法论证它具体是什么，但唐诗有云：“龟灵启圣图，龙马负书出。”（唐萧昕《洛出书》）总归是不仅与水中的宝贝有关，还具有天命所系的神圣性质。

在这里赤乌青乌（凤）与龙马之间构成了一种神话语言的逻辑演变，而这种演变的发生，其基础在于“乌”的概念在上古神话思维中所具有的二元性。龙马、青乌，作为通往冥界的使者，同时也向人间传递来自另一世界的信息，这中间存在一个阴阳、男女、生死之间二元对立转换的关系。也正是源于它作为“天”（男性的英雄、王者）和“女修”（帝女、神女、瑶姬、玉女）之间媒介的原初身份，乌在神话叙事中能够成为男女爱情的媒使。或者，这也解释了为什么后世文学中的《乌栖曲》、《乌夜啼》之类歌曲总是充溢着男女相思爱情的主题。

---

① 顾颉刚：《古史辨自序》，河北教育出版社2003年版，第293页。

应该说，中国文化的特异或优越之处在于它朴素而深刻的二元辨证思想，从对赤乌、青乌、青鸟异名同质的辨析，以及对于它们与龙马所构成的对应关系，可以看到，在传统文化中，鸟不仅仅和东方、太阳、天上、火联系在一起，它也同时与西方、月亮、地下、水联系在一起，正是“风动绿苹天上浪，鸟栖寒照月中乌。”（白居易《游小洞庭》）应该说鸟的形象是一个二元复合的形象，具有生死阴阳转换的特征。这种特征通过所谓的“变形”神话得以表现。

在《山海经》中记载了一个鸟—鱼变化的故事。而四千年前的古巴比伦神话中有一位水神 Ea（希腊人称之为 Oannes），他也拥有人的身体和鱼的下身，这是最早有记载的鱼人。而在中国文化中，这个鱼人的名字叫做颛顼。《大荒西经》曰：“有鱼偏枯，名曰鱼妇。颛顼死即复苏。风道北来，天乃大水泉，蛇乃化为鱼，是为鱼妇。颛顼死即复苏。”郭璞注曰：“《淮南子》曰：‘后稷龙在建木西，其人死复苏，其中为鱼。’盖谓此也。”袁珂案曰：“郭注引《淮南子·墬形篇》文，今本云：‘后稷垄在建木西，其人死复苏，其半鱼在其闲。’故郭注龙当为垄，中当为半，并字形之讹也。宋本、明藏本中正作半。据经文之意，鱼妇当即颛顼之所化。”[①] 而这个化为鱼的颛顼恰恰是“以鸟为祖灵的东夷传说祖先神。”[②] 饶宗颐先生认为：“夏人将‘鸟’列于北方，故《吕氏春秋》以燕之为北音，配合帝颛顼之玄宫。”[③] 这个故事可以理解为鸟化为鱼而获得再生，与之相对应地，还有庄子《逍遥游》开篇的一个故事。“北冥有鱼，其名曰鲲。鲲之大，不知其几千里也；化而为鸟，其名为鹏。”[④] 这则是北方水下世界的鱼化为（或者生出）南方天上世界的鸟，总结两者，即是说：来自光明世界的鸟可以化为鱼，来自黑暗世界的鱼也可以化为鸟。而兼有鸟纹、龙纹、鱼纹纹饰的组合型玉器的盛行恰是在西周昭穆之后。“1、从分布上看，张家坡西周玉器第一期就出现鸟纹……2、第一种类型的鸟纹最为华丽，多见于礼玉和柄形饰上……鸟纹和龙纹的组合是此类鸟纹常见的表现形式。3、第二种

---

① 袁珂校注：《山海经校注》，巴蜀书社 1992 年版，第 476 页。

② 萧兵：《东北夷传说的再发现——由人类学发掘颛顼史迹》，《吉林师范大学学报》，2005 年第 1 期，第 7 页。

③ 沈建华编：《饶宗颐新出土文献论证》，上海古籍出版社 2005 年版，第 18 页。

④ 事见《庄子·逍遥游》，郭庆藩：《庄子集释》，中华书局 1961 年版，第一册，第 2 页。

类型是张家坡西周玉器中最典型的鸟纹式样……由宽尾平直到折而下垂，到增加鱼鳍状装饰。其变化约在第二期和第三期之间。”[①] 从周代早、中、晚三个阶段的墓葬出土玉器的情况来看，无论男性或女性的墓葬中都出现了大量的鱼鸟型玉器，尤以“玉（铜、石）鱼”出现较为频繁，在高等级墓葬中两者则往往同时出现。它作为一个文化符号对于追溯华夏文明自萌芽而步入其辉煌时期的神话思想发展或是一个有益的线索。

图十七：良渚文化玉鱼，摄于上海博物馆

所谓“鱼鸟变化”的神话应该说反映了古人“灵形分离”的一种思想。据黑格尔分析，古埃及人用尸体还存在（制作木乃伊来敬奉）和灵魂还存在于人的观念或想象中（象征亡魂国度的金字塔）的方式表示生命的延续。[②] 直到恩格斯的《自然辩证法》才把死亡看作是生命的必然结果，把两者联系为一整体，最终在哲学史上结束了灵魂与躯体相分裂的理论。

① 中国社会科学院考古研究所编：《张家坡西周玉器》，文物出版社 2007 年版，第 93 页。

② 参看：[德] 黑格尔（Georg Wilhelm Friedrich Hegel），朱光潜译：《美学》，商务印书馆 1996 年版，第二卷，第 70—71 页。

当然，在文明发展的初期，“原始人不甘心承认死亡的事实，并不能接受关于他作为一个必然消亡的自然现象的个体存在势必要毁灭的劝解。但是神话却否认并‘驳斥’了这一事实，它教诲人们，死亡绝不意味着人的生命的终结，而是意味着生命形式的一种变化，即由一种生存方式向另一种生存方式的简单转换。在生与死之间，没有任何鲜明的确定界限。划分生死的界限是模糊的、难以分辨的。甚至这两个概念可以交替使用。欧里庇得斯问道：‘谁能知道今生不是真正的死，并且死不能转向生呢？’在神话思想中，死亡的奥秘转变成一种想象。通过这种转变，死亡不再是一件难以忍受的自然事实，而变得可以理解可以忍受了。”[①]所谓变形神话，是以二元转换思维解释了神话中的死亡——复活的主题。人，不断地以这种或那种方式死去，以不断获得新的自我。正如坎贝尔在《神之面具》中引述爱斯基摩人的萨满巫师所说的“生命是没有尽头的，仅仅是我们不知道我们在死后将以何种形式重新出现。”[②]而所谓的变形只是从一种生命形态转变为另一种生命形态，其所表达的思想仍然是长生不死。灵恒定不灭，形变化万端，或者这就是古人的永生之梦。在上古神话思维中，以这种生死无限的二元转换逆转了死亡的不可避免。“五采之鸟，相乡弃沙”（《大荒东经》），在永恒的天国里飘舞着不朽的羽毛。

第二节　玉女瑶姬——失落的永生之梦

一、不死之药

如果说，《穆天子传》中穆王的猎羽以及“四至羽陵”暗示了他对于永生的梦想，那么，凡人究竟如何才能够不死呢？一种重要的方法是服用不死之药，而古文献中所谓的不死药，主要有两种。

第一种是不死之植物，如不死树、不死草。《穆天子传》中提到穆王于春山寻找到了某种特殊的植物。

① ［德］恩斯特·卡西尔，范进、杨君游译，柯锦华校：《国家的神话》，华夏出版社 1990 年版，第 57 页。

② Joseph Campbell，The Masks of God：Primitive Mythology，New York，The Viking Press，1959. p.348.

□（舂）山是唯天下之良山也，宝玉之所在，嘉穀生之，草木硕美。天子于是取嘉禾以归树于中国。（卷二）

孳木华不畏雪，天子于是取孳木华之实持归种之。（卷二）

这里将嘉谷与宝玉并提，“硕美”是说生长得好，而下面说孳木华的特点是“不畏雪”，和“青女素娥俱耐冷”一样，都是在强调神奇植物旺盛的生命力。

而这种具有神奇性质的植物在世界文化的范围内存在。“早期埃及人似乎发现大麦粒的形状很像海贝，所以他们把贝壳的全部神秘的象征意义都加在大麦身上。因此大麦的声誉日隆，成为神物，也就是说人们认为它有赋予生命及延续生命的力量。所以，我们发现有一位埃及国王在其墓碑上自称他与俄赛里斯两位一体，并说‘我就是大麦’”。[①]而在中国文化中，此类记叙则非常丰富。总括起来说，它们具有两个特点。

首先，这个不死树、不死草和玉相关。

不死树或称为甘木、或称为寿木、或称为珠玕之树。《大荒南经》曰：“有不死之国，阿姓，甘木是食”。郭璞云：“甘木即不死树，食之不老。”又《海内西经》曰：“开明北有视肉、珠树、文玉树、玗琪树、不死树。”将不死树和其它的玉树并列。袁珂案曰：“不死树已见《海外南经》郭注：‘员邱山上有不死树，食之乃寿。’《文选·思玄赋》李善注引此经云：‘昆仑开明北有不死树，食之长寿。’又引郭注曰：‘言常生也。’……《吕氏春秋·本味篇》云：‘菜之美者，寿木之华。’高诱注曰：‘寿木，昆仑山上木也；华，实也；食其实者不死，故曰寿木。’是寿木即不死树也。”[②]《淮南子·墬形篇》亦曰：“不死树在其（昆仑）西。”也就是说这个不死树它是生长在昆仑山上，要吃它的华实才能长生，这或即是《西游记》中长生果的由来。

而《列子·汤问篇》则曰：“珠玕之树皆丛生，华实皆有滋味，食之不老不死。”珠玕之树与甘木、寿木同样都是其华实可食用，并且吃了以后可以“不老”、“长寿”、“不死”。由此可见珠玕之树或所谓玉树也就是不

---

① ［英］G·埃利奥特·史密斯，李申、储光明等译：《人类史》，社会科学文献出版社2002年版，第215页。

② 袁珂校注：《山海经校注》，巴蜀书社1992年版，第351—352页。

死树。再看《大荒南经》曰:“有云雨之山，有木名曰栾。禹攻云雨，有赤石焉生栾，黄本，赤枝，青叶，群帝焉取药。”郭璞云:“言树花实皆为神药。”其中的“赤石生栾”，郭注则以为是“精灵变生”。这明确地反映了古人以为不死药（树）化生于石（玉）的思想。

在巴比伦史诗《吉尔伽美什》中，当主人公走完黑暗通道之后，“在［他］面前看到了（石）的树木，他就健步向前，红宝石是结成的熟果，累累的葡萄，惹人爱看，翠玉宝石是镶上的青叶，那儿也结着果，望去令人心胸舒展。”[①]叶舒宪先生认为:“以宝石为果、以翠玉为叶的石树林乃是冬暖夏凉、四季长青的不死仙境的象征，而《山海经》、《淮南子》在描述昆仑仙境时所罗列的‘珠树、文玉树、玗琪树、不死树’和‘珠树、玉树、璇树’等等，从名称造字上一看就知道属于同类的玉石树林。”[②]玉树类似于梅列金斯基所说的宇宙树:“宇宙树也是生命树和命运树。它四李常青，从上面滴下生命之蜜或奶露，滋养着树根处的圣泉（掌管圣泉的是尼莫尔）。三个司命运的仙女诺恩氏（Norns）依次将泉水洒在宇宙树上（湿润与干燥的对立就象生命与死亡的对立）……宇宙树高插入天空中的顶端是众神聚集的地方。”[③]这种神奇的植物，它们或生长于不死之国、或生长于昆仑山上，或与众神聚集的地方相通，总之是为神灵所有，食用它就能与神一样长生不死。

其次、这个不死树（草）和女性相关。

据《山海经》所言素女所出之地有不死之草。《海内经》云:“西南黑水之间，有都广之野，后稷葬焉。其城方三百里，盖天地之中，素女所出也。爰有膏菽、膏稻、膏黍、膏稷，百谷自生，冬夏播琴。鸾鸟自歌，凤鸟自儛，灵寿实华，草木所聚。爰有百兽，相群爰处。此草也，冬夏不死。”郝懿行云:“素女者，徐锴《说文系传》云:‘黄帝使素女鼓五十弦琴，黄帝悲，乃分之为二十五弦。’今案黄帝《史记·封禅书》作太帝，

① 赵乐甡译:《吉尔伽美什——巴比伦史诗与神话》，译林出版社1999年版，第九块泥板，第67页。译者注曰，紧接下来的残余的十数行残片，缺损较重，难以翻译。只是各行里出现相当多的宝石和树名，因此推断，这是将吉尔伽美什历尽艰辛摸索到的乐园作了详细的描述。

② 叶舒宪:《英雄与太阳：中国上古史诗的原型重构》，陕西人民出版社2005年版，第132页。

③ 梅列金斯基（E·Meletinskij）:《斯堪的纳维亚神话的对立系统》，见叶舒宪编选:《结构主义神话学》，陕西师范大学出版社1988年版，第161页。

《风俗通》亦云：'《黄帝书》：泰帝使素女鼓瑟而悲，帝禁不止'云云，然则素女盖古之神女，出此野中也。"袁珂案曰："杨慎云'素女在青城天谷，今名玉女洞。'"[①]这个素女不仅与不死之草同出一处，并且即是古之神女，也即是所谓的玉女。

郭璞《海内西经图赞·不死树》曰："万物暂见，人生如寄；不死之树，寿蔽天地；请药西姥，乌得如羿！"[②]不死之树，上文说过即玉树。《海内西经》亦曰："海内昆仑之虚，在西北，帝之下都。昆仑之虚，方八百里，高万仞。上有木禾，长五寻，大五围。面有九井，以玉为槛。面有九门，门有开明兽守之，百神之所在。在八隅之岩，赤水之际，非仁羿莫能上冈之岩。"所谓"非仁羿莫能上冈之岩"者，即是羿登此（昆仑山）冈岩向西王母请不死药也。而其结果如《淮南子·览冥篇》所曰："羿请不死之药于西王母，姮娥窃以奔月，怅然有丧，无以续之。"高诱注曰："姮娥，羿妻；羿请不死之药于西王母，未及服之，姮娥盗食之，得仙，奔入月中为月精也。"[③]这则神话透露出来的一个信息是：拥有并食用了不死之药的人往往是女性。

西王母与不死药的神话，与后世所谓的瑶姬神话又有着某种联系。《中山经》曰："又东二百里，曰姑媱之山。帝女死焉，其名曰女尸，化为䔄草，其叶胥成，其华黄，其实如菟丘，服之媚于人"。《文选·高唐赋》注引《襄阳耆旧传》云："赤帝（炎帝）女曰瑶姬，未行而卒，葬于巫山之阳，故曰巫山之女。楚怀王游于高唐，昼寝，梦见与神遇，自称是巫山之女，王因幸之。遂为置观于巫山之南，号为朝云。后至襄王时，复游高唐。"《别赋》注引《高唐赋》（今本无）记瑶姬之言云："我帝之季女，名曰瑶姬，未行而亡，封于巫山之台，精魂为草，实曰灵芝。"[④]也就是说瑶姬（玉女）之精魂化为灵芝，服之可令人长寿之草。所以瑶姬的自荐，从另一个角度看，乃是献长生于帝王。

而这个瑶姬与西王母一样都是帝女，似乎不难看出两则神话之间的传

① 袁珂校注：《山海经校注》，巴蜀书社1992年版，第506页。

② ［晋］郭璞：《郭璞集》，见［明］张溥辑：《汉魏六朝百三家集》卷五十七。

③ 《淮南鸿烈集解》卷六，安徽大学出版社、云南大学出版社1999年版，第215—216页。

④ 分见［梁］萧统编，［唐］李善注：《文选》卷十九、卷十六，上海古籍出版社1986年版，第875页、754页。

承演变关系。这个不死树（草）的神话原型，后来又演化成《汉武故事》和《西游记》等故事中所谓的“仙桃”，“蟠桃”等。其中介过渡形式则为“玉桃”。贾思勰《齐民要术》引《神农经》曰：“玉桃，服之长生不死。若不得早服之，临死日服之，其尸毕天地不朽。”如有学者指出：“在玉桃意象中，可以看出从黄帝食玉膏而成仙的神话到《西游记》中西王母蟠桃会神话之间的中介联系。孙悟空若是早生在《山海经》时代，他所偷吃的就不是蟠桃而是玉膏了吧？”[①] 如李白《庭前晚开花》曰：“西王母桃种我家，三千阳春始一花。结实苦迟为人笑，攀折唧唧长咨嗟。”日本文学《唐物语》中也有西王母献仙桃之事。值得提及的是他们的复式梦幻能曲目《西王母》，说的是周穆王时，一个女子告诉中国的帝王要奉献三千年开花结果一次的仙桃。中国的帝王便问献桃的女子，仙桃是否就是西王母的仙桃，女子没有回答，就只是祝福帝王。帝王感到不可思议，再次询问。女子回答说自己是西王母的分身，并说自己要先回仙界再来献桃，说完就升入天上。中国帝王齐奏管弦，等待仙女到来。真正的西王母出现了，向帝王献了桃子，跳起舞来。[②] 这是用文学想象将后世出现的桃子重新嫁接到周穆王时代。可以看出，西王母、姮娥、瑶姬这三位在中国神话中最为著名的女性（女神）都与不死药有着某种关联。而无论是不死之药、䔄（瑶）草、还是仙桃总是由女性所宝有，敬献于男性，它所包含的神话哲学意义也值得进一步思索。

第二种是不死之水。回想在穆王出行之初，帝除了告诉他要去昆仑山寻宝，还殷殷叮嘱他说，还有“平泉七十”。等到了春山之后，《穆天子传》又强调了一句：

> 春山之泽，清水出泉，温和无风，飞鸟百兽之所饮食，先王所谓县圃。（卷二）

《淮南子·墬形训》曰：“凡四水者，帝之神泉，以和百药，以润万物。昆仑之邱，或上倍之，是谓凉风之山，登之而不死；或上倍之，是谓

---

① 叶舒宪：《食玉信仰与西部神话的建构》，《寻根》，2008年第4期。

② 张哲俊：《谣曲〈西王母〉与〈东方朔〉：背景转换与佛道合一》，《日本研究》，2004年第3期，第73页。

悬圃，登之乃灵，能使风雨；或上倍之，乃维上天，登之乃神，是谓太帝之居。”所谓帝之神泉，它的效力在于仙药。又《大荒南经》曰：“有巫山者，西有黄鸟。帝药，八斋。黄鸟于巫山，司此玄蛇”。郭璞云：“天帝神仙药在此也。”[①]这个神仙药或曰不死药，能够和不死药的水当然是神水。这个神奇的不死之水，或谓之丹水，或谓之赤泉。《淮南子·墬形训》又曰：“疏圃之池，浸之黄水。黄水三周复其原，是谓丹水，饮之不死。”《博物志·物产》曰：“员丘山上，有不死树，食之乃寿；有赤泉，饮之不老。”而陶潜《读山海经诗》则曰：“自古皆有没，何人得灵长？不死复不老，万岁如平常。赤泉给我饮，员邱足我粮。方与三辰游，寿考岂渠央？”看起来，这个不死水的功效与不死树（草）的功效一样，都是食之或饮之就能使人“不死”、“不老”，也是神仙境界才有的圣物。

无独有偶，在印度神话中，也有不死水的传说。大神毗湿奴之妻吉祥天女（Laksmi），音译勒克希米，她象征这吉祥和财富，所以被称为“财富女神”。关于她的诞生有两种传说。一种说法是：在创造世界之时，她踞于莲花座上随水飘流，所以她又名莲花。第二种说法更为普遍，认为她是众天神和阿修罗联合搅乳海搅出的第二宝。故事是这样的：当时天神们虽然长寿，但也不免有生老病死。为了求取长生不老之药，天神们同意大神毗湿奴的建议，决定和阿修罗们合作，一起搅拌大海，以取得不死之药甘露。他们以曼多罗山为搅棍，以蛇王瓦萝基为搅绳，开始奋力搅拌大海。搅了数百年之后，海水变成了乳液，首先搅出的是月神，接着搅出了吉祥天女、宝石、酒神、乳牛、如意树、白马、大象和毒物等等。最后，搅出了长生甘露。从其中所包含的神话思维来说，这与《山海经》中的甘水、甘渊、甘露可谓不谋而合，应该也是秦汉以后，承露金人的逻辑来源。

水为什么也有“不死”的功效呢？仍然是和玉有关。

首先，好玉出于水。基本上，玉料可依采集地点的不同，分为水产玉与山产玉。

从采集方法来说，山产玉的采集比水产玉要困难得多。水产玉是玉石因长年风化而自矿脉中崩离，滚落河中，所以由河中捞采。玉石原聚集于

① 袁珂校注：《山海经校注》，巴蜀书社 1992 年版，第 422 页。

泉源峻急之地，夏季河水丰沛奔流，遂随之漂流百里，然后渐渐沉积在河底。古人以为玉乃是映月华而生，所以采玉之人，常在月色皎洁的秋夜，顺着月光最明亮之处采玉。而山产玉的采集则非常艰难、危险。据姚元之《竹叶亭杂记》记载："叶尔羌西南曰密尔岱者，其山绵亘，不知其终，其上产玉，凿之不竭，是曰玉山。山恒雪，欲采大器，回人必乘牦牛，挟大钉、巨绳以上，纳钉悬绳，然后凿玉，及将坠，系以巨绳徐徐而下。盖山峻，恐玉之卒然坠地裂也。"①但是，从质地上说，水产玉要比山产玉更温润、更细腻。山产玉，由于未经水流的冲激琢磨，往往仍夹有大量石质，是所谓"石夹玉"，再加上在采集的过程中，用钉凿、敲击、火烧，"所以质感粗糙、棱角分明、裂痕亦校多，截然不同于水产玉的圆滑温润。因此种种，这样的玉料，基本上不适合制成器皿。"②从这两个方面来说，水产玉更受先民的青睐是很自然的事。

其次，玉膏、玉树出于水。

《山海经》记载了很多产玉之水。

> 又东三百五十里，曰箕尾之山，其尾踆于东海，多沙石。汸水出焉，而南流注于淯，其中多白玉。(《南山经》)
>
> 又西二百里，曰龙首之山，其阳多黄金，其阴多铁。苕水出焉，东南流注于泾水，其中多美玉。(《西山经》)
>
> 又东北二十里，曰升山，其木多榖柞棘，其草多藷藇蕙，多寇脱。黄酸之水出焉，而北流注于河，其中多璇玉。(《中山经》)
>
> 又西九十里，曰常烝之山，无草木，多垩。潐水出焉，而东北流注于河，其中多苍玉。菑水出焉，而北流注于河。(《中山经》)
>
> 又东五十二里，曰放皋之山。明水出焉，南流注于伊水，其中多苍玉。(《中山经》)

并且明确地多次提到了所谓的"水玉"。

> 又南三百里，曰泰山，其上多玉，其下多金。有兽焉，其状如

① [清]姚元之:《竹叶亭杂记》卷三，中华书局1982年版，第80页。

② 张丽端:《翠玉白菜》,《故宫文物月刊》，2004年，第21卷第11期（251)，第57页。

豚而有珠，名曰狪狪，其鸣自□。环水出焉，东流注于江，其中多水玉。(《东山经》)

又西二百里，曰熊耳之山，其上多漆，其下多棕。浮濠之水出焉，而西流注于洛，其中多水玉，多人鱼。(《中山经》)

又西四十里，曰白石之山。惠水出于其阳，而南流注于洛，其中多水玉。(《中山经》)

又西百五十里，曰时山，无草木。逐水出焉，北流注于渭，其中多水玉。(《西山经》)

又东三百里，曰堂庭之山，多棪木，多白猿，多水玉，多黄金。(《南山经》)

郭璞云:“水玉，今水精也。相如上林赋曰:‘水玉磊砢。’赤松子所服；见《列仙传》。”袁珂案曰:“《列仙传》云:‘赤松子，神农时雨师，服水玉以教神农，能入火自烧。炎帝少女追之，亦得仙俱去。’”[①] 如果说赤松子所服乃是水玉，那么黄帝所服之玉膏究是何物呢？“又西北四百二十里，曰峚山，其上多丹木，员叶而赤茎，黄华而赤实，其味如饴，食之不饥。丹水出焉，西流注于稷泽，其中多白玉，是有玉膏，其原沸沸汤汤，黄帝是食是飨。是生玄玉。玉膏所出，以灌丹木。丹木五岁，五色乃清，五味乃馨。黄帝乃取峚山之玉荣，而投之钟山之阳。瑾瑜之玉为良，坚粟精密，浊泽有而光。五色发作，以和柔刚。天地鬼神，是食是飨；君子服之，以御不祥。”(《西山经》)也就是说黄帝所服用之玉膏同样是产于水。而与神话相呼应的事实是:“球琳产于昆仑山，主产地是和田白玉河和墨玉河，古文献上还记有绿玉河。”[②] 应该说，在看似恍惚不可信的神话表述中，确实隐含上古历史的真实信息。将《穆天子传》和《山海经》当作纯粹文学想象的神话或小说来读，最重要的历史信息就失去了。唯有“神话历史”视角，可使其文化蕴含得到充分揭示。

不仅作为神灵食物的玉膏是产于水，作为长生不死药的玉树（不死树）也是出于水。“三株树在厌火北，生赤水上，其为树如柏，叶皆为珠。一曰其为树若彗。”而陶潜《读山海经诗》亦曰:“粲粲三珠树，寄生赤水

① 袁珂校注:《山海经校注》，巴蜀书社 1992 年版，第 3 页。

② 杨伯达:《巫玉之光——中国史前玉文化论考》，上海古籍出版社 2005 年版，第 36 页。

阴。”再来看穆王是从哪儿得到最宝贵的所谓的“玉英”(“玉荣”)呢?

曰:“春山之泽,清水出泉,温和无风,飞鸟百兽之所饮食,先王所谓县圃。”天子于是得玉策枝斯之英。(卷二)

旧注:“英,玉之精华也。《尸子》曰‘龙泉有玉英’,《山海经》曰‘黄帝乃取密山之玉荣,而投之于钟山之阳’是也。”桂馥曰:“《诗诂》云:‘凡玉之始生,有荣、有英、有华。’荣谓玉之始生,如草木之荣也;英谓一玉之中最美者,如草木之英也;华谓玉之方成,如草木之华也。”[①]又《尸子》曰:“清水出黄金、玉英。”穆王于昆仑山取得的宝贝同样是得之于水。

产于水中,可以像农作物一样种植的玉荣、玉英—玉树,它寄托了先民最为纯真的理想。所谓一岁一枯荣,所谓春风吹又生,在春山之上,玉树琼花,成为青春不老,生生不息的象征。

应该说,玉之所以在华夏文化的古人心目中享有崇高地位,正因为它自石器时代起就已成为永恒生命的象征。那么,为什么玉能成为不死药呢?

它的声誉一方面可能来自于古人的生活体验。《淮南子》云:“锺山之玉炊以炉炭,三日三夜而色泽不变,得天地之精也。”葛洪《抱朴子》曰:“服金者寿如金,服玉者寿如玉。”称玉为“玄真”,服之令人身飞轻举,故曰服玄真者其命不极。宋唐慎微《证类本草》曰:“玉屑味甘平,无毒,主除胃中热喘息烦满,止渴,屑如麻豆服之,久服轻身长年,生蓝田,采无时。”并引述《宝藏论》、《青霞子》、《天宝遗事》、《叶天师枕中记》、《马鸣先生金丹诀》、《丹房镜源》等书中所载方剂。[②]明代李时珍《本草纲目》记玉类十四种药效,玉气味甘平无毒,主治除胃中热、喘息、烦满、止渴,屑如麻豆服之,久服轻身长年. 引别录:润心肺、助声喉、滋毛发。面身瘢痕:可用真玉日日磨之,久之则自灭。[③]而据王琦先生研究,玉所以可强身健体、治病保健的基本原理有三点:一是常压低温的物理特

① [清]桂馥:《说文解字义证》卷二,齐鲁书社 1987 年版,第 29 页上。

② [宋]唐慎微:《证类本草》卷三,四部丛刊初编本。

③ [明]李时珍:《本草纲目》卷八,“石之二·玉”,(《景印文渊阁四库全书》772 册),台湾商务印书馆 1986 年版,第 626 页—第 629 页。

性。玉石不在复色光的照射下，其温度比人体常温低0.4℃，可以降低头温，稳定脑压。中国传统保健方法的精辟结论就是“头要冻，脚要热”。二是玉石的化学特性。玉石中含有大量的SiO2、Al2O3、Fe2O3、FeO、CaO、MgO、K2O、Na2O、MnO、SO3等对人体有益的多种化合物。玉通过与人体接触，产生静磁场，可疏通大脑的中枢经络。三是按摩作用。玉对脑及面部位神经穴位具有刺激、按摩作用。促进脑血管血液循环，从而达到镇静安神、经络疏通、气血流畅、脏脉安和。[①]也可以说，玉的“长生”之效，从某种意义上说，是有其科学性的。当然，在详细的文献记载和科学论述之前，先民应该早已经发现了玉的医疗保健功能。

另一方面，从巫术宗教的角度说，史前人们认为神、精灵需要“食玉”才能降福人间，保护人们避免灾难。玉既是神之享物，也就是供神灵吃的食物。如《山海经·西山经》中的黄帝即是食峚山稷泽沸沸汤汤的玉膏的人，他又取峚山之“玉荣”而投之钟山之阳，生出瑾瑜良玉为天地鬼神是食是飨，君子服之以御不祥。明周游《开辟衍绎》第十八回王子承“释疑”且曰：“后世传言神农乃玲珑玉体，能见其肝肺五脏，此寔事也。若非玲珑玉体，尝药一日遇十二毒，何以解之？”[②]不仅神农，连王母在后人心目中同样是玲珑玉体：“王母何窈耳少，玉质清且柔。”（刘缓《游仙诗》）玉是神的食物，也是神之为神的关键所在，是他们能够生命永存的重要原因。与此同时，古人却不得不面对个体生命的短促与肉身之不坚牢，于是他们相信在人的“躯壳”之外，还有魂魄的存在，这个“魂”周人称之为“精”：“周人精气观念产生的时代应不晚于西周中期，”[③]也就是说至迟到穆王时期，周人的思想观念中已经有这样的认识：不仅对于生人来说，魂魄的强健依赖于他所摄取的“物精”的多少，甚至对于死者来说，如果获取了足够的“物精”，其魂魄仍然能够继续保持“神明”，“能为鬼”。而周人又以为“玉含有的精多”，[④]那么，作为“精”的主要的来源的玉石实际上是作为生命本原而存在于周人的世俗生活和精神世界中，凡

① 王琦：《玉的保健作用及原理》，“北京大学百年校庆玉文化节演讲会”讲稿，1998年4月28日于北京大学。转引自《巫玉之光》，第249页。

② ［明］周游：《开辟衍绎通俗志传》，崇祯八年刻。

③ 孙庆伟：《周代用玉制度研究》，上海古籍出版社2008年版，第227页。

④ 裘锡圭：《稷下道家精气说的研究》，《文史丛稿——上古思想、民俗与古文字学史》，上海远东出版社1996年版，第33页。

人的食玉从某种意义上说是对于神的模仿，或者说是对于“不朽”的模仿。甚至在人死后，还要以玉石来包裹身体，作肉身不朽的最后努力。在某种意义上，中国丧葬制度中出现的金缕玉衣、玉覆面的功用与埃及人的制作木乃伊有消息相通之处，其内在是以不朽求永生。

图十八：西周玉覆面，摄于山西省博物馆

图十九：玉覆面，西周晚期，摄于上海博物馆

从心理学的角度看，在某些时候，这些古时候的人日夜所追求并以为找到的长生不老之药，还是一种能保护他们自己的生命免受各种袭击的东西。江绍原先生指出：“《国语》和《周礼》各自说起的两种玉器，实在都是出行人所携带的护身辟邪物……（一）古人确信用宗教的和尤其是法术的方法去解除他们旅途中所遭逢和所招来的灾祸；（二）固然确把玉认为不只是饰身物，赏玩物，而是具有辟邪御凶等功用的护身符。有此二信念所发出的种种行动在，行人也或尤其要用玉为护身之宝，是自然不过的。”[①] 可见，无论是“食玉”还是“佩玉”，无非是出自人们延长生命，甚至长生不死的愿望。

二、玉女不死

华夏初民玉文化的发展和繁荣的主宰是巫。巫始出于我国史前社会特定阶段，应该不会晚于中国历史上传说时代的“黄帝”时期，大体上相当于考古学上的红山文化到良渚文化的大约两千年的历史时期。巫还创造了神，神是超自然力量的化身，也是人群和社会的统治者与保护者，巫施法术穿梭于人与神之间，巫又依靠神的力量统治社会。巫视玉为神物，琢治成器，并以其事神。最早期的巫是女性。欧亚大陆已经出土了众多的旧石器时代的女神像。据日本学者江上波夫《关于旧石器时代的女神像》一文中介绍说：东自贝加尔湖附近，西至比利牛斯山之间发现了奥瑞纳时期至梭鲁特时期（奥瑞纳与梭鲁特时期均为旧石器晚期的考古分期，前者距今2—3万年，后者距今1.8万年）的女神像近百个。[②]1983年，辽宁省考古工作者在凌源与建平交界的牛河梁神殿遗址挖掘出了一个女神头像。出土时，她的颜面鲜红，唇部涂朱，面部表情栩栩如生。在采用夸张手法放大的眼眶中，一对淡青色玉片制成的眼睛炯炯有神。嘴部较长，嘴角圆而上翘，上唇微张，微露笑态。从头部判定，整个女神像比真人略大。据碳14测定和树轮校正，距今五千年，属红山文化晚期。《光明日报》报道说：“去年辽西牛河梁女神庙大型女神头像和大量生殖女神裸体陶质塑像以及猪龙的出土，说明东北远在五千多年前，已进入极为繁荣的母系社会末

① 江绍原：《中国古代旅行之研究》，商务印书馆1935年版，序之第1页，导言之第3页。

② ［日］江上波夫，于可可等译：《关于旧石器时代的女神像》，《北方文物》，1987年第4期，第10—19页。

期，具有国家雏形的原始文明社会。”[1]可以说，在文明的曙光之中，更为突出的是女性的身影。

但随着社会生产力的发展、财富的积累，男性外出打猎或保卫部落成员的生命安全，女性在住地周围采集果实、种植植物、料理家务。这样，男性在家庭和部落内逐渐取得了主动权，慢慢地压倒女性的权力，并转而向神职领域渗透，也掌握了巫职，参与事神活动。这种变化从黄帝之玄珠与禹之玄圭的故事中也能窥其一斑。

关于黄帝之玄珠有两个故事。

一曰：“遗”。

> 黄帝游乎赤水之北，登乎昆仑之丘，而南望还归，遗其玄珠。使知索之而不得，使离朱索之而不得，使吃诟索之而不得也，乃使象罔，象罔得之。黄帝曰：“异哉！象罔乃可以得之乎？”（《庄子·天地篇》）
>
> 黄帝亡其玄珠，使离朱攫剟索之，而弗能得之也，于是使忽怳而后能得之。（《淮南子·人间篇》）

一曰：“窃”。

> 象罔（即罔象）求而得之，后为蒙氏之女奇相氏窃其玄珠，沉海去为神。（《云笈七签》卷一百《轩辕本纪》）
>
> 震蒙氏之女，窃黄帝玄珠，沉江而死，化为此神今江渎庙（意即江渎庙的神）也。（《蜀梼杌》卷上）
>
> 蒙氏女奇相，女窃其玄珠，沈海去为神。（《铸鼎余闻》卷二，《轩辕黄帝传》）

所谓“遗”，还只是说不见了，而所谓“窃”，就具体地说被震蒙氏之女偷走了。而这个玄珠不见了，对于黄帝来说，看起来是一件很重要的事。

首先，这个玄珠究竟是个什么宝贝呢？《海外南经》曰：“三株树在

① 《光明日报》，1986年7月25日第1版。

厌火北，生赤水上，其为树如柏，叶皆为珠。一曰其为树若彗”。袁珂说：“意者此生赤水上之三株树，或为黄帝失玄珠神话之别传，为所失玄珠所生树乎？”[①]据袁珂推测，这个玄珠有可能生于三珠树。又《海内西经》曰：“服常树，其上有三头人，伺琅玕树。”郭璞云：“琅玕子似珠，《尔雅·释地》曰：‘西北之美者，有昆仑之琅玕焉。’庄周曰：有人三头，递卧递起，以伺琅玕与玗琪子，谓此人也。”郝懿行云：“说文（一）云：‘琅玕，似珠者。’郭注《尔雅·释地》引此经云：‘昆仑有琅玕树也。’又《玉篇》引《庄子》云：‘积石为树，名曰琼枝，其高一百二十仞，大三十围，以琅玕为之实。’是琅玕即琼枝之子似珠者也。”[②]那么，这个玄珠也就是琅玕子、琼枝之子，总之是“玉树”的果实。所以，黄帝的“玄珠”也可称为“玄玉”。

随着历史之演化，黄帝的“玄玉”又变成了帝赐禹之“玄圭”。《史记·夏本纪》曰：“于是帝锡禹玄圭，以告成功于天下。”程元敏曰：“帝，天帝也，非人帝（尧、舜）。禹锡，禹献也……戴师君仁以为此即封禅，先生作《〈禹贡〉禹锡玄圭告厥成功解》（收《梅园论旱集》，23—32页），其论谓：“玄圭乃天帝所属，传达天命，授与王者。故禹锡玄圭，就是说禹受命为天子。受命天子首要之事为祭天，告厥成功，即举行祭天大典告天，祭天告成，应是举行封禅。”[③]不过，无论是献还是赐，其实质是玄圭成为了男性之间的权力授受的象征。而随着时间的推移，权力为男性独享的习俗制度逐渐形成。而权力为女性所有，或双性共有的时代被有意识或无意识地淡化、遗忘之后，作为权力象征的符号也成为一种单性化的表述。

① 袁珂校注：《山海经校注》，巴蜀书社1992年版，第235页。

② 袁珂校注：《山海经校注》，第354页。

③ 程元敏：《天命禹平治水土》，《上博馆藏战国楚竹书研究续编》，上海书店2004年版，第319页，第324页。

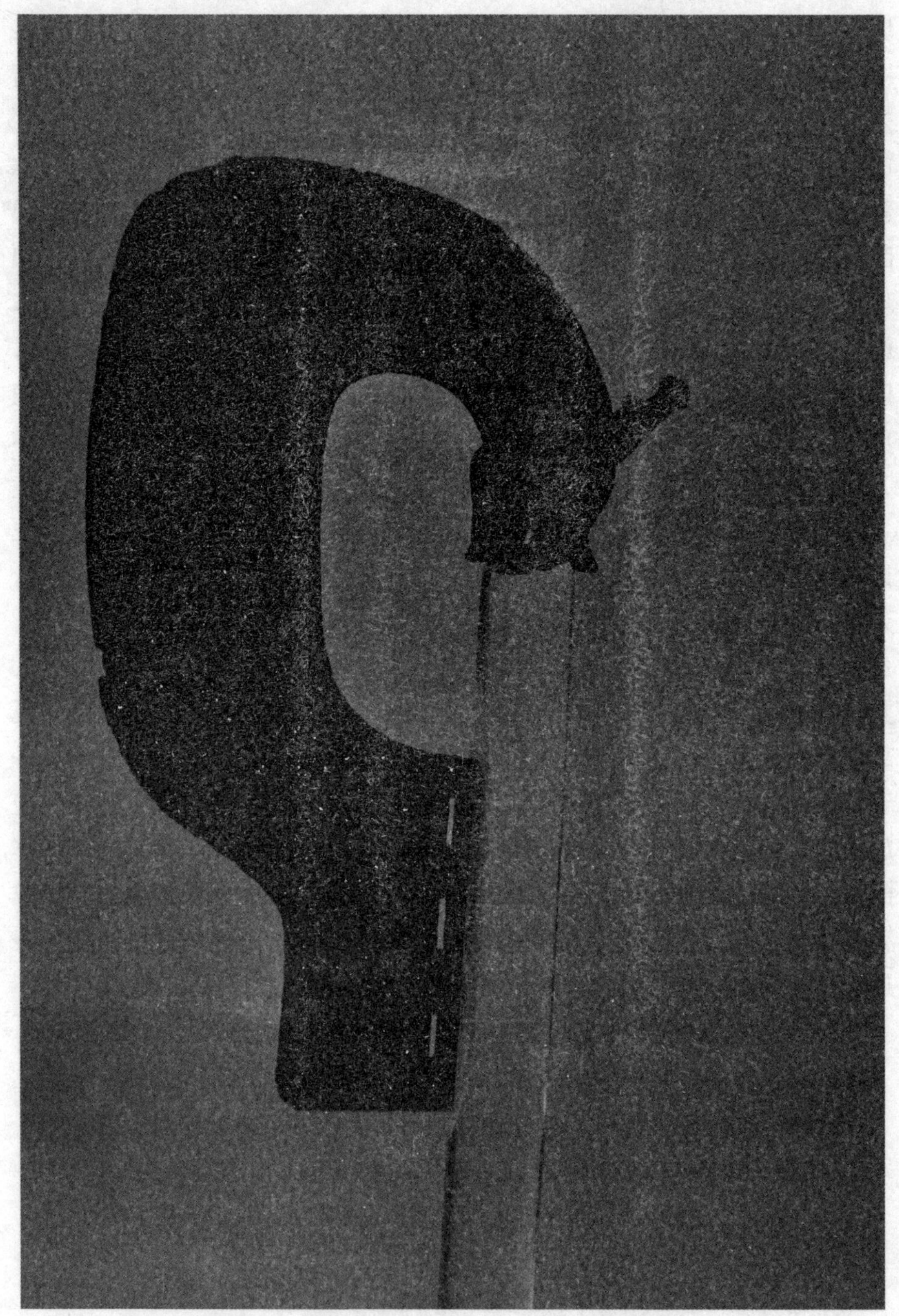

图二十：龙首铜钺，西周早期，摄于上海博物馆

其次、这个“玄珠”的故事从某种意义上反映了上古男性和女性权力关系的演变。

如果说震蒙氏之女的“窃”珠，还能让人看出两性之间，在那久远过去的曾经激烈的因为权力而争夺对抗的影子，那么，到了后世，这个影子都几乎给抹去了。《太平广记》卷第五十六引《集仙录》曰西王母授“白玉环于舜”。《太平广记》卷第二百三引《风俗通》曰西王母献“白玉管”于舜。[①]《金楼子·兴王》亦曰西王母献“白环之玦”于舜。[②]由女性的窃取“玄珠”到女性主动的“授”、“献”，它所反映的男性权力话语意义是意味深长的。

只是从西王母头上保留的“玉胜”，今天还能看出或多或少的遗迹。《山海经》记西王母三处：

> 又西三百五十里，曰玉山，是西王母所居也。西王母其状如人，豹尾虎齿而善啸，蓬发，戴胜，是司天之厉及五残。(《西山经》)
>
> 西王母梯几而戴胜杖，其南有三青鸟，为西王母取食。在昆仑虚北。(《海内北经》)
>
> 西海之南，流沙之滨，赤水之后，黑水之前，有大山，名曰昆仑之丘。有神——人面虎身，有文有尾，皆白——处之。其下有弱水之渊环之，其外有炎火之山，投物辄然。有人，戴胜，虎齿，有豹尾，穴处，名曰西王母。此山万物尽有。(《大荒西经》)

以上三处西王母的形象中，“戴胜”（戴胜，胜为首饰，亦称“春胜”或“方胜”，胜者，郭璞注为“玉胜”）是其共同特点。可见，“佩戴玉胜与否，乃是西王母这一母系氏族社会里‘领袖’的根本标志。”[③]以玉为质地的胜是古老的女性权力的象征。

西王母之所以拥有“不死之药”，正是因为她是拥有玉石的“不死的玉女”。而在其它文化中，这个“不死之玉女”就变身成为“黄金之

---

① 分见：[宋]李昉等撰，《太平御览》第二册，第345页；第五册，第1530页，中华书局1960年版。

② [清]鲍廷博编：《知不足斋丛书》第三册，中华书局1999年版，第552页上。

③ 张玉声：《神话西王母浅说》，《西域研究》，2005年第2期，第93页。

母”。“再回顾思想史上更早的时期，当所有生命的源泉都被归于伟大的母亲——神牛哈索尔时，黄金被等同于她；古埃及表示黄金的词‘努比’（Nub）特别与她有关，是她的神圣性的限定物（一条可能是以贝壳为模型做成的带有黄金垂饰的项链）并把它的名字（努比亚）赋予了获得这种金属的地方，而这块地方又被视为哈索尔自己的行省。埃及的黄金般的哈索尔无疑是希腊的黄金般的阿佛洛狄特的原型，这并不像当代某些解读荷马的人所说的那样意味着塞浦路斯的女神是一位金发碧眼的北欧美人。但肯定意味着她是埃及的黄金之母的女儿”。[①] 如果说努比亚作为黄金的产地被视为黄金之母自己的行省，那么，玉山被视为西王母的永久居留之地也是顺理成章的。白玉之于西王母就像黄金之于哈索尔，既是她们神性的象征，又是她们神性的来源。扬雄《甘泉赋》曰：

> 靡薜荔而为席兮，折琼枝以为芳，噏清云之流瑕兮，饮若木之露英，集虖礼神之囿，登乎颂祇之堂。建光耀之长旓兮，昭华覆之威威，攀璇玑而下视兮，行游目乎三危，陈众车于东坑兮，肆玉釱而下驰，漂龙渊而还九垠兮，窥地底而上回。风傱傱而扶辖兮，鸾凤纷其御蕤，梁弱水之濎濴兮，蹑不周之逶蛇，想西王母欣然而上寿兮，屏玉女而却虙妃。玉女无所眺其清卢兮，虙妃曾不得施其蛾眉。方揽道德之精刚兮，侔神明与之为资。

从他描述的西王母、玉女所处的环境来看，可以四个字来形容：“玉围水绕”。这是汉时人的作品，而在更早的西周时期，对于女性拥有玉石的原始记忆可能更为清晰。

应该相信，巫作为原始宗教的创始人和主持人，最早拥有对于玉石的采集和制造的权力，而最早的巫乃是女性，或许也正是她们赋予了玉石这种美丽的矿物质以种种神奇的性质。《西山经》曰：“又西六十里，曰太华之山，削成而四方，其高五千仞，其广十里，鸟兽莫居。”郭璞注曰：“仞，八尺也。上有明星玉女，持玉浆，得上服之，即成仙。”[②] 拥有玉浆——不

---

① ［英］G·埃利奥特·史密斯，李申、储光明等译：《人类史》，社会科学文献出版社 2002 年，第 244—235 页。

② 袁珂校注：《山海经校注》，巴蜀书社 1992 年版，第 26 页。

死之药的女性即是"玉女"。古人称先妣为玉女，或将星体命名为玉女，同样是出于对原始女性祖先的纪念和崇拜。（见《尚书》、《史记·秦本纪》、《礼记·祭统》、《礼·含文嘉》）

柏夭在第四卷引导穆王完成西巡，准备南还之时就消失了。从某种意义上说，在穆王的追寻之路上，他只是那尘世中的向导，而不是灵魂上的指引者，而自始至终伴随着穆王追寻之旅的则是和玉——不死之药密切相关的神圣女性。楚辞《惜誓》犹言："攀北极而一息兮，吸沆瀣以充虚。飞朱鸟使先驱兮，驾太一之象舆。苍龙蚴虬于左骖兮，白虎骋而为右騑。建日月以为盖兮，载玉女于车后。"[1] 闻一多先生认为："《离骚》之叩阊阖，盖为求玉女矣。"[2] 求玉女，也即求不死，求仙。穆王之路从其根本意义上说，也是由"玉女"引领的长生之路。

《穆天子传》中最先出现的女性在穆王最初到达的玉石产地：赤乌氏之所在。

> 赤乌之人丌献好女于天子，女听、女列为嬖人。曰："赤乌氏，美人之地也，宝玉之所在也。（卷二）

紧接着，在《穆天子传》卷三，记述了周穆王见西王母事。

> 吉日甲子，天子宾于西王母。乃执白圭玄璧以见西王母，好献锦组百纯，□组三百纯，西王母再拜受之□。乙丑，天子觞西王母于瑶池之上，西王母为天子谣曰："白云在天，山陵自出。道里悠远，山川间之。将子无死，尚能复来。"天子答之曰："予归东土，和治诸夏。万民平均，吾顾见汝。比及三年，将复而野。"西王母又为天子吟，曰："徂彼西土，爰居其野。虎豹为群，于雀与处。嘉命不迁，我惟帝女。彼何世民，又将去子？吹笙鼓簧，中心翔翔。世民之子，惟天之望。"

当周穆王去见西王母之时，礼仪态度可以说是极为隆裕慎重的，赠送

① ［西汉］刘向集，［东汉］王逸章句：《楚辞》卷十一，四部丛刊初编本。
② 《闻一多全集》（5），湖北人民出版社 1993 年版，第 268 页。

的礼物也是非常贵重。美丽的锦绣丝绶就有一两千匹之多，而西王母也欣然接受了。于是在第二天，二人又相聚于瑶池之上。西王母为这位远方的客人徒歌一曲："天上那洁白的云朵飘啊飘，飘到这高高的山峰前，就停留了下来。（虽然）道路迢迢，山川阻隔，希望你能够健康长寿，彼此还有重逢的时候。"周穆天子也深感王母的厚意，与她约定以三年为期，等他回归东方，将国事治理妥当。一旦百姓安乐，必然重来故地将她探望。之后，西王母又为穆王吟诗一首："我自从来到西方，居住这个地方。与野兽为伍，和鸟雀为邻。但我是天子之女，代帝守土，不能随便离开。而不知是怎样的百姓，使得你也须离我而去。你听那吹笙鼓簧，令我的心意无比的彷徨。天命所钟的你，是上天的希望所在啊。"这一段可谓反复沉吟，费尽思量。虽然是所谓神女有心，穆王有意，但英雄的使命和王者的责任成为了他们之间不可逾越的间阻。正是"刘郎已恨蓬山远，更隔蓬山一万重"，这一去，从此天上人间矣。

不能否认在《穆天子传》中，记西王母的这一卷是其高潮部分。穆王的整个征巡的途中，是不断地和所谓的外邦有物资的交换往来的。关于这种交往，《穆天子传》的作者是用不同的动词来表达上下、等级的差别。穆王给外邦之人货物财帛，是用"赐"、"与"。而反过来，则统一用一个"献"字，这个"献"字在本书中共出现了25次，其它24次皆是外邦以马、玉、美女进献穆王。而唯一的一次例外就是此处天子进献玉帛给西王母。所谓"执白圭玄璧以见"，既说明了天子"处下"的这种地位，也说明西王母身份的神圣性。"四圭有邸以祀天旅上帝。"（《周官·典瑞》）古者交于神明，必用圭璧。圭、璧是王奉献给神的礼物。所以《穆天子传》中的西王母绝非异国外邦的部落首领而已，她具有所谓"帝女"的神圣女性的特殊身份。

穆王与西王母的诗歌唱酬意义又何在呢？此处穆王的献诗，类似于《舒尔吉王颂歌》（Hymn to Shulgi）中的颂歌，它是婚礼仪式的一部分。[①] 因为男性（穆王）如何从女性（玉女西王母）处获得这种"不死药"呢？即通过所谓的"圣婚仪式"。何剑熏考证了这个传说中的爱情故事。所谓"穆王巧梅，夫何为周流？环理天下，夫何索求"，王逸曰："挴，贪

① 参见：[日]森雅子：《穆王赞歌》，《史学》，第65卷（1/2），1995，第49—75页。

也。”朱熹曰:“《方言》曰:‘挴，贪也。’贾生所谓品庶每生是也。巧挴，言巧于贪求也。”王夫之曰:“梅与枚通，马策也。巧梅，善御也。”闻一多曰:“巧梅，考枚也。”而何剑熏以为:此说周穆王姬满幸西王母事。第二句“何”字衍文，与上文“昭后成游，南土爰底”句法一样。第四句“夫”字当为“又”字之误。言穆王因恋西王母，所以周流。至于他环理天下，又为什么呢?“巧”字当假“款”。“巧”字从“丂”声，与“款”同属见母，故可通用。如《诗·山有枢》:“子有钟鼓，弗彭弗考。”“考”假为“敲”。敲门可言叩门或款门。“巧”、“考”同谐“丂”声。“考”可为“款”，“巧”亦可为“款”。《说文》:“款，意有所欲也。”意有所欲，是“贪”之义。《广雅·释诂》:“款，爱也。”爱与恋同。“梅”假为“母”，“每”从“母”声，故“梅”、“母”可同读，但非父母之母，乃西王母名。[①]他以音义训诂，说明了“巧梅”乃是“恋母”，认为穆王的周游天下，乃是因为他爱恋西王母的缘故。

郭璞《西山经图赞·西王母》亦曰:“穆王执贽，赋诗交欢，韵外之事，难以具言。”[②]叶舒宪先生认为:“在周代以来的神话中，西王母作为男性主人公神秘的精神导师的形象逐渐形成……通过远途跋涉而寻找神秘知识(如不死之方等)的文学叙述模式来源于史前社会中最流行的仪式活动——启蒙仪式(又叫成年式、通过仪式)。而圣婚仪式中也常常伴有国王游行的程序……《穆天子传》在结构和主题方面整合了启蒙仪式与圣婚仪式的双重要素，与上述三段式大致吻合，只是女神所传授的秘密知识的内容未在表层叙述中明示，只能从深层的象征意义上去理解，那就是与女神的结合……无论是神话中的后羿，还是传说中的周穆王，都是在经历了凡人无法逾越的艰难险阻和长途跋涉之后，来到‘世界的边缘’处，才有可能遇见西王母的。”[③]正所谓:“蟠桃熟酝九华浆，阿母临池不自觞。已赚穆王驰八骏，又教青鸟报刘郎。”(明张泰《游仙词》)在中国文化中，后羿、周穆王、汉武帝，这种西王母与人间帝王、英雄男性之间的爱恋关系

① 何剑熏遗著，吴贤哲整理:《楚辞新诂》，巴蜀书社1994年版，第184页。

② [清]严可均辑:《全上古三代秦汉三国六朝文》卷一二二，中华书局1958年版，第2160页下。

③ 叶舒宪:《素女为我师——中国文学中性爱主题的升华形式》，《原型与跨文化阐释》，暨南大学出版社2002年版，第187—192页。

似乎成为了一种文化传统，它是汉语文学以神话的语言所叙述的一个男性的共同的愿望。

所谓“世界的边缘”处也即弇山。“天子遂驱升于弇山，乃寄名迹于弇山之石而树之槐，眉曰西王母之山。”（卷三）这句话有两重意义。

一是空间的限定。弇山是太阳落下的地方，也是西王母居住的地方。郭璞注：“弇，弇兹山，日入所也；言是西王母所居也。”《楚辞·离骚》曰：“欲少留此灵琐兮，日忽忽其将暮；吾令羲和弭节兮，望崦嵫而勿迫。”王逸注曰：“崦嵫，日所入也，下有蒙水，水中出虞渊。”《初学记》卷一引《淮南子》曰：“日入崦嵫，经细柳，入虞泉之地，曙于蒙谷之浦。”并引注曰：“崦嵫，亦曰落棠山。细柳，西方之野。蒙谷，蒙汜之水。”[①]《尔雅·释地》曰：“觚竹、北户、西王母、日下，谓之四荒。”日落之处即是极西之地，落下的太阳由此沉入水中。

人们对于界限的崇拜以及对其神圣性的敬畏，几乎在所有地方都以近似的方法表现出来。在罗马人中，护界神也是一位特定的神，在护界神的节日里，界石会被冠以花环，并淋撒上牺牲的血。这种神圣观念到处都与总的空间观和独特空间界线联系在一起，或者说某种神话—宗教情感总是与空间“界限”的事实联系着。而“西方”作为特定的空间方位，在众多文化中，具有所谓“死亡之地”的隐喻之意。“埃及人的坟墓也置于尼罗河的左岸，即这个国家的西部。所有已知的金字塔也都建在西部，在那里我们可以找到一切比较重要的‘死亡城’，有孟斐斯人的公共基地，还有阿比多人和斯比人的公共墓地。‘到西方’、‘到西方’参加送葬的人们哭喊着。”[②]而“智利人说，灵魂去往西方，越过大海，最后到达山后的死人住所古里切曼。”[③]这里，弇山作为极西之地的空间界定同时暗示了西王母作为死亡之神的性质。

二是命名。“‘命名’行为对于一个当下的事物，即对于一个以前已熟悉的对象，不只是增加一个单纯的、约定的符号；毋宁说它是关于客体概

---

① ［唐］徐坚：《初学记》，中华书局2004年版，第5页。

② 贝罗特—齐比兹：《古埃及艺术》，第1卷，156—157页。转引自麦克斯·缪勒，金泽译，《比较神话学》，上海文艺出版社出版1989年版，第19页。

③ ［英］爱德华·泰勒（Edward Tylor），连树声译：《原始文化》，广西师范大学出版社2005年版，第456页。

念的先决条件，也是关于一个客观的经验的实在观念……语言的符号化导致一种感觉印象的对象化；神话的符号化则导致一种情感的对象化。在巫术祭祀和宗教典礼中，人是由内在的个人欲望和猛烈的社会验力的压迫而行动的。”[①] 从比较神话学的通例看，创世神话中有一种类型就是语言创造世界万物，现代人类学家的研究可为老子“有名万物之母”的卓越命题提供解释。利奇曾指出原始社会的初民只对那些他们觉得有用或有意义的东两才赋予名称。“换个方式可以这么说，当人们把一个特定的范畴词赋予一类事物时，他便创造了那类事物。一个事物如果没有名称，就不被认可是一个事物；在社会的意义上：‘它不存在’。”[②] 所以可以说，所谓天子升于弇山，并为之命名，这一段叙事的意义在于：英雄王者经历、面对并认识了死亡。

正如伯兰特·罗素所说“我追求爱情，是因为它能减轻孤独感——那种一个颤抖的灵魂望着世界边缘之外冰冷而无生命的无底深渊时所感到的可怕的孤独。”西王母所处之地正是所谓的“世界边缘之外冰冷而无生命的无底深渊”。在此地穆王与西王母的结合有着克服人对于死亡之恐惧的深刻含义。如坎贝尔所说：“和世界女神王（the Queen Goddess of the world）的神秘结婚象征着英雄对生命的全面掌握；因为女性就是生命，英雄是生命的知晓者和掌握者。”[③] 在中国文化中的西王母既是死亡之神，又是生命之神。《易林·讼之泰》又曰：“弱水之西，有西王母，生不知老，与天相保。”这种具有生死二元性的女神存在于世界文化的范围内。“人们相信古欧洲人崇拜的一位‘大女神’（a great goddess），她所体现的是生育，死亡和再生的循环。”[④] 德国学者埃利希·诺伊曼则从意识与无意识的角度对大母神的双重特征进行了分析。他认为：“女性据以容纳和防护、滋养与生育的女性基本特征是女神的正面特征，与之相反，负面基本特征来源于‘原型女性表现的痛苦、恐怖和对危险的恐惧’。例如，埃及母亲女神作为兀

① ［德］恩斯特·卡西尔，范进、杨君游译，柯锦华校：《国家的神话》，华夏出版社 1990 年版，第 52 页。

② ［美］利奇：《从概念及社会的发展看人的仪式化》，见史宗主编：《20 世纪西方宗教人类学文选》，三联书店 1995 年版，第 507 页。

③ Joseph Campbell, *The Hero With A Thousand Faces*, Meridian Books, New York, 1956. p.120.

④ Marija Gimbutas, *The Living Goddesses*, edited and supplemented by Miriam Dexter, University of California press, Berkeley and Los Angeles, California.1999, editor's introduction: p.xvii.

鹰，提供防卫和庇护，但同时她也是制造死亡、吞噬尸体的死亡女神。”[①] 波伏娃在《第二性》中则认为在农耕时代，人类自身的生产及物质生产都有赖于女性的“劳动和魔力”，这种魔力在男人那里引起了一种夹杂恐惧的敬畏心理，女神因而被塑造成兼有两种极端色彩的不可捉摸的形象：“她到处创造着生命，她即使把谁杀死，也能让他起死回生。她和大自然一样任性、放纵、残酷无情、然而她又大慈大悲，羞羞答答。”波伏娃还指出，巴比伦的伊西塔，闪米特人中的阿斯塔尔忒，希腊人中的盖亚，埃及的伊希斯都具有以上特征。[②] 所以，穆王的见西王母并与之绸缪唱和的目的仍然是求不死。只不过，《穆天子传》在这里显然强调了人（帝王、英雄）必须首先经历死亡才能得到重生的观念。艾利亚德在《生与再生》一书中也指出，与复归混沌的神话观念相对应，在原始部落中流行一种叫做“复归子宫”（regressus ad uterum）的启蒙仪式，使成年者通过象征性地回归母体（地母）——即神话意义上的“回归初始”（return to the origin），获得新生的准备。不过这种新生同第一次的肉体诞生不同，是精神性质的“生”——获得一种新的存在方式，更确切地说，是神话的再生。[③] 穆王之寻作为神话历史叙事的最根本意义或即在于此。

但令人惊讶的是，在《穆天子传》中，到达了世界的边缘，完成了和“玉女”的圣婚仪式，经历了死亡的考验之后，本应获得不死之药的穆王似乎并没有从此摆脱死亡的恐惧与悲哀。

三、天上人间

从西土回归之后，卷五的结尾部分记穆王又有诗曰：

> 我徂黄竹，□负閟寒，帝收九行。嗟我公侯，百辟冢卿，皇我万民，旦夕勿忘。我徂黄竹，□负閟寒，帝收九行。嗟我公侯，百辟冢卿，皇我万民，旦夕勿穷。有皎者鴼，翩翩其飞，嗟我公侯，□勿则迁。居乐甚寡，不如迁土，礼乐其民。

---

① ［德］埃利希·诺伊曼，李以洪译：《大母神——原型分析》，东方出版社1998年版，第119—148页。

② ［法］西蒙娜·德·波伏娃，陶铁柱译：《第二性》，中国书籍出版社1998年版，第78—79页。

③ Mircea Eliade，Birth and Rebirth，New York，Harper & Row，1958.pp.51—54.

当天子来到黄竹，看到漫天大雪之后，九衢填塞，就好像天帝将世间的道路全部都收藏了起来。不由得想到他的臣下子民也正在忍受这严寒之苦，于是爱民之心顿生。而当穆王看到“有冻人”，更加忧思嗟叹不已。洪颐煊注曰：“《太平御览》十二、三十四引‘冻’下有‘死’字。”[①]所谓“帝收九行”，它提醒了穆王人最终要回归于死亡的这样一个必然的事实。《海内经》曰：“西南黑水之间，有都广之野，后稷葬焉……灵寿实华，草木所聚。”郭璞云：“灵寿，木名也，似竹，有枝节。”[②]又《大荒北经》曰：“东北海之外，大荒之中，河水之间，附禺之山，帝颛顼与九嫔葬焉……丘方圆三百里，丘南帝俊竹林在焉，大可为舟。竹南有赤泽水，名曰封渊。有三桑无枝。丘西有沈渊，颛顼所浴。”灵寿之木即为寿木（或曰不死树），乃是似竹之木。这是一个联想点。它与卷二穆王见西王母之前，“天子乃树之竹，是曰竹林”形成呼应关系，可以被看作是对于长生不死的一种幻想。第二个联想点是帝俊的竹林。而无论是寿木，还是帝俊的竹林，它们长在哪里呢？“后稷葬焉”、“帝颛顼与九嫔葬焉”。所谓“天上几回葬神仙”（李贺），从对如玉美人的寻求，对于不死之玉女的渴慕，穆王在还归中土之后，似乎已有梦醒颓悔之意。此黄竹，虽曰地名，诗者比兴之法，或否因名之近而取其寓意？

《穆天子传》卷六写盛姬之丧，一般研究者认为与前五卷没有什么联系，当然，从目前的文献材料来看，难以肯定《穆天子传》之六卷皆作于一时一地，但是，它们作为一个整体出现并被接受，它们之间应该有逻辑性的关联。

> 姬，姓也，盛柏之子也。天子赐之上姬之长，是曰盛门。天子乃为之台，是曰重璧之台。戊寅，天子东田于泽中。逢寒疾，天子舍于泽中。盛姬告病，天子怜之，□泽曰寒氏。盛姬求饮，天子命人取浆而给，是曰壶輲。天子西至于重璧之台，盛姬告病□。天子哀之，是曰哀次。天子乃殡盛姬于毂丘之庙……甲辰，天子南葬盛姬于乐池之南……五舍至于重璧之台……乃休。天子乃周姑繇之水，以圜丧车，是曰圜车，曰殇祀之。（卷六）

① ［晋］郭璞注，［清］洪颐煊校正：《穆天子传》卷五，《龙溪精舍丛书》翻平津馆本。

② 袁珂校注：《山海经校注》，巴蜀书社1992年版，第507页。

在《穆天子传》中不止一次提到“姑繇”：“仲冬甲戌，天子西征，至于因氏。天子乃钓于河，以观姑繇之木。”（卷六）《山海经·中山经》有“姑繇之山”，张公量言姑繇之水当出是山，其地“约在今河南嵩县与鲁山县之间。”郑杰文按曰：“盛姬葬在谷丘（今菏泽北）之南，环葬车之水不当在河南嵩县。考姑媱山之名与瑶姬有关……是姑媱山、姑繇水（媱、繇古通）在泰山附近。”[①]而《中山经》曰：又东二百里，曰姑媱之山。帝女死焉，其名曰女尸，化为䔄草，其叶胥成，其华黄，其实如菟丘，服之媚于人。袁珂认为：“瑶姬神话乃䔄草神话之演变也。”[②]而这个“瑶”，乃是美玉之名，《诗经·大雅·公刘》曰：“何以舟之，维玉及瑶”，而古人“均确认瑶的原产地在西极或者西国。瑶之类美玉看来是自古以来西域各国向中原王朝进贡的贡品。因为内地不出产，所以更显得稀罕和珍贵。”[③]与此同时，䔄草或即灵芝如上文所说又类似于西王母之仙桃，同样具有“不死草”的神奇性质。所以䔄草、瑶姬，仍是所谓拥有不死之药的玉女神话之余韵。

在盛姬的葬礼上，穆王“乃周姑繇之水，以圜丧车”。旧注曰：“决水周绕之也……圜音员。”洪颐煊曰：“《文选·宋孝武宣贵妃诔》注引作环。”[④]所谓礼仪是社会思想的表征。坎贝尔指出：“对于任何一个神话或仪式，我们可以将之作为发掘人性中永久地或普遍存在着的线索（在这种情况下，我们就把重点放在心理上甚或形而上学上），也可作为与有关民众（folk）的当地风土、民情、历史、社会学息息相关的功能（在这种情况下，我们主要采取文化人类学或历史学的研究方法。”[⑤]丧车乃是死者所居，以水圜之，这个丧仪具有什么样的象征意义呢？

一方面，据劳榦说昆仑是一个复音节的名称，若用单音节可以叫做昆，也可以叫做仑。从语源学的角度来看，它又可能多少有些“圆”的意义。在《汉书·郊祀志》中还有一段讲到昆仑和明堂的关系，证明了昆仑和天及圆形是有些同义的。“《郊祀志》下：初天子封泰山，泰山东北址，

---

① 郑杰文：《穆天子传通解》，山东文艺出版社1992年版，第125页。

② 袁珂校注：《山海经校注》，巴蜀书社1992年版，第172页。

③ 参见：叶舒宪：《河西走廊：西部神话与华夏源流》，云南教育出版社2008年版，第19页。

④ [晋]郭璞注，[清]洪颐煊校正：《穆天子传》卷六，《龙溪精舍丛书》翻平津馆本。

⑤ Joseph Campbell, The Masks of God: Primitive Mythology, New York, The Viking Press, 1959.p.461.

古时有明堂处，处险不敞。上欲治明堂奉高旁，未晓其制度。济南人公玉带上黄帝时明堂图。明堂中有一殿，四面无壁，以茅盖，通水，水圜宫垣，为复道。（师古曰：圜，绕也。）上有楼从西南入，名曰昆仑。天子从之，入以拜祀上帝焉。明堂是圆顶，古来从无异说，公玉带的设计，自是圆顶。”[①] 也就是说后世明堂的设计仿效的是昆仑之丘。而它的这种“水圜宫垣”的形制是否可以借来注解“以圜丧车”？这其中包含了人们希望与天、与神相联的观念。

另一方面，昆仑之丘又是谁的居处呢？《大荒西经》曰：“有大山，名曰昆仑之丘。其下有弱水之渊环之；其外有炎火之山，投物辄然。有人戴胜，虎齿，豹尾，穴处，名曰西王母。”所谓有“弱水之渊环之”，也就是说西王母的住处与盛姬死后的居处具有相似的特点。还需要注意到，盛姬的出现，以“重璧之台”始：“天子乃为之台，是曰重璧之台”，又以“重璧之台”终：“五舍至于重璧之台”。这个“重璧之台”，意即“重玉之台”，或就是《列子》所云周穆王作的“中天之台”（《后汉书》卷四〇上），这个建筑也可以被看作是对西王母“瑶台—瑶池”的模仿，是穆王用来沟通人神的处所。正所谓曰：“若非群玉山头见，会向瑶台月下逢”（李白《清平调》），从中不难看出盛姬具有所谓“玉女瑶姬”之隐喻性身份。这种丧仪的出现，从某种意义上说，有可能是对亡者（盛姬—玉女）生命原生之处的象征性模拟。

但如今“盛姬”却病于重璧台，死于重璧台，它又具有什么样的话语意义呢？就如同吉尔伽美什、羿之长生不死药的得而复失一样，穆王寻得的长生不老之秘密知识——“玉荣枝斯之英”，也同样没有阻止死亡的来临。第六卷表达的不仅是穆王对盛姬的怀念，在所谓的爱情故事之外，它隐含的是穆王或《穆天子传》的写作者对于“死亡”最终的清醒认识与接受。所谓：“自古有死有生，岂独淑人？天子不乐，出于永思；永思有益，莫忘其新。”从西王母到盛姬，相当于从不死之迷思回归于必死之现实。《穆天子传》似乎无意中保留了这种理性思索的痕迹，它反映了对于生命不灭之追求的失败，女性伴随着穆王的整个寻玉——也是以玉为媒，祈求长生的梦想破灭的过程。

---

① 劳榦：《古代中国的历史与文化》，中华书局2006年版，第640页—641页。

在文明的初级阶段，人只可能就已知的地理认识形成一个相应独立完整的宇宙概念和神话体系。孔子所谓“周监于二代，郁郁乎文哉！吾从周。”当先民脱离了蒙昧时代，走向了理性思索的无尽旅程之后，生死之思必然引发无穷的感慨与困惑。对于华夏民族之生命精神的思索在三代以后的春秋战国时期思想史中有不断的反响。如《老子》曰：“天地尚不能久，而况人乎。”（二十三章）这是承认万物处于永恒变动之中，因此人的生命也不会恒久不变。《庄子·大宗师》曰：“在太极之先而不为高，在六极之下而不为深，先天地生而不为久，长于上古而不为宠。”同书《知北游》又曰：“臭腐复化为神奇，神奇复化为臭腐。”则是主张时间和空间都是无限的，生与死的相互转换自然也是如此。而孔子说“发愤忘食，乐以忘忧，不知老之将至。”（《述而》）相对来说，是一种积极的入世态度，其主张的“忘”与所谓“未知生，焉知死”的思想有内在的一致性。当然，这种思索将伴随着人的存在而存在，如同二十世纪小说家乔伊斯所说的：“那河水源源地流淌，它将继续这样流逝，永远不会停息。”（《尤利西斯》）

结论 论原型意象在《穆天子传》中的意义呈现

在《穆天子传》中，水、玉、女等原型意象的持续呈现，建构了《穆天子传》之隐喻的世界与象征的体系。"原始意象或者原型是一种形象（无论这形象是魔鬼，是一个人还是一个过程），它在历史进程中不断发生并且显现于创造性幻想得到自由表现的任何地方……它们为我们祖先的无数类型的经验提供形式。可以这样说，它们是同一类型的无数经验的心理残迹。"① 而在这些意象的背后，不仅隐含着一段丰富而生动的历史画卷，更隐含着一个民族的最为深沉的文化精神。

一、水

"水"，在《穆天子传》中是一个非常重要的意象，虽然表面看起来，它们只是作为旅行的背景而存在，但却具有特殊的意义。有一个很突出的现象是:《山海经》中记山、记水、记金、记玉，而《穆天子传》则体现了比较突出的倾向性，它只是寻玉而不寻金，只是祭水而不祭山。这其中应该说体现了深刻的历史文化内涵和宗教信仰作用。

其一、先民创世神话中的混沌观念与自古而来的洪水记忆有着古老的渊源。事实上，无论是苏美尔文明，还是埃及文明，抑或是华夏文明，人类发展初期不得已的地域限定使得"大河文明"的历史记忆深刻镌刻地在这些早慧民族的集体无意识中。荷马告诉我们说，"河海"（river ocean）又深又大，像一条蟒蛇，嘴巴衔着尾巴，环绕着陆地和海洋，它是万物的源头。而在中国文化中，"水"作为反复出现的原型意象，具有象征生命本源的普遍意义。从这个角度更可以理解，为什么《穆天子传》现存只有6622字的篇幅中涉及水的地方居然有近百处之多。其二、《穆天子传》中

① ［瑞士］荣格，冯川、苏克译:《心理学与文学》，三联书店1987年版，第120—121页。

作为至上神与祖先神出现的“帝”，与河宗、河伯之间有着密不可分的关系。他以河伯为传达者，以河伯之子孙为侍奉者，从某种意义上说，河伯成为了“帝”在人间的代言人。穆王的溯河而上，隆重其祭的行为本身意义非凡。从中国的文化传统来看，在上古神话中存在一个由混沌—鲧—禹而不断发展的水神体系。从至高无上的天帝黄帝，到龙王雷公，他们的队伍可以称得上蔚为壮观。《穆天子传》中对于河伯水神信仰的重视，还与在特定历史时期，统治者的权力诉求相关。穆王的西巡祭水，从历史的角度看是对先周文化传统的追溯。从现实的角度看，乃是寻求“上帝”的庇护与“河宗氏”的支持。其西行至昆仑丘，观黄帝之宫、封丰隆之葬，乃是前往原始大水神的圣殿所在，进行祭拜的朝圣行为，在这一层意义上，可以将穆王之路视作朝圣之路。

二、玉

《穆天子传》中最引人注目的是穆王对于玉石的近于狂热的追寻。穆王寻玉的主要方向是西行。周人来自西方，并与西北游牧民族保持着密切的关系。在他们的族群文化中留存着久远的来自于西土的深刻记忆。周人又自认为是夏人的一支，往西寻玉昆仑，既是追溯夏、周本身的玉文化传统，也是在寻宝的表层意义下，寄托了寻祖、寻根的文化心理诉求。其东巡则与商周之间的文化冲突与融合有着某种内在的关联。《穆天子传》中以八骏、灵鼓等意象组合塑造一个神圣的国王形象，与穆王的刻意尊巫，反映了西周玉文化发展的历史逻辑性与一贯性。

玉，在《穆天子传》中，作为一种符号语言，它是神奇力量的象征之物，这种力量既是一切事物的源泉，又是一切事物的最终归宿。从考古发现的上古玉器的数量、形态来看，以璧为主的圆形玉器占了很大的比重，而无论是“璧”的完整、对称的无始无终的形态，还是后期“珑”的不完整的、非对称的有始有终的形态，似乎都包含了一种对于人类生命形态的模拟、思索。“在人类文化的兴起和发展中，我们一步一步地经历了这一根本意义的变化，人类发现了符号表达这种新的表达方式。在人类所有文化活动中，这是一个共同的特性：它表现在神话和诗歌中，表现在语言和艺术中，也表现在宗教和科学中。”[①]玉石作为神圣的物质之所以在后世几乎成为了中国文化的象征符号，是因为它所具有深厚的文化内涵。而穆王的玉石之路从最基本的层面看，还寄托了人们普遍的心理诉求，即对于长生不死的渴望，而在上古人们思维中的不死之药与玉石密切相关，所谓“玉树琼花”，在千万年来华夏人对于永恒的世界的追寻以及希望超越生死的梦想的长生之梦中，成为生生不息、青春不老的象征。

三、女

自始至终伴随着穆王的追寻之旅的也是和玉——不死之药密切相关的神圣女性。所谓玉女不死，穆王的玉石之寻，也是在玉女引领下的长生之路。“正好比后人将循环变化的月亮、能够蜕皮变形的动物如蛇、蜥蜴等视为生命不死的象征一样，人类中的女性曾最早地充当神话思维中生命不死或死而再生的象征符号。[②]如果说生死之思是一切文化创造之缘起，那么，也正是在这一点上，水、玉、女作为原型意象之间存在着密切的内在关联。

据《淮南子》讲述的女娲神话：“女娲炼五色石以补苍天，断鳌足以立四极，杀黑龙以济冀州，积芦灰以止淫水。”[③]女娲所炼之五色石，和西王母所献之玉，吟唱着一个古老的女性开始的玉石之梦。而在后世的文学作品中，可谓孤篇横绝的《红楼梦》，它叙述的是一个什么样的故事呢？人们很容易注意到《红楼梦》中那个与玉息息相关的人物——贾宝玉，他从娘胎带来的“命根子”——“通灵宝玉”，被认为是“古老的玉神物说的回光返照”。但是否还应该注意到曹雪芹更加精心结撰的一个“女儿是水做的”神话叙事呢？也许《红楼梦》之无可企及的魅力，正在于它也诉说了一个水、玉和女的故事。“原型的影响激动着我们（无论它采取直接经验的形式，还是通过所说的那个词得到表现），因为它唤起一种比我们自己的声音更强的声音。一个用原始意象说话的人，是在同时用千万个人的

① [德] 恩斯特·卡西尔，范进、杨君游译，柯锦华校：《国家的神话》，华夏出版社 1990 年版，第 52 页。

② 叶舒宪：《高唐神女与维纳斯》，陕西人民出版社 2005 年版，第 19 页。

③ 刘文典：《刘文典全集·淮南鸿烈集解》卷六，安徽大学出版社、云南大学出版社 1999 年版，第 206 页。

声音说话。他吸引、压倒并且与此同时提升了他正在寻找表现的观念，使这些观念超出了偶然的暂时的意义，进入永恒的王国。他把我们个人的命运转变为人类的命运，他在我们身上唤醒所有那些仁慈的力量，正是这些力量，保证了人类能够随时摆脱危难，度过漫漫的长夜。”[①] 母性、女性在文明之初的光辉是灿烂而难忘的集体记忆。默林·斯通在《上帝为女性时》这本轰动西方的著作中提出女神宗教的崇拜中心是原母神，女神宗教发展的最高形态是女性创世主的神话观念。而母神作为一切生物乃至无机物之母，创生了天地万物和人类。这样的女性创世主观念可见于苏美尔、巴比伦、埃及、非洲、澳大利亚土著和中国的神话之中。[②] 而在《穆天子传》中女性，西王母，赤乌氏之美人和盛姬自始至终地引领着穆王的意义追寻之旅。

水是万物之源。所谓“秋风萧瑟，洪波涌起。日月之行，若出其中。星汉灿烂，若出其里。”（曹操《观沧海》）所谓“春江潮水连海平，海上明月共潮生。”（张若虚《春江花月夜》）而在中国神话中乃有日母、月母之传说。《大荒南经》曰，“东南海之外，甘水之间，有羲和之国。有女子名曰羲和。方浴日于甘渊。羲和者，帝俊之妻，生十日。”《大荒东经》曰：“有女和月母之国……是处东极隅以止日月，使无相间出没”。女性同样是生命之源，也正是在这个意义上，玉作为长生不老之药的内涵和女性与水密切相关。而在文明初期，掌握生命奥妙的人只能是巫，也是权力的所有者。穆王的玉石之路也因此成为在女性（神）的引领之下包孕丰富的意义之寻。如果说，对于女神的崇拜，乃至于洪水神话是世界范围内的文化现象，那么，将此二者与玉石信仰结合构成了中国早期文化的特质。而从《穆天子传》开始，一个和玉、水相关联的女性文化的传统，奠定了华夏民族文化的核心价值，也成就了本民族历经数千年而不褪色的内在精神。

“如果我们承认神话是原始哲学（这种说法往往会超出它适当的范围），同时承认另一种说法，即古代哲学永远不会消亡，而是通过内在的发展、自我修正以及自我增长的过程，取得某种更加纯粹的精神和某种新

---

① ［瑞士］荣格，冯川、苏克译：《心理学与文学》，三联书店 1987 年版，第 122 页。

② Merlin Stone：When God Was a Woman，New York，Harcourt Brace Jovanovich，1976. pp.18—19.

的更高的形式，那么真理就不会被认作是谬误。真理不会存在于非理性的片段中，而是以原型冲动（Archetypal impulse）的形式呈现——神话本身往往处于变化之中，而且能在变化中净化人心，稳固地从原始哲学中祛除那些野蛮、短暂、非理性的因素。”[①]拨开古代神话巫幻迷离的面纱，从其本质来看，它们莫不是社会秩序、宗教理想的产物，或者说，是必将作用于现代人的社会生活和心灵世界的，以一种看似奇特的方式记录的有关道德信仰、哲学智慧的早期历史。

当然，《穆天子传》的价值，归根结底是以文学的方式体现的远古思维。与其说它是一丝不苟的忠实的历史，倒不如说它是充满想象力的诗性的创造，是一部具有典范意义的神话历史。“君不见高堂明镜悲白发，朝如青丝暮成雪”，诗性思维的产生源于终极的思虑与恐惧，所谓“五花马，千金裘，呼儿将出换美酒，与尔同销万古愁。”因为人类万古不变之愁，永恒之思，又何曾能够以智性思索的方式消除呢？如果说现代理性文明所带来的负面影响是人类整体难以排遣的躁动不安的情绪和悲惧惶恐的心灵，那么人类回归于神话历史的叙述，也就相当于回归最初的无思无虑的婴儿般的心灵状态。民族和时代也象个人一样，有着它们自己独特的倾向和态度，文学研究的作用则是意图对此作出解释和说明。像柯勒律治在《午夜的霜》（Frost at Midnight）中论知识的自然习得；济慈在《希腊古瓮颂》（Ode on a Grecian Urn）中对于审美体验的讨论；像《追忆》（In Memoriam）那样的挽歌以及菲利普·拉尔金关于“去教堂作礼拜”的感慨等等，它们所集中论述的是个人信仰以及全人类的集体信仰。文学最终不过是在表述人类共同的需要和渴望。而在《穆天子传》中，以穆王征巡的方式，展演了在那一段历史空间里，人们的思想、情感、精神、信念，从中可以看到西周先民对于民族文化追本溯源的询问与认知。与此同时，借此烛火，照见更为久远深长的华夏民族的生命之根与文化之源。

---

① ［美］查尔斯·米尔斯·盖雷编著，北塔译，《英美文学和艺术中的神话》，上海人民出版社 2005 年版，导言，第 13 页。

附录 穆王出行简表（一至四卷）①

1 主动型："天子"（穆王）—动作—对象；

2 被动型：对象—动作—"天子"（穆王）。

句数 及 附注	时间 天气	方位	1 地名 2 国、族名	1 人名 2 神名	事件 1 主动型： 2 被动型。
卷一					
1			1 䣙山之上 顾实："今山西泽州高平。"		2 饮
2 戊寅：顾实："周穆王十三年闰二月初十日也。"	戊寅	北征	1 漳水 顾实："浊漳水也。"郑杰文："在今山西长子西"。		1 乃绝
3 距前二日。	庚辰		1 盘石之上 陈逢衡："今山西平定州。"		1 至于 2 觞
4					1 乃奏广乐
5			1 钘山之下 檀萃："今井陉县也。"		1 载立不舍，至于
6 距前三日。	癸未 雨雪		1 钘山之西阿		1、猎

① "天子"作为主语和宾语在句式 1 和句式 2 中分别省略。

续表

句数 及 附注	时间 天气	方位	1 地名 2 国、族名	1 人名 2 神名	事件 1 主动型： 2 被动型。
7		北	1 钘山之队 1 滹沱之阳 小川琢治："忻州北、代州南之地。"王贻梁："约在战国时番吾、灵寿（今河北平山县治附近）。"		1 得绝 1 循
8 距前二日。	乙酉	北	1 口		1 升
9		北	2 犬戎		1 征于
10			1 当水之阳 丁谦："今湟水也。"顾实："古之恒水也。"郑杰文："指今滹沱河上游代县境内河道。"	1 犬戎胡	2 觞
11					1 乃乐 赐七萃之士战
12 距前五日。	庚寅 北风雨雪				
13					1（以寒之故） 命王属休
14 距前四日。	甲午	西征	1 隃之关隥 陈逢衡："今山西雁门。"顾实："山西代州雁门县之雁门山上。"		1 乃绝

续表

句数 及 附注	时间 天气	方位	1 地名 2 国、族名	1 人名 2 神名	事件 1 主动型： 2 被动型。
15 距前五日。	巳亥		1 焉居禺知之平 吕调阳："归化城西南云中宫也。"丁谦："今多伦达坝地。"顾实："山西朔平府平鲁县一带。" 常征："西隅山（陇坂）北麓之祖厉河流域。"		1 至于
16 距前二日。	辛丑	西征	2鄘人 翟云升："右扶风。"丁谦："今土尔扈特西南二旗境。" 小川琢治："今归化城附近。 高夷吾："今萨拉齐。" 王贻梁："大致当在内蒙古黑城至托克托间。"		
17			1 于智之口	1 河宗之子鄘柏絮	2 且逆
18					2 先豹皮十、良马二六
19				1 井利	1 使　受之
20 檀本作"癸卯"。 癸卯，距时二日。	癸酉		1 溹暦（guǐ） 吕调阳："今黛山湖。" 丁谦："今札逊泊。" 高夷吾："今沙陵湖。"		1 舍于
21		西	1 河 1 智之		1 钓 以观
22 上癸卯之次日。	甲辰		1 渗泽		1 猎

续表

句数及附注	时间天气	方位	1 地名 2 国、族名	1 人名 2 神名	事件 1 主动型： 2 被动型。
23			1 于是	2 河宗	1 得白狐玄貉以祭于
24 距前二日。	丙午		1 河水之阿		1 饮于
25			1鄘邦之南渗泽之上	1 六师之人	1 属
26 戊寅，檀本作“戊申”。距前二日。	戊寅	西征	1 阳纡之山 吕调阳：“今河套北。” 沈曾植：“今贺兰山。” 小川琢治：“阴山及哈拉纳林鄂拉（黑日岭）之地。” 顾实：“今绥远乌喇特旗河套北岸诸山之总名。”		1 骛行至于 （河伯无夷之所都居，是惟河宗氏。）
27			1 燕然之山 刘师培：“今甘肃境。” 丁谦：“今札凌湖东北乌蓝得什山。”顾实：“穆尼乌拉山。”	1 河宗柏夭	2 逆
28				1 鄒父	1 使　受之 劳用束帛加璧，先白□
29 距前“戊寅（申）”五日。	癸丑		1 燕□之山、河水之阿		1 大朝于
30				1 井利、梁固	1 乃命　聿将六师

续表

句数及附注	时间天气	方位	1 地名 2 国、族名	1 人名 2 神名	事件 1 主动型： 2 被动型。
31 距前五日。	吉日 戊午				1 命
					1 天子大服冕祎，帔带、搢曶、夹佩、奉璧，南面立于寒下
32				1 曾祝	2 佐之
33				1 官人	陈牲全五□具
34				2 河宗	1 授　璧
35				1 河宗柏夭	受璧，西向沉璧于河，再拜稽首
36				1 祝	沉牛马豕羊
37				2 河宗 2 河伯	□命于皇天子号之帝曰："穆满，女当永致用旹事！"
38		南向			1 再拜
39				2 河宗	又号之："帝曰：'穆满！示女春山之珤，诏女昆仑□舍四平泉七十，乃至于昆仑之丘，以观春山之珤。赐语晦。'"
40					1 受命，南向再拜

续表

句数 及 附注	时间 天气	方位	1 地名 2 国、族名	1 人名 2 神名	事件 1 主动型： 2 被动型。
41 上“戊午”之次日。	巳未		1 黄之山 丁谦：“当在星宿海北。”顾实：“今绥远鄂尔多斯右翼后旗，西北套外之阿尔坦山。”郑杰文：“顾言之阿尔坦山，今称阿勒坦山。” 王贻梁：“当为阴山山脉中一山。”		1 大朝于
42					1 乃披图视典，用观天子之珤器
43					曰：“天子之珤：玉果、璇珠、烛银、黄金之膏。天子之珤万金 珤百金，士之珤五十金，鹿人之珤十金。天子之弓射人，步剑，牛马，犀器千金。天子之马走千里，胜人猛兽。天子之狗走百里，执虎豹。”

续表

句数及附注	时间天气	方位	1 地名 2 国、族名	1 人名 2 神名	事件 1 主动型： 2 被动型。
44				1 柏夭	曰："征鸟使翼，曰□乌鸢、鹍鸡飞八百里。名兽使足：走千里，狻猊□野马走五里，邛邛距虚走百里，麋□二十里。"
45					曰："柏夭皆致河典。乃乘渠黄之乘为天子先，以极西土。"
46 丁曰："距前六日。"	乙丑		1 河		1 西济于
47			1□爰有温谷乐都 顾实："甘肃西宁府碾伯县治。"	2 河宗氏	之所游居
48 上"乙丑"之次日。	丙寅				1 属官效器
49				1 正公郊父	1 乃命　受敕宪，用申八骏之乘
50			1 枝持之中 顾实："青海土扈特南前旗。" 王贻梁："今乌加河（古黄河古道）与黄河主道（即《穆天子传》之'南河'）间。" 积石之南河 旧注："积石，山名，今在金城河关县。河出北山而东南流。"		1 以饮于

续表

句数及附注	时间天气	方位	1 地名 2 国、族名	1 人名 2 神名	事件 1 主动型: 2 被动型。
51					天子之骏：赤骥、盗骊、白义、踰轮、山子、耳。狗：重工、彻止、藿猳、口黄、南口、来白。天子之御：造父、耿翛、芍及。
52					曰："天子是与出口入薮，田猎钓弋。"
53					曰："于乎！予一人不盈于德，而辨于乐，后世亦追数吾过乎！"
54				1 七萃之士	2 曰："后世所望，无失天常。农工既得，男女衣食。百姓珤富，官人执事。故天有旹，民口氏响。何谋于乐？何意之忘？与民共利，以为常也。"
55				1 之	1 嘉 赐以赐以左 佩玉华也

续表

句数 及 附注	时间 天气	方位	1 地名 2 国、族名	1 人名 2 神名	事件 1 主动型： 2 被动型。
56					乃再拜顿首。
卷二					
57				1□柏夭	曰："□封膜昼于河水之阳，以为殷人主。"
58 距上卷末之"丙寅"至少五十一日。	丁巳	西南	1□之所主居		1 升
59					爰有大水硕草。爰有野兽，可以畋猎。
60 戊午，上"丁巳"次日。	戊午			1 □之人居虑	2 献酒百□于
61			1 昆仑之阿 赤水之阳 顾实："今巴颜哈喇山之西部，那木齐图乌兰木伦河之北岸。"岑仲勉："赤水非于阗河莫属。" 郑杰文："指今楚玛尔河。"		1 巳饮而行 遂宿于
62					爰有鹯鸟之山
63			1 鹯鸟之山□ 丁谦："当在喀什噶尔东北。"顾实："今新疆于阗境内之勒科尔乌兰达布逊山。"		1 三日舍于

续表

句数 及 附注	时间 天气	方位	1 地名 2 国、族名	1 人名 2 神名	事件 1 主动型: 2 被动型。
64 距前三日。	□吉日 辛酉		1 昆仑之丘 1 黄帝之宫		1 升于 以观 而丰□隆之葬, 以诏后世
65 距前二日。	癸亥		1 昆仑之丘		1 具蠲齐牲全 以禋□
66 上"癸亥"之次日。	甲子	北征	1 珠泽 刘师培:"今阿里附近之马帕木达赖池也。"丁谦:"今名伊斯库里泊。"顾实:"和阗之玉珑哈什河、哈喇哈什河合流处。"高夷吾:"即思纳湖。" 1 浒水		1 舍于 以钓于
67					曰:"珠泽之薮方三十里。"
68					爰有萑、苇、莞、蒲、茅、萯、蒹、蔞。
69				1 珠泽之人	2 乃献白玉□只,□角之一,□三,可以□沐
70					2 乃进食,□酒十,□姑劓九
71					亦味中麋胃而滑
72					2 因献食马三百,

续表

句数 及 附注	时间 天气	方位	1 地名 2 国、族名	1 人名 2 神名	事件 1 主动型： 2 被动型。
73			1 昆仑 2 黄帝之宫 1 赤水 1 春山之珤 顾实："春山即钟山。"		1 □ 以守 南司 而北守
74				1□之人□ 吾	1 乃赐 黄金之环三五，朱带贝饰三十，工布之四
75				1□吾	2 乃膜拜而受
			1 于昆仑丘	1 之 1 三十□人	1 又与 黄牛二六 以
76 季夏，六月。周历六月当夏历四月。 丁卯，距上"甲子"三日。	季夏 丁卯	北	1 春山之上		1 升于 以望四野。 曰："春山是唯天下之高山也。"
77					孳木华不畏雪 1 于是取孳木华之实，持归种之
78					曰："春山之泽，清水出泉，温和无风，飞鸟百兽之所饮食，先王所谓县圃。
79			1 于是（县圃）		1 得玉荣枝斯之英
80					曰："春山，百兽之所聚也，飞鸟之所栖也。"

续表

句数及附注	时间天气	方位	1 地名 2 国、族名	1 人名 2 神名	事件 1 主动型： 2 被动型。
81					爰有□兽，食虎豹如麋而载骨，盘□始如麕，小头大鼻
82					爰有赤豹白虎、熊罴豺狼、野马野牛、山羊野豕
83					爰有白鶽青雕，执太羊，食豕鹿
84			1 春山之上 1 县圃之上		1 五日观于 1 乃为铭迹以诏后世
85 距前五日。	壬申	西征			1
86 距前二日。	甲戌		2 赤乌 郑杰文："在今阿尔金山脉与昆仑山脉交接处之阿其克库勒湖一带。"	1 赤乌之人	1 至于 2 献酒千斛于 食马九百，羊牛三千，穄麦百载
87				1 𨛫父	1 使　受之
88					曰："赤乌氏先出自周宗，大王亶父之始作西土，封其元子吴太伯于东吴，诏以金刃之刑，贿用周室之璧。封丌璧臣长季绰于春山之虱，妻以元女，以为周室主。"

续表

句数 及 附注	时间 天气	方位	1 地名 2 国、族名	1 人名 2 神名	事件 1 主动型： 2 被动型。
89				1 赤乌之人丌	1 乃赐　墨乘四，黄金四十镒，贝带五十，珠三百裹
90				1 丌	2 乃膜拜而受
91					曰："□山是唯天下之良山也，宝玉之所在，嘉穀生之，草木硕美。
92			1 于是		1 取嘉禾以归，树于中国
93			1□山之下		1 曰　五日休于　乃奏广乐
94				1 赤乌之人丌	2 好献二女于　，女听、女列以为嬖人
95					曰："赤乌氏，美人之地也，珤玉之所在也。"
96 距前五日。	巳卯	北征			1 赵行□舍
97 即上"己卯"之次日	庚辰		1 洋水 吕调阳："即伊犁水，西北流。"丁谦："即棍杂河。"刘师培："即印度河。"顾实："今新疆疏勒府之喀什噶尔河。"高夷吾："阿库斯河。"岑仲勉："乃叶尔羌河西源之泽普勒善河也。"		1 济于

续表

句数及附注	时间天气	方位	1 地名 2 国、族名	1 人名 2 神名	事件 1 主动型： 2 被动型。
98 上“庚辰”之次日。	辛巳		2 曹奴 郑杰文：“当居今阿克培孜北，即塔里木盆地东部。” 于洋水之上	1 曹奴之人戏	1 入于 2 觞 乃献食马九百，牛羊七千，穄米百车
99				1 逢固	1 使　受之
				1 曹奴之人	1 乃赐　□黄金之鹿，白银之麕，贝带四十，朱四百裹
100				1 戏	2 乃膜拜而受
101 上“辛巳”之次日。	壬午	北征东还			
102 甲申：距前二日。	甲申		1 黑水 旧注：“水亦出昆仑山西北隅而东南流。”郑杰文：“指今孔雀河。” 西膜之所谓鸿鹭		1 至于
103			1 于是		1 降雨七日
104					1 留骨六师之属
105			1 于黑水之西河，是惟鸿鹭之上	1 长肱	1 乃封 以为周室主
106					是曰留骨之邦

续表

句数 及 附注	时间 天气	方位	1 地名 2 国、族名	1 人名 2 神名	事件 1 主动型： 2 被动型。
107 距前七日。	辛卯	北征 东还	1 黑水		1 乃循
108 距前二日。	癸巳		1 群玉之山 刘师培："今帕米尔，即唐波米罗也，其地在阿母河东北。"丁谦："今称密尔岱山。"王贻梁："当在今祁连山脉中或至合黎山、龙首山一带。"		1 至于
109			2 容成氏		2 之所守
					曰："群玉田山，□知，阿平无险，四彻中绳，先王之所谓策府。寡草木而无鸟兽。"
110					爰有□木，西膜之所谓□。
111			1 于是		1 攻其玉石，取玉版三乘，玉器服物，载玉万只。
112			1 群玉之山	1 邢侯	1 四日休， 乃命　待攻玉者。
104 孟秋：七月，当夏历五月。丁酉：距前四日。	孟秋 丁酉	北征	1 于羽陵之上 高夷吾："即冰达坂。". 卫挺生："铁格山或海立雅山。"	1□之人潜旹	2 觞， 乃献良马牛羊。

续表

句数及附注	时间天气	方位	1 地名 2 国、族名	1 人名 2 神名	事件 1 主动型： 2 被动型。
113					1 以其邦之攻玉石也，不受其牢
114				1 柏夭	曰："口氏，檻口之后也。"
115					1 乃赐之黄金之罂三六，朱三百裹
116				1 潜旹	2 乃膜拜而受
117 上"丁酉"之次日。	戊戌	西征			
118 距前三日。	辛丑		2 剞闾氏 吕调阳："在哈什河南岸特穆尔图岭北。"顾实："剞闾当在帕米尔西之达尔瓦兹Darwaz，铁山在完治Wanj."郑杰文："当在今新疆乌苏一带。"		1 至于
119			2 剞闾氏 1 于铁山之下 刘师培："即铁门。"高夷吾："即撒马儿罕之铁门石硖。"卫挺生："即天山之首喀喇租库岭。"郑杰文："今天山山脉北麓乌苏附近一山。"		1 乃命　供食六师之人
120 上"辛丑"之次日。	壬寅		1 铁山 2 剞闾之人		1 祭于 乃彻祭器于
121				1 温归	2 乃膜拜而受

续表

句数 及 附注	时间 天气	方位	1 地名 2 国、族名	1 人名 2 神名	事件 1 主动型： 2 被动型。
122		西征			1 已祭而行，乃遂
123 距前四日。	丙午		2 鄄韩氏 吕调阳："今都尔伯勒津回庄。"顾实："今中央亚细亚之撒马尔干 Samarkand。"岑仲勉："即今 Cemkand，居塔什干东北。"卫挺生："今安集延城一带。"王贻梁："科什库都克与库木库都克附近。"郑杰文："今精河一带。"		1 至于
124					爰有乐野温和，穄麦之所草，犬马牛羊之所昌，珤玉之所□。
125 上"丙午"之次日。	丁未		1 平衍之中 顾实："阿母河 Amu D. Oxus R.之下游，为撒马尔干，为布哈尔，为土兰平原 Turan Plain 皆是也。"		1 大朝于 乃命六师之属休
126 距前二日。	巳酉		1 于平衍之中		1 大飨正公诸侯王吏七萃之士
127				1 鄄韩之人无凫	2 乃献良马百匹，服牛三百，良犬七千，牥牛二百，野马三百，牛羊二千，穄麦三百车

续表

句数及附注	时间天气	方位	1 地名 2 国、族名	1 人名 2 神名	事件 1 主动型； 2 被动型。
128					1 乃赐之黄金银罂四七，贝带五十，朱三百裹，变□雕官
129				1 无凫上下	2 乃膜拜而受
130 上“已酉”之次日。	庚戌	西征	1 玄池 吕调阳：“即黄草湖。”刘师培：“今咸海。”丁谦：“登吉斯湖。”小川琢治：“即冥泽，又名哈拉泊者。”钱伯泉：“伊塞克湖。”王贻梁：“今新疆之罗布泊。”郑杰文：“今精河西之赛里木湖。”		1 至于
131			1 玄池之上		1 休于 乃奏广乐，三日而终，是曰乐池
132					1 乃树之竹，是曰竹林
133 距前三日。	癸丑	西征			1 乃遂
134 距前三日。	丙辰		1 苦山 顾实：“今波斯东北境之马什特。”卫挺生：“当在撒马儿罕一带。”郑杰文：“今萨雷奥泽克南。”		1 至于 西膜之所谓茂苑
135			1 于是 于是		1 休猎， 食苦

续表

句数 及 附注	时间 天气	方位	1 地名 2 国、族名	1 人名 2 神名	事件 1 主动型： 2 被动型。
136 上“丙辰”之次日。	丁巳	西征			1
137 距前二日。	巳未	西征	1 黄鼠之山 刘师培：“今波斯西境。” 郑杰文：“今楚伊犁山。”		1 宿于， 西□乃遂
138 距前四日。	癸亥		西王母之邦 顾实：“今波斯之第希兰 Teheran 附近。”张星烺：“今俄领土耳基思坦撒马尔罕附近也。”郑杰文：“今里海东岸土兰平原上。”	1 西王母之	1 至于。
卷三					
139 上卷末“癸亥”之次日。	吉日 甲子			1 西王母	1 天子宾于
140				1 西王母	1 乃执白圭玄璧以见
141					1 好献锦组百纯，□组三百纯
142				1 西王母	2 再拜受之
143 上“甲子”之次日。	乙丑		1 于瑶池之上 顾实：“第希兰之南。” 王贻梁：“疑为今新疆和硕县南，库尔勒东北之博斯腾湖。”	1 西王母	1 觞

续表

句数 及 附注	时间 天气	方位	1 地名 2 国、族名	1 人名 2 神名	事件 1 主动型： 2 被动型。
144				1 西王母	2 为　谣曰："白云在天，山陵自出。道里悠远，山川间之。将子无死，尚能复来？
145					1 答之，曰："予归东土，和治诸夏，万民平均，吾顾见汝。比及三年，将复而野。"
146				1 西王母	2 又为　吟，曰：彼西土，爰居其野。虎豹为群，于雀与处。嘉命不迁，我惟帝女。彼何世民，又将去子？吹笙鼓簧，中心翔翔。世民之子，惟天之望。
147			1 弇山 叶浩吾："即波斯西境之西恒山。"顾实："第希兰西北之厄耳布尔士山脉中之最高峰也。"张公量："今天山南路之一支脉也。"		1 遂驱升于　，乃纪名迹于弇山之石，而树之槐，眉曰"西王母之山"。

续表

句数 及 附注	时间 天气	方位	1 地名 2 国、族名	1 人名 2 神名	事件 1 主动型： 2 被动型。
148 丁谦："距前四十二日。"顾实："自乙丑下距丁未，一百零三日，当有脱简，或因休息．不明也。"	丁未		1 温山 丁谦："尼尼微北马西亚司山。"顾实："阿拉拉特 Ararat 山，在今俄属高加索南部。"卫挺生："今海拉特（Heart）之西北山也。" 高夷吾："司措勿罗力之麻热嘎山。"		1 饮于 □考鸟
149 距前二曰。	巳酉		1 溽水之上 吕调阳："即特穆尔图淖尔。 丁谦："尼尼微东北郭马尔河。"叶浩吾："今之阿特力克河。"顾实："即库拉 Kura 河。"张星烺："即西尔河（Sir Daria）。"卫挺生："即哈利溽 Hari Rud。"钱伯泉："今名楚河。" 郑杰文："恩巴河。"		1 饮于 乃发宪令，诏六师之人□其羽
150					爰有□薮水泽，爰有陵衍平陆
151					硕鸟解羽
152					六师之人毕至于旷原

续表

句数 及 附注	时间 天气	方位	1 地名 2 国、族名	1 人名 2 神名	事件 1 主动型： 2 被动型。
153			1 旷原 小川琢治：“当密机阿拉之西北端。”丁谦：“俄属杂喀斯比省地。”卫聚贤：“今新疆过和阗至疏勒。”张星烺：“今阿拉尔海东北之吉尔吉斯旷野也。”高夷吾：“南俄克萨部。” 卫挺生：“塔拉斯草原。” 王贻梁：“准葛尔盆地。”		1 曰三月舍于
154			1 于羽琌之上 顾实：“今波兰 Poland 华沙 Warsaw 之间乎？”		1 大飨正公诸侯王勤七萃之士，乃奏广乐。
155					六师之人翔畋于旷原，得获无疆
156					鸟兽绝群。
157					六师之人大畋九日，乃驻于羽陵之口，收皮效物，债车受载。
158			1 于是		1 载羽百车
159 距上“己酉”一百一十日。上言“天子三月舍于旷原”约言之。	巳亥	东			1 归， 六师口起。

续表

句数 及 附注	时间 天气	方位	1 地名 2 国、族名	1 人名 2 神名	事件 1 主动型： 2 被动型。
160 上“己亥”之次日。	庚子		1□之山		1 至于　而休，以待六师之人。
161 距前四十日。	庚辰	东征			1
162 癸未，距前三日。	癸未		1 戊□之山 王贻梁：“大约在今新疆巴里坤或哈密附近。”		1 至于
163			2 智氏 吕调阳：“今奇台县西北浮远城。”		之所处
			1 于戊□之山	2□智□	2 往 劳用白骖二疋，野马野牛四十，守犬七十。
164					2 乃献食马四百，牛羊三千
165					曰：智氏□天子北游于　子之泽
166				1 智氏之夫	2 献酒百□于
167					1 赐之狗璅采，黄金之婴二九，贝带四十，朱丹三百裹，桂姜百□
168					2 乃膜拜而受。

续表

句数及附注	时间天气	方位	1 地名 2 国、族名	1 人名 2 神名	事件 1 主动型： 2 被动型。
169 距上“癸未”二日。	乙酉	南征 东还			1
170 距前四日。	己丑		1 献水 吕调阳：“今噶顺塘。” 丁谦：“木尔加布河。” 顾实：“窝尔加河 Volga。” 高夷吾：“枯班河。” 郑杰文：“今新疆北部之乌伦古河。” 王贻梁：“新疆近甘肃交界边缘。”		1 至于
171		东征			1 乃遂
172		东南			1 饮而行 乃遂
173 距前十日。	己亥		1 瓜纑之山 吕调阳：“今镇西府。” 丁谦：“今谋夫东库克求别山。”顾实：“即乌拉尔山 Ural。”郑杰文：“指准葛尔盆地东之北塔山。”		1 至于 三周若城
174					阏氏胡氏之所保
175		东征 南			1 乃遂， 绝沙衍

续表

句数 及 附注	时间 天气	方位	1 地名 2 国、族名	1 人名 2 神名	事件 1 主动型： 2 被动型。
176 辛丑：距前二日。	辛丑		1 沙衍 吕调阳："今镇西东黑帐房矿也。"刘师培："今里海之沙漠也。"顾实："今吉利吉斯荒原矣。"		1 渴于， 求饮未至
177				1 七萃之士 高奔戎	2 刺其左骖之颈， 取其青血以饮
178				1 奔戎	1 美之， 乃赐　佩玉一只
179				1 奔戎	2 再拜稽首
180		南征			1 乃遂
181 距前三日。	甲辰		1、 积山之 丁谦："今什贝尔昆城地。"顾实："今阿拉尔海 Aral（即咸海）中。"卫挺生："积累富善岭 Zerafshan Range 之西边。"郑杰文："或指今新疆博格达山之北山边，即今北道桥东之沙漠南的吉本萨尔一带。"		1 至于 爰有　柏
182				1　余之人 命怀	2 曰　献酒于
183					1 赐之黄金之婴， 贝带、朱丹七十 裹
184				1 命怀	2 乃膜拜而受

续表

句数 及 附注	时间 天气	方位	1 地名 2 国、族名	1 人名 2 神名	事件 1 主动型： 2 被动型。
185 乙已，上“甲辰”之次日。	乙巳			1 诸飦	2 献酒于天子
186					1 赐之黄金之婴，贝带、朱丹七十裹
187				1 诸飦	2 乃膜拜而受。
卷四					
188 距上卷末之“乙巳”三十五日。	庚辰		1 滔水 吕调阳：“今洮赖图河。”金蓉镜：“今亚查克城等地。”顾实：“楚河。”常征：“今永昌境之郭河。”		1 至于
189				2 浊繇氏	之所食
190 辛已，上“庚辰”之次日。	辛巳	东征			1
191 距前二日。	癸未		1 苏谷 丁谦：“当在今撒马儿罕城南山谷间基大普城地。”顾实：“当即今伊锡克库尔湖。”郑杰文：“今吐鲁番盆地东鄯善一带。”王贻梁：“大致在甘肃居延以西五、六日程处。”		1 至于
192				2 骨飦氏	之所衣被
193		南征 东还			1 乃遂，

续表

句数 及 附注	时间 天气	方位	1 地名 2 国、族名	1 人名 2 神名	事件 1 主动型： 2 被动型。
194 距前三日。	丙戌		1 长�澨 陈逢衡："当在甘肃左近。" 吕调阳："今果子沟。" 丁谦："撒马儿罕东北一带沙碛地。"顾实："当即伊锡克库尔湖南之廓克沙勒山脉。"郑杰文："此山当即库鲁克山。"	2 重䨦氏	1 至于 之西疆
195 丁亥：上"丙戌"之次日。	丁亥		1 长淺		1 升于
196		东征			1 乃遂
197 距前三日。	庚寅		1 黑水之阿 丁谦："即支纳司河。" 顾实："今新疆乌什之南，即叶尔羌河北流，合喀什噶尔河之处。"郑杰文："当指今弱水。"王贻梁："大致已在居延泽近处。"	2 重䨦氏	1 至于
198					爰有野麦，爰有答堇，西膜之所谓木禾，重䨦氏之所食
199					爰有采石之山，重䨦氏之所守

续表

句数 及 附注	时间 天气	方位	1 地名 2 国、族名	1 人名 2 神名	事件 1 主动型： 2 被动型。
200					曰："枝斯、璇瑰瑶、琅玕、玲瓏、无瑻、玗琪、㵹尾，凡好石之器于是出。"
201	孟秋			2 重䍃氏	1 命　共食天子之属五日
202 距前四日。	丁酉		1 采石之山 陈逢衡："在今甘肃宁夏府宝丰县"吕调阳："在哈什河源之阿尔癸图山。"丁谦："在河北。"顾实："即赤沙山，在今新疆阿克苏北"卫挺生："即《北山经》之带山。" 于是		1 升于 取采石焉
203			1 于黑水之上	2 重䍃之民	1 使　铸以成器器服物佩好无疆，
204					1 曰　一月休
205 距前二十六日。	秋癸亥			1 重䍃之人	1 觞 乃赐之黄金之罂二九，银乌一只，贝带五十，朱七百裹，　箭，桂姜百　，丝　雕官
206				1	2 乃膜拜而受

续表

句数 及 附注	时间 天气	方位	1 地名 2 国、族名	1 人名 2 神名	事件 1 主动型： 2 被动型。
207 乙丑：距前二日。	乙丑	东征	1 长沙之山 吕调阳："在安阜县东。"丁谦："即特尔图泊北崆郭阿拉陶山。"顾实："今之沙山，在新疆哈喇沙尔之南。"卫挺生："巴尔库山之南麓。……即今哈密县城所在。"郑杰文："当指蒙古人民共相国境内的戈壁阿尔泰山。"	1	1 2 送　　至于
208				1 柏夭	□只 1 使　　受之
209				1 柏夭	曰："重䜌氏之先三苗氏之□处"
210				□	1 以黄木䜌银采， 2 乃膜拜而受
211 上"乙丑"之次日。	丙寅	东征 南还			1
212 距前三日。	己巳		1 文山 吕调阳："庆绥城南乞林哈必尔噶山也。"丁谦："今木素尔岭也。"顾实："哈密之俱密山。"郑杰文："今蒙古人民共和国境内汗博格多附近。"王贻梁："约在今甘、宁北部。" 1 于文山	1 西膜之所谓□	1 至于 2 觞

续表

句数及附注	时间天气	方位	1 地名 2 国、族名	1 人名 2 神名	事件 1 主动型： 2 被动型。
213				2 西膜之人 1 毕矩	2 乃献食马三百，牛羊二千，穄米千车。 1 使　受之，
214			1 文山 于是		1 曰□　三日游于取采石
215 距前三日。	壬寅		1 文山之下		1 饮于
216				1 文山之人归遗	1 乃献良马十驷，用牛三百，守狗九十，牥牛二百，
217			1 文山		1　之豪马、豪牛、龙狗、豪羊，以三十祭
218					1 又赐之黄金之婴二九，贝带三十，朱三百裹，桂姜百
219				1 归遗	2 乃膜拜而受
220 癸酉，上"壬寅(申)"之次日。	癸酉				1 命驾八骏之乘，右服䮧骝而左绿耳，右骖赤骥而左白义。
221				1 造父 1	1　主车， 为御， 为右 次车之乘，右服渠黄而左踰轮，右骖盗骊而左山子

续表

句数及附注	时间天气	方位	1 地名 2 国、族名	1 人名 2 神名	事件 1 主动型： 2 被动型。
222				1 柏夭 1 参百 1 奔戎	主车， 为御， 为右
223		东南		2 巨搜氏	1 乃遂　翔行， 驱千里，至于
224					2 巨搜之人　奴 乃献白鹄之血， 以饮
225					2 因具牛羊之湩， 洗　之足及二乘之
226 上“癸西”之次日	甲戌。		1 焚留之山 吕调阳：“布克达山。”小川琢治：“与今之不拉山山脉相当。”卫挺生：“今马鬃山也。” 王贻梁：“今内蒙乌拉特中后联合旗至乌拉特前旗一带。”	1 巨搜之奴	2 觞　于
227					2 乃献马三百，牛羊五千，秋麦千车，膜稷三十车
228				1 柏夭	1 使　受之
229					2 好献枝斯之英四十，㻋䱴 珌佩百只，琅玕四十，䲡　十 箧
230				1 造父	1 使　受之

续表

句数 及 附注	时间 天气	方位	1 地名 2 国、族名	1 人名 2 神名	事件 1 主动型： 2 被动型。
231					1 乃赐之银木[illegible]采，黄金之婴二九，贝带四十，朱三百裹，桂姜百
232				1 奴	2 乃膜拜而受
233 乙亥：上“甲戌”之次日。	乙亥	南征	1 阳纡之东尾 吕调阳：“今模尔格岭。”顾实：“今乌喇特旗北之噶札尔山。”郑杰文：“今呼和沽特北大青山脉东段群山 曹之谷 丁谦：“今库勒尔城东遮留谷。”小川琢治：“在今贺兰山脉。”顾实：“今之巴颜鄂博河。”高夷吾：“即吾达谷，在萨拉齐西。” 郑杰文：“此谷即大青山脉东段昆都仑沟。”		1 乃遂绝
234			1 [illegible] 河之水北阿 檀萃：“漆洛也。”丁谦：“即今拜河。”小川琢治：“是自宁夏至北方一泉地无疑。”岑仲勉：“指张掖河。”卫挺生：“今五加河水之北阿也……在今狼山县城之东北。”郑杰文：“在大青山脉南山脚下，黄河河套北岸。”		1 已至于

续表

句数 及 附注	时间 天气	方位	1 地名 2 国、族名	1 人名 2 神名	事件 1 主动型： 2 被动型。
235			1 渡之□ 事皇天子之山	1 河伯之孙	爰有
236					有模堇，其叶是 食明后
237					1 嘉之，赐以 佩玉一只
238				1 柏夭	2 再拜稽首
239 距前三十八日。	癸丑	东征	2、鄘人	1 柏夭	1 2 送 至于
240			1 于滐泽之上 多之汭 沈曾植："今之包头。" 王贻梁："今内蒙包头至托克托一带。" 河水之所南还	1鄘柏絮	2 觞
241			1 滐泽之上		1 曰 五日休于， 以待六师之人
242 距前五日。	戊午	东征	2 丌邦	1 柏夭	1 顾命归于
243					1 曰："河宗， 正也。"
244				1 柏夭	2 再拜稽首
245		南还	1 长松之隥 顾实："今朔平府右玉县牛心堡迤北一带。"		1 升于

续表

句数 及 附注	时间 天气	方位	1 地名 2 国、族名	1 人名 2 神名	事件 1 主动型： 2 被动型。
246 孟冬，十月。当夏历八月。壬戌，距前四日。	孟冬 壬戌		1 雷首 旧注，"山名，今在河东蒲坂县南也。" 晋河东蒲坂县，即今山西永济。檀萃："夷齐隐阳山也。"丁谦："今索尔古山。"小川琢治："累头山。"顾实："今朔平府马邑县之洪涛山。"		1 至于
247			1 于雷首之阿	2 犬戎胡	2 觞 乃献食马四六
248				1 孔牙	1 使　　受之
249					曰："雷水之平，寒，寡人，具犬马牛羊。"
250					爰有黑牛白角，爰有黑羊白血
251 上"壬戌"之次日。	癸亥	南征	1 䣙之隥 吕调阳："今应州西南龙湾山。"丁谦："即碾伯县南境之山。"小川琢治："雁门。"顾实："山西代州之句注山。"		1 升于
252 丙寅，距前三日。	丙寅		1 钘山之队 三道之隥 二边 吕调阳："今平定州北隥道也。"		1 至于 东升于， 乃宿于

附录　穆王出行简表（一至四卷）

续表

句数及附注	时间天气	方位	1 地名 2 国、族名	1 人名 2 神名	事件 1 主动型； 2 被动型。
253				1 毛班、逄固	1 命　先至于周，以待天子之命
254 距前七日。	癸酉		1 翟道 顾实："山西平定州及潞安安府潞安县东一带之地。" 顾颉刚："代道。" 太行 顾实："即太行山。今河南怀庆府城北，亦名羊肠坂。"岑仲勉："今之陇山。" 王贻梁："太行山。"	1 造父	1 命驾八骏之乘，骥之驷，为御，南征翔行，径绝 升于
		南	于河		济
255			1 宗周 顾实："洛邑王城。" 张公量："镐京。"		1 驰驱千里，遂入于
256				1 官人	2　进白鹄之血以饮，以洗　之足
257				1 造父	乃具羊之血，以饮四马之乘一
258 距前七日。	庚辰		1 于宗周之庙		1 大朝 乃里西土之数

续表

句数 及 附注	时间 天气	方位	1 地名 2 国、族名	1 人名 2 神名	事件 1 主动型： 2 被动型。
259					曰："自宗周瀍水以西，至于河宗之邦，阳纡之山，里。自阳纡西至于西夏氏，二千又五百里。自西夏至于珠余氏及河首，千又五百里。自河首襄山以西，南至于春山珠泽，昆仑之丘，七百里。自春山以西，至于赤乌氏春山，三百里。东北还至于群玉之山，截春山以北，自群玉之山以西，至于西王母之邦，三千里。□。自西王母之邦，北至于旷原之野，飞鸟之所解其羽，千有九百里。□宗周至于西北大旷原，一万四千里。乃还东南，复至于阳纡，七千里。还归于周，三千里。各行兼数，三万有五千里。"

续表

句数 及 附注	时间 天气	方位	1 地名 2 国、族名	1 人名 2 神名	事件 1 主动型： 2 被动型。
260 距前四日。	吉日 甲申		1 宗周之庙		1 祭于
261 乙酉：上“甲申”之次日。	乙酉		1 于洛水之上		1□六师之人
262 距前二日。	丁亥	北 北 西南	1 河 □瓶之队以西 丁谦：“盂县西北境。”顾实：“今河南济源县邵源关之西北，山西翼城县之东南。” 盟门九河之隥		1 济于 升于 乃遂
263 仲冬：十一月。当夏历九月。壬辰：距前五日。	仲冬 壬辰		1　山之上 丁谦：“今芮县西南。”顾实：“今陕西同州府韩城县西之三累山。”		1 至 乃奏广乐，三日而终
264 距前四日。	吉日 丁酉		1 南郑 旧注：“今京兆郑县也。” 王贻梁：“既非京兆郑县，亦非汉中南郑……棫林……在今宝鸡至扶风一带，尤其以今凤翔的可能性最大。因此，奠（西郑、南郑）也就必在其近旁。”		1 入于

附录二 《穆天子传》中“白鹿祭”释义

——从《中国古代音乐史稿》文献之误说起

杨荫浏先生的《中国古代音乐史稿》(人民音乐出版社)作为典范之作，拥有非常广泛的阅读群体，自1981年到2011年，三十年间重印了14次之多，不可不谓是纯学术著作中一本罕见的“畅销书”。只是非常遗憾的是其中关于《穆天子传》的论述出现了非常严重的文献常识方面的错误，也进而导致了对于周代祭祀音乐制度和丧葬音乐制度表述上的混乱。

在其上册第三章论及西周音乐时，杨荫浏先生说：

> 周穆王是一位既爱好音乐，又喜欢旅行的王。他在公元前964年左右带了盛大的乐队到遥远的西方游历。他的乐队曾先后在阿富汗附近的一个山下，和在与里海相连的黑湖(Karakul)边上举行了盛大的演奏会。他又曾在一个叫做漯国的外国，为了祭他死去的白鹿，举行了盛大的演奏会，把好些乐器都使用出来”。①

此页下方还有杨先生的两条脚注：

注:《穆天子传》卷二:“天子五日休于□山(据顾实考证，此□山为阿富汗附近的蜀山)之下，乃奏广乐。”又:“天子三日休于玄池(据顾实考证，此玄池为与里海相连的黑湖(Karakul)之上，乃奏广乐，三日而终，是曰乐池。”

注:《穆天子传》卷六:“天子祭白鹿于漯国。……大奏广乐，是曰乐人。乐□人阵琴、瑟、□、竽、钥、莜、筦而哭。鼓钟以葬，龙旗以□，鸟以建鼓，兽以建钟，龙以建旗。……击鼓以行丧，举旗以劝之；击钟以

① 杨荫浏:《中国古代音乐史稿》，人民音乐出版社1981年版，第40页。

止哭，弥旗以节之。”）

首先，杨著中的这两处注释错漏之处甚多。

一、注中所引《穆天子传》原文应该是：

曰："天子五日休于□山之下。"乃奏广乐。

由于作者在参考书目索引中只提及“《穆天子传》，晋郭璞注”（第1030页）。所以无从知道杨先生的引文所依据的是哪个版本。文中倒是两次提及所谓“顾实考证”，似乎暗示所据为顾实《穆天子传西征讲疏》，但所引与之不符，并且顾本只及“西征”之事，注所引出自东归之后的卷六，又不知何来？

二、注所引“漯国”之“国”字误。自郭璞以来，校注《穆天子传》者甚众，一般以洪颐煊本（郑尧臣辑《龙溪精舍丛书》翻平津馆本）为最善。此处洪本原为：

癸酉，天子南祭白鹿于漯□，乃西饮于草中，大奏广乐，是曰乐人。

《穆天子传》卷六另有三处提及“漯水”：

天子饮于漯水之上，官人膳鹿献之天子，天子美之，是曰甘。

巳巳，天子东征，食马于漯水之上，乃鼓之棘，是曰马主。

丁卯，天子东征，钓于漯水，以祭淑人，是曰祭丘。

所以，此处之漏字为“漯水”之“水”字的可能性较大。

三、注引文“大奏广乐，是曰乐人”之后漏掉了约三百字，而紧接着的引文“乐□人阵琴、瑟、□、竽、钥、莜、筦而哭”之后又漏掉了约一百五十字。这在仅有六千多字的《穆天子传》中应该是非常惊人的现象。又，“阵琴”之“阵”字应为“陈”字之误。

其次，更为关键的是，由于基础文献的错误，杨先生所谓“为了祭他死去的白鹿，举行了盛大的演奏会，把好些乐器都使用出来”就成为“差之毫厘，谬以千里”的文本误读。

一、此处所引的“好些乐器”，并不是为“祭白鹿”而“使用出来”的，它们是在周穆王的爱妾盛姬的丧礼上所用的丧葬乐器。

原文是：

> 祭□祝报祭觞，大师乃哭即位。毕哭，内史□策而哭，曾祝捧馈而哭，御者□祈而哭，抗者觞夕而哭，佐者承斗而哭，佐者衣裳佩□而哭，乐□人陈琴瑟□竽钥获筦而哭，百□众官人各□其职事以哭。

这里所叙的“哭”以及杨着所引的“鼓钟以葬，龙旗以□，鸟以建鼓，兽以建钟，龙以建旗”皆是盛姬丧葬仪式的一个部分，即所谓“击鼓以行丧，举旗以劝之；击钟以止哭，弥旗以节之”，与所谓的“祭白鹿”确无任何关系。其中所涉及的种种乐器应该是关乎周代丧葬音乐制度的记载。

又，《穆天子传》中涉及音乐的地方有整整十处之多，其中又分为“广乐”八处：

> 庚辰，至于□，觞天子于盘石之上，天子乃奏广乐，载立不舍，至于钘山之下。（卷一）
>
> 天子于是取嘉禾，以归树于中国。曰：“天子五日休于□山之下。”乃奏广乐。（卷二）
>
> 庚戌，天子西征，至于玄池。天子三日休于玄池之上，乃奏广乐，三日而终，是曰乐池。（卷二）
>
> 曰天子三月舍于旷原□。天子大飨正公诸侯王，勒七萃之士于羽琌之上，乃奏广乐。（卷三）
>
> 仲冬壬辰，至□山之上，乃奏广乐，三日而终。（卷四）
>
> 甲辰，浮于荥水，乃奏广乐。（卷五）
>
> □献酒于天子，乃奏广乐，天子遗其灵鼓，乃化为黄蛇。（卷五）
>
> 癸酉，天子南祭白鹿于漯□，乃西饮于草中，大奏广乐，是曰乐人。（卷六）

“宴乐”两处：

许男不敢辞，升坐于出尊，乃用宴乐。（卷五）

天子命歌“南山有”，乃绍宴乐。（卷五）

可以看出，除了“宴乐”是明确地在宴会中使用的音乐，“广乐”的使用频率更高，除了在宴饮场合使用，在休闲、庆典场合都有使用。不过，从《穆天子传》文本本身来看，对于“广乐”的定位并不明确。而杨先生的行文表述与注引之误会让人产生两个错觉：在祭白鹿（其实是盛姬的葬礼上）使用的是广乐，并且“广乐”是所谓的“祭祀用乐”，这应该说对后来的研究者是带有一定的误导性的。

二、仅从字面意思来说，《穆天子传》中所谓“天子南祭白鹿于漯□”也不是杨先生所以为的“祭他死去的白鹿”，而是“将白鹿杀了以作为献祭”，即“鹿祭”，与猎祭相关。

“鹿祭”作为一种献祭仪式出现在很多不同的民族文化中，并从原始氏族社会一直延续到封建社会。比如“半坡 P．4692 鹿纹彩陶盆的存在，说明半坡母系氏族公社还有过一种“鹿祭”。[①] 早期苯教有一种季节性的动物献祭仪式。据《空行智慧胜海传》载：每年秋季举行名叫“鹿祭”的祭祀，要砍杀 1000 只公鹿的头颅，用其血肉做供奉。[②] 对于先民来说，“鹿祭”的理由无外乎它是一种重要的食物来源，《周礼》中，“兽人”之外，还记有单独的“鹿人”官职。当然，这种献祭同时也包含了宗教信仰的因素。中国最早的卜骨，就是 1962 年内蒙巴林左旗富河沟出土的鹿卜骨。其 14C 年代为公元前 3，510—前 3，107 年。[③]

最后，需要说明的是，《穆天子传》之所以中会有“鹿祭”的记载，反映了独特的历史文化背景。

在《穆天子传》六千多字的文本中，“鹿”字出现了 11 次之多。其中有三次是出现在人名、地名之中：“鹿人”（卷一）、“天子东征，舍于五鹿”（卷六）、“是曰五鹿官人之□是丘”（卷六）。还有一次是天子赐鹿：“天子乃赐曹奴之人戏□黄金之鹿”（卷二）。其余则是穆王的猎鹿、食鹿、驾鹿

① 赵国华：《生殖崇拜文化论》，中国社会科学出版社 1990 年版，第 119 页。

② 刘俊哲等：《四川藏族价值观研究》，民族出版社 2005 年版，第 136 页。

③ 中国社会科学院考古研究所：《中国考古学中碳十四年代数据集（1965—1991 年）》，文化出版社 1992 年版，第 55 页。

与祭鹿。

仲秋丁巳，天子射鹿于林中。（卷五）

天子射兽，休于深萑，得麋麖豕鹿四百有二十。（卷五）

乃驾鹿以游于山上。（卷五）

于是白鹿一牾椉逸出走，天子乘渠黄之乘□焉。（卷六）

天子饮于漯水之上，官人膳鹿献之天子，天子美之，是曰甘。癸酉，天子南祭白鹿于漯□，乃西饮于草中，大奏广乐，是曰乐人。（卷六）

据《穆天子传》所言穆王不远西行万里就是为了去见西王母。《竹书纪年》亦曰："穆王十七年（约 960 BC）西征，至昆仑丘，见西王母。"而后世传说中西王母的使者也是一只白鹿。西晋张华《博物志》云："汉武帝好仙道，祭祀名山大泽，以求神仙之道。时西王母遣使乘白鹿告帝当来，乃供帐九华殿以待之。七月七日夜漏七刻，王母乘紫云车而至"。① 并且，从考古发现来看，确实也正是在昭穆以后，鹿纹成为当时比较多见的一种玉器纹饰。② 这种现象不应该仅仅被看作是一个巧合。

1980 年陕西扶风西周宫殿遗址出土的二件蚌雕胡人头像被认为是尖帽塞人或月氏人。③《管子》一书中曾以不少篇章叙述了古代帝王"贵用禺氏之玉"和昆仑墟之"璆琳琅玕"的情景。《穆天子传》卷一曰："巳亥，至于焉居禺知之平。""禺知"，王国维以为即是"禺氏"，《周书·王会篇》之"禺氏"，何秋涛《笺释》谓即"月氏"。④《汉书·西域传》曰："自疏勒以西北，休循、捐毒之属，皆故塞种也。"而"（乌孙国）本塞地也。大月氏西破走塞王，塞王南越县度，大月氏居其地。后乌孙昆莫击破大月

① ［晋］张华，范宁校证：《博物志校证》卷八《史补》，中华书局 1980 年版，第 97 页。

② 参见：中国社会科学院考古研究所编：《张家坡西周玉器》，文物出版社 2007 年版，第 192 页：M44：22 玉鹿（昭穆时期）：长 2.7、高 4.1、厚 0.4 厘米（图 3—3—4）；第 236 页：M163：7 玉鹿（孝懿时期：长 4.4、高 2.9、厚 0，4 厘米（图 3—3—39）。

③ 林梅村：《开拓丝绸之路的先驱—吐火罗人》，《西域文明—考古、民族、语言和宗教新论》，东方出版社 1995 年版，第 3—10 页。

④ 王贻梁：《穆天子传汇校集释》，华东师范大学出版社 1994 年版，第 22 页。

氏，大月氏徙西臣大夏，而乌孙昆莫居之，故乌孙民有塞种。”[①] 在游牧战争时期，塞人、月氏这些部落的领地互相侵夺，而文化自然也会互相影响。一般还是认为这里发现的头像是塞人的形象。

在中国史书中被称作塞人的民族，在波斯文献中称萨迦（Sakes），前苏联学者 B.N. 阿巴耶夫认为萨迦（Saka）的波斯原义就是鹿。[②] 而古希腊人则称他们为斯基泰（Scythians），或译西徐亚、塞西安。根据新疆岩画，敦煌、青海和西藏壁画的研究，斯基泰人大约在 2 万年前就迁徙到了青藏高原，壁画里有大量的“车猎”和“骑猎”场面。有学者提出《穆天子传》中的西王母就是塞人部落首领，认为“西王母是塞人部落，‘西’字兼有音义，译出了‘斯基泰’（Scythia，Scyth）民族的首音。”[③] 从后世的文献记载来看，塞种人原来居住在后来乌孙国所在的地方即今天新疆北部，中、俄、蒙、哈四国交界之处。而从阿尔泰地区一直到蒙古高原北部，广泛地分布着一些被称作“鹿石”的石柱。同样，据邓淑萍说：“敖汉旗、小山等地区出土的赵宝沟文化陶器上，刻绘了许多已被神化的鹿纹，多呈现奔腾飘逸的气势。”[④] 劭国田先生则认为 C 龙或许为赵宝沟文化的遗物，就是以鹿为原型的玉龙。[⑤] 实际上，蒙古先祖和塞人均把鹿尊崇为动物图腾，认为它在祭天、祭祖、敬诸神的祭祀仪式中具有一定的巫术作用。

《穆天子传》所记穆王的猎鹿、祭鹿以及昭穆时期突然大量出现的鹿纹玉器，揭示了周人与西方的塞人和西王母之邦之间的某种联系，也提示了在华夏民族文化中，所谓“西方”[⑥] 文化质素的未充分认识，是非常珍贵的历史文化资料。

---

① 分见：[汉]班固：《汉书》，中华书局 1962 年版，卷九六上、卷九六下，第 3884 页、第 3901 页。

② [前苏联]B.N. 阿巴耶夫：《论词源研究的原则》。见《中国语文》编辑部编：《语言学资料》第 10 期（内部刊物），1962 年版，第 22 页。

③ 沈福伟：《中西文化交流史》，上海人民出版社 2006 年版，第 13 页。

④ 邓淑萍；《介绍院藏最古老的玉龙》，《故宫文物月刊》，2000 年，第 17 卷第 11 期，第 35 页。

⑤ 邵国田；《敖汉旗南台地赵宝沟文化遗址调查》，《内蒙古文物考古》，1991 年第 1 期，第 2—10 页。

⑥ 这个所谓的“西方”概念是相对于处在“东方”的殷商东夷文化而言的。

附录三 “穆天子见西王母”题材汉画像辨析

在汉画像石中是否存在“穆天子见西王母”题材汉画像石，以及哪一类题材画像石可以被定为“穆天子见西王母”，这一直以来是研究者争论颇多的一个话题。实际上，又由于它对于判别中国文化史上的一部奇书《穆天子传》的文本性质有着重要的印证作用，所以，必须对这个问题做出明确的解答。

在上个世纪八十年代，关于“穆天子见西王母”题材汉画像的真伪曾引起一个小小的论战。黄明兰一九八二年在《中原文物》第一期发表过一篇名为《穆天子会见西王母汉画像石考释》的论文，但其所依据的画像石直接被指认为赝品，[①] 似乎没有继续讨论的必要。但雷鸣夏先生提及：“在汉代，皇帝的车架六马，画像石上如出现周穆王，纵使不像《穆天子传》所描写的那样用‘八骏’驾车，也至少应驾六马才是。而马氏石上的主车只驾四马，只就这一点来判断，也难以把乘车者指认为周穆王。”雷先生对画像石本身的质疑应该说颇有道理，但其所依据的这一条论据却实有再议之必要。

在《穆天子传》中“駟”马之駟出现了四次：

> 文山之人归遗乃献良马十駟。
>
> 天子命驾八骏之乘，赤骥之駟。
>
> 良马百駟。
>
> 天子赐奔戎畋马十駟。

至于穆天子所乘之车的具体情形，《穆天子传》中讲得非常清楚；

① 雷鸣夏:《“穆天子会见西王母”画像石质疑》,《中原文物》1983 年 3 期。

天子命驾八骏之乘，右服华骝而左绿耳，右骖赤蘢而左白义。天子主车，造父为御，……次车之乘，右服渠黄而左踰轮，右骖盗骊而左山子。

造父乃具羊之血，以饮四马之乘一。

这里明确地说所谓“八骏”是分别驾驭天子的“主车”与“次车”的。甚至它们如何被分为两组都说得很明白了，何至于有每次都用八匹马来拉车的疑惑？西域道远路狭，就算有这样大的车，能有让八匹马齐奔并跑的路吗？以此来否定这类题材汉画像的真伪是不足为据的。换言之，如果有“穆天子见西王母”题材汉画像，穆王所乘之车恰恰应该与后世帝王不同，必定是由四匹马来拉的。

当然，要对这一类汉画像做出一个明确的判断，结束对这个问题的诸多争论，需要提出一个界定“穆天子见西王母”题材汉画像的依据标准。有些学者如王炜林先生坚持认为“不但有‘穆天子见西王母’的题材，而且这种题材的画像石也并非个别特殊现象。”[①] 笔者认可其基本观点，并以为他对于一些疑似画像石的分析颇为独到而精准。只是其总结的“穆天子见西王母”题材汉画像类型，似乎稍有失于具体可信可依。比如其所言第一类是以神车作为表现主题，“画面中见不到西王母的形象……一般由飞鸟、飞龙、游鱼、神鹿、飞马等作为神车的牵引动力，车子周围以云纹相衬托。”以为这一类形式很可能表现了“穆天子行进在通往西王母之国的途中”，恐怕就稍显牵强。尤其是王炜林先生以为他所总结的“三类形式中，西王母的形象毋须置疑。至于那位男尊者，不论将他看作东王公、汉武帝、还是墓主人，均无关紧要。”这无疑回避了一个最重要的问题，从构图立意方面来看，所谓“穆天子见西王母”汉画像与较为常见的“东王公和西王母图”等汉画像之间往往具有很强的相似性，这也导致了后来关于这一类汉画像中的男主人公究竟是“周穆王”还是“东王公”还是所谓“祠主”等激烈争议。

目前只能说，山东嘉祥、江苏徐州、陕北等地确实发现了大量的以西王母与另一男性作为构图要素的汉画像石。结合《穆天子传》所提供的文

① 王炜林:《“穆天子会见西王母”画像石之管见》,《远望集》，陕西人民美术出版社 1998 年版，第 606 页。

本信息，考察这类汉画像石在构图方式上的变化，不难发现它们体现出明晰的阶段性特征。从构图方式所传达的人物关系的演变上看，可以将它们分为三种不同类型。

一、"周穆王与西王母"

根据《穆天子传》的描述，作为人间帝王的周穆王去见掌握生死之秘密知识的神圣女性时他的身份态度是非常微妙的。

首先，他采取了"处下"的态度。

在《穆天子传》卷三，记述了周穆王见西王母事。

> 吉日甲子，天子宾于西王母。乃执白圭玄璧以见西王母，好献锦组百纯，□组三百纯，西王母再拜受之□。乙丑，天子觞西王母于瑶池之上，西王母为天子谣曰："白云在天，山陵自出。道里悠远，山川间之。将子无死，尚能复来。"天子答之曰："予归东土，和治诸夏。万民平均，吾顾见汝。比及三年，将复而野。"西王母又为天子吟，曰："徂彼西土，爰居其野。虎豹为群，于雀与处。嘉命不迁，我惟帝女。彼何世民，又将去子？吹笙鼓簧，中心翔翔。世民之子，惟天之望。"

在《穆天子传》中，记西王母的这一卷是其高潮部分。穆王的西巡途中，不断地和所谓的外邦有物资的交换往来。关于这种交往，《穆天子传》的作者用不同的动词来表达上下、等级的差别。穆王给外邦之人货物财帛，是用"赐"、"与"。而反过来，则统一用一个"献"字，这个"献"字在此书中共出现了25次，其它24次皆是外邦以马、玉、美女进献给穆王。而唯一的一次例外就是此处天子进献玉帛给西王母。

《周礼·春官·大宗伯》："王执镇圭，公执桓圭，侯执信圭，伯执躬圭，子执谷璧，男执蒲璧。"此朝见之礼。所谓"执白圭玄璧以见"，既说明了天子"处下"的这种地位，也说明西王母身份的神圣性。"四圭有邸以祀天旅上帝。"(《周官·典瑞》)古者交于神明，必用圭璧。圭、璧是王奉献给神的礼物。所以《穆天子传》中的西王母绝非异国外邦的部落首领而已，她具有所谓"帝女"的特殊身份。

两者关系的这种“不平等”体现为画面中明确的主宾关系。西王母是正面端坐像，周穆王则是侧面拜、趋像。这类题材汉画像多体现出由东而西的车马驰骋的过程。如1955年绥德刘家沟出土的墓室门楣石（图一）。其中画面两端的日月轮内分别阴刻金乌和蟾蜍，它们不仅是代表阴阳，同时也寓示方位，即所谓“日出于东”、“月生于西”。画面效果是一种“运动态”，这和所谓的“东王公与西王母”题材汉画像石截然不同。

（图一）①

其次，从人物关系来说，作为主宾的西王母和周穆王确实有着某种相互爱恋的情人关系存在。如上所引，《穆天子传》中记述了他们在宴饮之时的诗歌唱酬。有学者认为此处穆王的献诗，类似于《舒尔吉王颂歌》（Hymn to Shulgi）中的颂歌，它是婚礼仪式的一部分。② 郭璞《海内西经图赞·不死树》曰：“万物暂见，人生如寄；不死之树，寿蔽天地；请药西姥，乌得如羿！”男性（后羿、穆王）如何从女性（玉女、西王母）处获得“不死药”呢？即通过所谓的“圣婚仪式”。《楚辞》有云：“穆王巧梅，夫何为周流？环理天下，夫何索求”，何剑熏考证了这个传说中的爱情故事，以为这是：“说周穆王姬满幸西王母事。第二句‘何’字衍文，与上文‘昭后成游，南土爰底’句法一样。第四句‘夫’字当为‘又’字之误。言穆王因恋西王母，所以周流。至于他环理天下，又为什么呢？‘巧’字当假‘款’。‘巧’字从‘丂’声，与‘款’同属见母，故可通用。如《诗·山有枢》：‘子有钟鼓，弗彭弗考。’‘考’假为‘敲’。敲门可言叩门或款门。‘巧’、‘考’同谐‘丂’声。‘考’可为‘款’，‘巧’亦可为

① 李域铮编：《陕西古代石刻艺术》，名为“东王公会西王母故事图”，三秦出版社1995年版，第14页。

② ［日］森雅子：《穆王赞歌》，《史学》，第65卷（1/2），1995，第49—75页。

'款'。《说文》:'款，意有所欲也。'意有所欲，是'贪'之义。《广雅·释诂》:'款，爱也。'爱与恋同。'梅'假为'母'，'每'从'母'声，故'梅'、'母'可同读，但非父母之母，乃西王母名。"[1]他以音义训诂，说明了"巧梅"乃是"恋母"，认为穆王的周游天下，乃是因为他爱恋西王母的缘故。

郭璞《西山经图赞·西王母》亦曰:"穆王执贽，赋诗交欢，韵外之事，难以具言。"[2]二者之间的这种"交欢"的爱恋关系，体现在构图上是将二人的形象置于汉画像石的同一层面之中。这又与"凡夫与神女"类型汉画像石的构图方式截然不同。

二、"东王公与西王母"

这一类题材的汉画像较为常见，与"周穆王见西王母"题材汉画像相比，也较易识别。

由于二者是平等的配偶神的关系，所以从构图形式看，二人往往是并列出现于画面中间。这又分为两种情况。

第一种情况是从整体建筑构图上形成并列关系。如:"从其两壁上部正中刻西王母、东王公的神人图像，又和武氏诸祠堂东西两壁画像有共同特征，说明它们是小祠堂的两壁构件。依照神人画像的方位，把刻西王母的石头立在西边，刻东王公的石头立在东边，二者照面对应起来"。[3]这种图像叙事中对于二人分处"东——西"的方位性之强调在《穆传》的文本叙事中也是非常突出的。

在《穆传》短短的六千多字的文本中"西土"二字出现了四次:

乃乘渠黄之乘，为天子先，以极西土。

西王母又为天子吟，曰:徂彼西土，爰居其野。

大王亶父之始作西土，封其元子吴太伯于东吴，诏以金刃之刑，贿用周室之璧。

---

① 何剑熏遗著，吴贤哲整理:《楚辞新诂》，巴蜀书社1994年版，第184页。

② [清]严可均辑:《全上古三代秦汉三国六朝文》卷一二二，中华书局1958年版，第234页。

③ 蒋英炬:《汉代的小祠堂—嘉祥宋山汉画像石的建筑复原》，《考古》，1983年第8期。

庚辰，天子大朝于宗周之庙，乃里西土之数。

并且，在上文所引周穆王与西王母的唱和中，二人分别以“予归东土”、“徂彼西土”来限定了彼此分属“东方”和“西方”的地域身份。而作为西王母配偶神的东王公之神格的最主要特征正是他的方位性：东方。

后世则进一步将这种方位性的“东 / 西”对应与“阴 / 阳”、“死亡 / 生命”的二元对立结合起来。汉初童谣：“着青裙，入天门，揖金母，拜木公。”将东方、西方之方位对应置换为金与木的对立。又，金主萧杀，而木主生长繁茂。所以，画像石也罢，民谣也罢，它们所传达的信息都意在让西王母这位曾经至高无上的独立的女性原始大神变成“光明、太阳、生命”之神的配偶神，并且沦落为与其配偶神相对立的“黑暗、阴间、死亡”之神。

但实际的情形是：在中国远古神话中的西王母既是死亡之神，又是生命之神。《易林·讼之泰》曰：“弱水之西，有西王母，生不知老，与天相保。”这种具有生死二元性的女神存在于世界文化的范围内。“人们相信古欧洲人崇拜的一位‘大女神’（a great goddess），她所体现的是生育，死亡和再生的循环。”[①] 德国学者埃利希·诺伊曼则从意识与无意识的角度对大母神的双重特征进行了分析。他认为：“女性据以容纳和防护、滋养与生育的女性基本特征是女神的正面特征，与之相反，负面基本特征来源于‘原型女性表现的痛苦、恐怖和对危险的恐惧’。例如，埃及母亲女神作为兀鹰，提供防卫和庇护，但同时她也是制造死亡、吞噬尸体的死亡女神。”[②] 波伏娃的《第二性》中提及在农耕时代，人类自身的生产及物质生产都有赖于女性的“劳动和魔力”，这种魔力在男人那里引起了一种夹杂恐惧的敬畏心理，女神因而被塑造成兼有两种极端色彩的不可捉摸的形象：“她到处创造着生命，她即使把谁杀死，也能让他起死回生。她和大自然一样任性、放纵、残酷无情、然而她又大慈大悲，羞羞答答。”她还指出，巴比伦的伊西塔，闪米特人中的阿斯塔尔忒，希腊人中的盖亚，埃及的伊希斯

① Marija Gimbutas, The Living Goddesses, edited and supplemented by Miriam Dexter, University of California press, Berkeley and Los Angeles, California.1999. p.xvii.

② ［德］埃利希·诺伊曼，李以洪译：《大母神——原型分析》，东方出版社 1998 年版，第 119—148 页。

都具有以上特征。[①]而西王母主"生命与死亡"的双重神格却在后世的文化传承叙述中被其配偶神东王公分割去一部分据为己有。

从某种意义上说，西王母、东王公神话之生成就如同从亚当身上拿块肋骨造出夏娃是一个原理，只不过在性别角色方面是倒置的。有关东王公形象的文献记载比较晚出，始见于晋葛洪《枕中书》:"元始君经一劫乃一施太元母，生天皇十三头，治三万六千岁，书为扶桑大帝东王公，号曰元阳父扶桑大帝，住在碧海之中。"《仙传拾遗》又曰:"木公，亦云东王父，亦云东王公，盖青阳之元气，百物之先也。"日出于东方，东王公作为"扶桑大帝、太阳神"之种种神格都不过是从其作为与"西"、"母"相对立的"东"、"公"（东方男性之神）的身份派生出来的。这一神话人物形象的出现及其神格的发生反映的是男权文化背景中女性神祇的必然命运，这在世界各民族的神话中也是常见的现象。

另一种情况是两者并肩而坐。但凡能够亲密地紧挨着西王母身侧并坐着出现在汉画像石上的男性只能被解读为其配偶神，这一点是毋庸置疑的。而这位又被称为"木公、东木公"的东王公与是否真与西王母昔日之恋人周穆王有什么关联呢?

耐人寻味的是，《穆天子传》中不仅多次提到周穆王对于"大木硕草"等神奇植物的强烈兴趣：

> 孳木□华畏雪，天子于是取孳木华之实。
>
> 天子乃钓于河，以观姑繇之木。

还多有"树木"之举：

> 天子于是取嘉禾，以归树于中国。
>
> 天子乃树之竹，是曰竹林。
>
> 乃树之桐，以为鼓，则神且鸣，则利于戎。

并且，"木"、"穆"同音，将"穆王"直接与"木公"联系起来的是

---

① ［法］西蒙娜·德·波伏娃，陶铁柱译:《第二性》，中国书籍出版社 1998 年版，第 78—79 页。

所谓的“井公”。《穆传》中两次提到穆天子与井公玩了一种特殊的游戏：“博”：

> 是日也，天子北入于邴，与井公博，三日而决。
>
> 戊寅，天子西升于阳，□过于灵□井公博。

而这所谓的“博”又恰恰是井公与东王公的相通之处。《乐府诗集》卷五十一载古乐府有“井公能六博，玉女转投壶”之句，而旧题为汉东方朔撰、晋张华注的《神异经》则记曰：“东荒山中有大室，东王公居焉。长一丈，头发皓白，人形鸟面而虎尾，载一黑熊，左右顾望。恒与一玉女投壶，每投千二百矫，设有入不出者，天为之嗟嘘；矫出而脱误不接者，天为之笑。”①曹唐的《小游仙诗九十八首》其二曰：

> 北斗西风吹白榆，穆公相笑夜投壶。花前玉女来相问，赌得青龙许赎无。
>
> 九天王母皱蛾眉，惆怅无言倚桂枝。悔不长留穆天子，任将妻妾住瑶池。

其中倒是出现了一个与玉女、西王母相联系的，同样好“投壶”的穆公、穆天子形象。而在所谓“穆王”、“穆公”、“木公”、“东木公”、“东王公”等语词的多重转换中，已经包含了追溯这一神话人物形象逻辑演变的可能性。至少从时间上判断，肯定是在来自“东土”的周穆王西巡途中拜见西王母之后，才有了所谓东王公的出现。可以说，如果将这位周穆天子视为西王母之配偶神的历史原型，应该没有太大的问题。

但与“周穆王见西王母”题材汉画像之不同点在于：“东王公与西王母”题材汉画像中没有车马驰骋的过程。一般来说，画面效果呈现出一种“静止态”。在构图中，也有东王公侧身向西王母而坐的情况出现（图二），应是两者关系由男性处下向二人平等关系过渡状态的反映。

---

① 朱谋㙔校注：《神异经》，光绪崇文书局本。

（图二）①

三、“凡夫与神女”

第三类题材汉画像存世最多。必须指出的是，之前众多被认为是“东王公见西王母”题材画像石其实颇为可疑。

（图三）②

① 南阳汉代画像石编委会:《南阳汉代画像石》，名为“西王母、东王公”，文物出版社 1985 年版，前言第 15 页，图 77。

② 中国画像石全集编委会:《中国画像石全集·，山东汉画像石》（第 2 卷），名为“西王母、东王公、宴饮画像”，山东美术出版社，2000 年版，第 135 页。

这一类画像石与前两类最大的不同是构图上的分层叙事：画面中的男性主人公皆不与西王母处于同一图像层面中。这种分层叙事传达出的一个明确信息是凡人俗众与天人神女之间的等级距离。值得注意的是这类汉画像的画面外部多饰以菱形及三角纹图案，有时这种装饰图案甚至会被置于构图的中间部位以突出强调，它们所代表的显然是中国神话哲学思维中的"天梯"：凡人俗众通过天梯达到神之永生之地。

但东王公是作为西王母的配偶神而出现的，他们之间的关系显然较周穆王与西王母的关系还要更进一层，所以从逻辑上说，如果画面效果表现出二者在人物关系上的尊卑有别，那么显然是有违常理的。并且，在这一类分层描述的画像石中，有的男主人公的身上还有明确的姓名、官职等标注。如 1958 年滕州市桑村镇西户口村出土"西王母、建鼓"画像石[①]共分为五层：二层以下，中间竖建鼓，两旁是乐舞、杂技、庖厨和六博游戏场景，六博游戏者一人题曰"武阳尉"，一人题曰"良卯丞"。1981 年在山东嘉祥五老洼发现的汉画像石群的第三石，楼阁下层的被拜谒者身上，刻有"故太守"三字。也因此，有学者颇疑心其为"祖先拜祭图"。[②]其实，不难看出这一类汉画像石的共同特点是：西王母往往高居于画面的上端，有的画面中还有意地将其身躯放大，而其中的男性主人公则置身于画面下部大量的车马人众之中，从叙事逻辑上看，二者之间的仙凡之别是显而易见的。

叶舒宪先生认为："在周代以来的神话中，西王母作为男性主人公神秘的精神导师的形象逐渐形成。"[③]正所谓："蟠桃熟酝九华浆，阿母临池不自觞。已赚穆王驰八骏，又教青鸟报刘郎。"（明张泰《游仙词》）在中国文化中，对西王母与人间帝王、英雄男性之间爱恋关系的叙说似乎形成了一种传统。三代以后的凡夫俗子们虽未必敢于期盼如同后羿、周穆、汉武那般得在生前遭遇神仙玉女，但刻在石头上的信息确实表明那些"故太守"、"武阳尉"、"良卯丞"们是何等渴望在死后也能够在她们的引领之下去往

---

① 中国画像石全集编委会:《中国画像石全集·山东汉画像石》(第 2 卷)，山东美术出版社 2000 年版，第 211 页。

② 信立祥:《汉代画像石综合研究》，文物出版社 2000 年版，第 91 页。

③ 叶舒宪:《素女为我师——中国文学中性爱主题的升华形式》,《原型与跨文化阐释》，暨南大学出版社 2002 年版，第 187—192 页。

西方乐土，并得再生。它所传达的是千百年来男性隐秘的共同愿望。

所谓“穆天子见西王母”这一题材画像石的构图变化演示了在漫长的男权文化背景中，这位古老的女性神祇如何从与周穆王眉目传情、与东王公匹配婚姻，最终成为凡夫俗子们永生幻想之寄托，其神圣性又如何在时间之流中被尊崇、遮蔽、消解，以便继续存活于世俗文化的不断更新的体系之中。

参考文献

（《穆天子传》研究要目以符号“●”标出）

一、中文专著（按书名首字母排序）

B

黄麟书:《边塞研究》，造阳文学社 1979 年版。

[晋] 张华，范宁校证:《博物志校证》，中华书局 1980 年版。

[明] 李时珍:《本草纲目》，人民卫生出版公司 1982 年版。

信立祥:《汉代画像石综合研究》，文物出版社 2000 年版，第 91 页。

C

姚际恒原著、顾实重考《重考古今伪书考》，大东书局 1918 年版。

崔述:《崔东壁遗书》，上海古籍出版社 1983 年版。

何剑熏遗著，吴贤哲整理:《楚辞新诂》，巴蜀书社 1994 年版。

F

[清] 钱绎:《方言笺疏》，上海古籍出版社 1984 年版。

G

王国维:《观堂集林》，中华书局 1959 年版。

龚自珍:《龚自珍全集》，上海人民出版社 1975 年版。

黄云眉:《古今伪书考补证》，齐鲁书社 1980 年版。

唐兰:《古文字学导论》，齐鲁书社 1981 年版。

方诗铭，王修龄:《古本竹书纪年辑证》，上海古籍出版社 1981 年版。
杨建新编注 :《古西行记选注》，宁夏人民出版社 1987 年版。
钱穆:《国史大纲》，商务印书馆 1996 年版。
李学勤:《古文献论丛》，上海远东出版社 1996 年版。
顾颉刚，钱小柏编:《顾颉刚民俗学论集》，上海文艺出版社 1998 年版。
顾颉刚:《古史辨自序》，河北教育出版社 2000 年版。
陈伟:《郭店竹书别释》，湖北教育出版社 2002 年版。
徐元诰撰:《国语集解》，中华书局 2002 年版。
丁山:《古代神话与民族》，商务印书馆 2005 年版。
劳榦:《古代中国的历史与文化》，中华书局 2006 年版。

H

[清] 沈继培辑:《尸子》，[清] 陈春辑《湖海楼丛书》，嘉庆己卯年刊本。
[汉] 班固:《汉书》，中华书局 1962 年版。
[宋] 范晔:《后汉书》卷八七，中华书局 1965 年版。
[唐] 韩愈，马其昶校注，马茂元整理:《韩昌黎文集校注》，上海古籍出版社 1987 年版。
赤峰学院红山文化国际研究中心编:《红山文化研究》，文物出版社 2006 年版。
叶舒宪:《河西走廊：西部神话与华夏源流》，云南教育出版社，2008 年版。

J

杨树达:《积微居金文说》，中国科学出版社 1952 版。
中国社会科学院考古研究所编:《甲骨文编》，中华书局 1965 年版。
周法高等编《金文诂林》，香港中文大学 1974 年版。
[唐] 房玄龄等:《晋书》，中华书局 1974 年版。
赵俪生:《寄陇居论文集》，齐鲁书社 1981 年版。
朱锡禄编;《嘉祥汉画像石》，山东美术出版社 1992 年版。
容庚编:《金文编》，中华书局 1998 年版。

王宇信、杨升南:《甲骨学一百年》, 社会科学文献出版社 1999 年版。

姜亮夫, 沈善洪主编:《姜亮夫全集》, 云南人民出版社 2002 年版。

L

《列宁全集》, 人民出版社 1958 年版。

傅乐焕:《辽史丛考》, 中华书局 1984 年版。

[元] 陈澔:《礼记集说》, 上海古籍出版社 1987 年版。

[汉] 王充, 黄晖校释:《论衡校释》, 中华书局 1990 年版。

刘师培:《刘申叔遗书》, 江苏古籍出版社 1997 年版。

安徽文物考古研究所编:《凌家滩玉器》, 文物出版社 2000 年版。

周勋初编:《李白研究》, 湖北教育出版社 2003 年版。

刘文典:《刘文典全集》, 安徽大学出版社、云南大学出版社 1999 年版。

M

●[晋] 郭璞注, [清] 洪颐煊校正:《穆天子传》,《龙溪精舍丛书》翻平津馆本。

●[晋] 郭璞注, [清] 檀萃疏:《穆天子传注疏》,《芋园丛书》本。

●顾实编纂:《穆天子传西征讲疏》, 商务印书馆 1934 年版。

●丁谦:《穆天子传地理考证》,《浙江图书馆丛书》本。

杨伯峻:《孟子译注》, 中华书局 1960 年版。

●卫挺生:《穆天子传今考》, 台北中华学术院 1970 年版。

《马克思恩格斯选集》, 人民出版社 1972 年版。

[清] 张廷玉等:《明史》, 中华书局 1973 年版。

●郑杰文:《穆天子传通解》, 山东文艺出版社 1992 年版。

●王贻梁:《穆天子传汇校集释》, 华东师范大学出版社 1994 年版。

王孝廉;《岭云关雪——民族神话学论集》, 学苑出版社 2002 年版。

N

和钟华, 杨世光主编:《纳西族文学史》, 四川民族出版社 1992 年版。

Q

叶舒宪:《千面女神》，上海社会科学出版社 2004 年版。

郭沫若:《青铜时代》，科学出版社 1957 年版。

[清] 严可均辑:《全上古三代秦汉三国六朝文》，中华书局 1958 年版。

[清] 彭定求等编:《全唐诗》，中华书局 1960 年版。

[清] 董诰等编《全唐文》，中华书局 1983 年版。

《全宋诗》，北京大学出版社 1998 年版。

S

[汉] 东方朔，[明] 朱谋□校注:《神异经》，光绪崇文书局本。

杜而未:《山海经神话系统》，华明书局 1950 年版。

吕振羽:《史前期中国社会研究》，三联书店 1961 年版，

[清] 永瑢等:《四库全书总目》，中华书局 1965 年版。

[唐] 魏征等:《隋书》，中华书局 1973 年版。

北京大学考古系商周组:《商周考古》，文物出版杜 1979 年版。

[清] 段玉裁:《说文解字注》，上海古籍出版社 1981 年版。

[晋] 王嘉，[梁] 萧绮录，齐治平校注:《拾遗记》，中华书局 1981 年版。

郭宝钧:《商周铜器群综合研究》，文物出版社 1981 年版。

[汉] 司马迁:《史记》，中华书局 1982 年版。

吕思勉:《三皇五帝考》，上海古籍出版社 1983 年版。

张衍田:《史记正义佚文辑校》，北京大学出版杜 1985 年版。

宁梦辰等:《史书概览》，山西人民出版社 1986 年版。

谢选骏:《神话与民族精神》，山东文艺出版社 1986 年版。

牟实库主编:《丝绸之路文献叙录》，兰州大学出版社 1989 年版。

程俊英、蒋见元:《诗经注析》，中华书局 1991 年版。

袁珂:《山海经校注（增补修订本）》，巴蜀书社 1993 年版。

李域铮编:《陕西古代石刻艺术》，三秦出版社 1995 年版。

《十三经注疏》，北京大学出版社 1999 年版。

王晖:《商周文化比较研究》，人民出版社 2000 年版。

[明] 胡应麟:《少室山房笔丛》，上海书店 2001 年版。

吕微:《神话何为》，社会科学文献出版社 2001 年版。

马承源主编:《上海博物馆藏战国楚竹书》，上海古籍出版社 2002 年版。

何平立:《狩猎与封禅：封建政治的文化轨迹》，齐鲁书社 2003 年版。

叶舒宪，萧兵，[韩] 郑在书:《山海经的文化寻踪："想象地理学"与东西文化碰触》，湖北人民出版社 2004 年版。

叶舒宪;《神话意象》，北京大学出版社 2007 年版

T

[宋] 李昉等:《太平御览》，四部丛刊三编本。

童书业:《童书业历史地理论集》，中华书局 2004 年版。

W

[清] 章学诚，叶瑛校注:《文史通义校注》，中华书局 1985 年版。

[梁] 萧统编，[唐] 李善注:《文选》，上海古籍出版社 1986 年版。

杨伯达:《巫玉之光——中国史前玉文化论考》，上海古籍出版社 2005 年版。

X

邹衡:《夏商周考古学论文集》，文物出版社 1980 年版。

吕思勉:《先秦史》，上海古籍出版社 1982 年版。

梁启雄:《荀子柬释》，中华书局 1983 年版。

唐兰:《西周青铜器铭文分代史征》，中华书局 1986 年版。

[明] 吴承恩:《西游记（李卓吾评本）》，上海古籍出版社 1994 年版。

杨宽:《西周史》，上海人民出版社 1999 年版。

许倬云:《西周史》（增订本），三联书店 2001 年版。

陈梦家,《西周铜器断代》，中华书局 2004 年版。

Y

[汉] 袁康:《越绝书》，四部丛刊初编本。

郭沫若:《殷周青铜器铭文研究》，人民出版社 1954 年版。

吴则虞:《晏子春秋集释》，中华书局 1982 年版。

杨宪益:《译馀偶拾》，三联书店 1983 年版。

陈梦家:《殷墟卜辞综述》，中华书局 1988 年版。

中国社会科学院考古研究所编:《殷周金文集成》，中华书局 1992 年。

黄怀信，张懋镕、田旭东撰，李学勤审定:《逸周书汇校集注》，上海古籍出版社 1995 年版。

中国社会科学院考古研究所编:《殷周金文集成释文》，香港中文大学 2001 年版。

张亚初编:《殷周金文集成引得》，中华书局 2001 年版。

叶舒宪:《原型与跨文化阐释》，暨南大学出版社 2002 年版。

叶舒宪:《英雄与太阳：中国上古史诗的原型重构》，陕西人民出版社 2005 年版。

Z

江绍原:《中国古代旅行之研究》，商务印书馆中华 1935 年版。

吕思勉:《中国民族变迁史》，亚细亚书局 1935 年版。

［宋］司马光:《资治通鉴》，中华书局 1956 年版。

鲁迅:《中国小说史略》，人民文学出版社 1956 年版。

侯外庐:《中国思想通史》，人民出版社 1957 年版。

郭庆藩:《庄子集释》，中华书局 1961 年版。

叶舒宪:《庄子的文化解析》，湖北人民出版社 1997 年版。

徐旭生:《中国古史的传说时代》，科学出版社 1962 年版。

岑仲勉:《中外史地考证》，中华书局 1962 年版。

范文澜:《中国通史简编》，人民出版社 1964 年版。

郭宝钧:《中国青铜器时代》，三联书店 1977 年版。

［清］姚元之:《竹叶亭杂记》，中华书局 1982 年版。

张光直:《中国青铜时代》，三联书店 1983 年版。

任继愈主编:《中国哲学发展史》，人民出版社 1983 年版。

张光直:《中国青铜时代》（一集），三联书店 1983 年版。

靳生禾:《中国历史地理文献概论》，山西人民出版社 1987 年版。

王成组:《中国地理学史》，商务印书馆 1988 年版。

袁珂:《中国神话史》，上海文艺出版社 1988 年版。

萧兵:《中国文化的精英：太阳英雄神话比较研究》，上海文艺出版社 1989 年版。

张光直:《中国青铜时代》二集，三联书店 1990 年版。

王友三主编:《中国宗教史》，齐鲁书社 1991 年版。

杨向奎:《宗周社会与礼乐文明》，人民出版社 1992 年版。

周谷城，姜义华主编:《中国学术名著提要》，复旦大学出版社 1994 年版。

唐延龄、陈葆章、蒋壬华:《中国和田玉》，新疆人民出版社 1994 年版。

徐喜辰，斯维至，杨钊等编:《中国通史》，上海人民出版社 1994 年版。

谢维扬:《中国早期国家》，浙江人民出版社 1995 年版。

吕大吉，何耀华主编；于锦绣，杨淑荣分主编:《中国各民族原始宗教资料集成：考古卷》，中国社会科学出版社 1996 年版。

丁锡根编:《中国历代小说序跋集》，人民文学出版社 1996 年版。

宁稼雨:《中国文言小说总目提要》，齐鲁书社 1996 年版。

杨向奎:《宗周社会与礼乐文明》，人民出版社 1997 年版。

王庸 :《中国地理学史》，商务印书馆 1998 年版。

[清] 鲍廷博编:《知不足斋丛书》，中华书局 1999 年版。

葛兆光:《中国思想史》，复旦大学出版社 2001 年版。

李零:《中国方术续考》，东方出版社 2001 年版。

刘王华、杨永胜主编:《中国传世名画》，济南出版社 2002 年版。

杨伯达主编:《中国玉文化玉学论丛》，紫禁城出版社 2002 年版。

马振彪:《周易学说》，花城出版社 2002 年版。

张星烺编注，朱杰勤校订:《中西交通史料汇编》，中华书局 2003 年版。

曹玮:《周原遗址与西周铜器研究》，科学出版社 2004 年版。

尹盛平:《周原文化与西周文明》，江苏教育出版社 2005 年版。

沈福伟:《中西文化交流史》，上海人民出版社 2006 年版。

中国社会科学院考古研究所编:《张家坡西周玉器》，文物出版社 2007 年版。

孙庆伟 :《周代用玉制度研究》，上海古籍出版社 2008 年版

二、中文译著（按书名首字母排序）

A

［冰岛］佚名，石琴娥、斯文译：《埃达》，译林出版社 2000 年版。

［古希腊］荷马，陈中梅译注：《奥德赛》，译林出版社 2002 年版。

B

［德］麦克斯·缪勒，金泽译：《比较神话学》，上海文艺出版社 1989 年版。

D

［德］埃利希·诺伊曼，李以洪译：《大母神——原型分析》，东方出版社 1998 年版。

［法］西蒙娜·德·波伏娃，陶铁柱译：《第二性》，中国书籍出版社 1998 年版。

［美］克利福德·吉尔兹，王海龙、张家瑄译：《地方性知识——阐释人类学论文集》，中央编译出版社 2000 年版。

F

［德］路德维希·费尔巴哈，荣震华译：《费尔巴哈哲学著作选集》，商务印书馆 1984 年版。

G

［德］恩斯特·卡西尔，范进、杨君游译，柯锦华校：《国家的神话》，华夏出版社 1990 年版。

［英］艾兰，汪涛译：《龟之迷——商代神话、祭祀. 艺术和宇宙观研究》，四川人民出版社 1992 年版。

［前苏］M.C. 波德纳尔斯基，梁昭锡译，赵鸣歧校，齐思和审：《古代的地理学》，商务印书馆 1997 年版。

H

［法］居代·德拉孔波等编，吴雅凌译：《赫西俄德：神话之艺》，华夏出版社 2004 年版。

［美］金芭塔丝，叶舒宪等译；《活着的女神》，广西师范大学出版社 2008 年版。

J

［奥］弗洛伊德，高觉敷译：《精神分析引论》，商务印书馆 1984 年版。

［巴比伦］佚名，赵乐甡译：《吉尔伽美什——巴比伦史诗与神话》，译林出版社 1999 年版。

M

［德］黑格尔，朱光潜译：《美学》，商务印书馆 1996 年版。

P

［加］诺思罗普·弗莱，陈慧，袁宪军，吴伟仁译：《批评的解剖》，百花文艺出版社 2006 年版。

R

［英］G·埃利奥特·史密斯，李申、储光明等译：《人类史》，社会科学文献出版社 2002 年版。

S

［俄］弗·雅·普洛普：《神奇故事的历史根源》，中华书局 2006 年版。

W

［英］马林诺夫斯基，李安宅译：《巫术科学宗教与神话》，中国民间文艺出版社 1986 年版。

［美］路威，吕叔湘译：《文明与野蛮》，三联书店 2005 年版。

X

[瑞士]荣格，冯川、苏克译:《心理学与文学》，三联书店 1987 年版。

[日]白川静，袁林译:《西周史略》，三秦出版社 1992 年版。

[美]阿兰·邓迪斯编，朝戈金等译:《西方神话学论文选》，上海文艺出版社 1994 年版。

Y

[美]弗朗兹·博厄斯，金辉译:《原始艺术》，贵州人民出版社 2004 年版。

[英]爱德华·泰勒，连树声译:《原始文化》，广西师范大学出版社 2005 年版。

Z

[日]盐谷温，孙俍工译;《中国文学概论讲话》，开明书店 1932 年。

[前苏]鲍·李福清，马昌仪编:《中国神话故事论集》，中国民间文艺出版社 1988 年版。

[日]本田成之，孙俍工译:《中国经学史》，上海书店 2001 年版。

三、外文原著（按出版年代先后）

●小川琢治:《穆天子传考》，狩野教授还历纪念支那学论丛，支那历史地理研究，京都，弘文堂 1928 年版。

Mircea Eliade, *The Myth of the Eternal Return* (Translated from French by W. R. Trask), New York, Pantheon Book,1954.

Joseph Campbell, *The Hero With A Thousand Faces*, New York, Meridian Books, 1956.

Mircea Eliade, *Birth and Rebirth*, New York, Harper & Row, 1958.

Joseph Campbell, *The Masks of God: Primitive Mythology*, New York, The Viking Press, 1959.

白川静:《中國の神話》，东京，中央公论社 1975 年版。

Merlin Stone, *When God Was a Woman*, New York, Harcourt Brace Jovanovich, 1976.

●安倍道子:《穆天子傳》,《東洋の奇書 55 册》, 自由國民社 1980 年版。

David N.Keightley, *The Origins of Chinese Civilization*, *Berkeley*,University of California Press, 1983.

小南一郎:《中国の神话と物语り》, 东京, 岩波书店 1984 年版。

Arthur Kroker, David Cook, *Parsons' Foucault*, *The Postmodern Scene: Excremental culture and Hyper-Aesthetics*, New York, St. Martin's Press, 1986.

● Deborah Lynn Porter, *From Deluge to Discourse: Myth, History, and the Generation of Chinese Fiction,* Albany, State University of New York Press, 1996.

Marija Gimbutas, *The Living Goddesses,* edited and supplemented by Miriam Dexter, Berkeley and Los Angeles, California, University of California press,1999.

四、博硕士论文(按毕业年代先后)

●郑杰文:《〈穆天子传〉研究》(山东大学硕士学位论文), 1988。

●李崇新:《〈穆天子传〉专题研究》(南京大学硕士学位论文), 1995。

●张荣明:《殷周政治与宗教关系研究》(南开大学博士学位论文), 1995 年。

●刘蓉:《论〈穆天子传〉的史料价值 》(陕西师范大学硕士学位论文), 2002。

●顾晔锋:《〈穆天子传〉词汇研究》(扬州大学硕士学位论文), 2004。

●尹兴国:《〈穆天子传〉的成书时间、性质和价值》(西北师范大学硕士学位论文), 2004。

五、期刊论文(按出版年月先后)

1. 中文

●卫聚贤:《穆天子传研究》,《语历所周刊》, 1929 年第 9 期。

陕西省文物管理委员会:《长安普渡村西周墓的发掘》,《考古学报》,1957年1期。

●王范之:《穆天子传与所记古代地名和部族》,《文史哲》,1963年第6期。

张政烺:《卜辞裒田及其相关诸问题》,《考古学报》,1973年第1期。

周原考古队:《陕西岐山风雏村西周建筑基地发掘简报》,《文物》,1979年第10期。

●常征:《穆天子传是伪书吗?》,《河北大学学报》,1980年第2期。

李民:《释〈尚书〉“周人尊夏”说》,《中国史研究》,1982年第2期。

●孙致中:《穆王西征与穆天子传》,《齐鲁学刊》,1984年第2期。

●莫任南:《从穆天子传和希罗多德历史看春秋战国时期的中西交通》,《西北史地》,1984年第4期。

翁牛特旗文化馆:《内蒙古翁牛特旗三星他拉村发现玉龙》,《文物》,1984年6期。

尹盛平:《西周蚌雕人头像种族探索》,《文物》,1986年第1期。

陕西周原考古队:《扶风黄堆西周墓地钻探清理简报》,《文物》,1986年第8期。

[日]江上波夫,于可可等译:《关于旧石器时代的女神像》,《北方文物》,1987年第4期。

●李清安:《评〈穆天子传:译注与考证〉》,《民间文学论丛》,1990年第4期。

●文恕:《论〈穆天子传〉的神话特色》,《太原师范学院学报(社会科学版)》,1991年第1期。

●龚维英:《穆天子传是古神话与仙话的界碑》,《求索》,1992年第3期。

谢端琚:《中国原始卜骨》,《文物天地》,1993年第6期。

●郑杰文:《〈穆天子传〉对〈左传〉文学手法的变革》,《文史哲》,1994年第4期。

●王天海:《〈穆天子传〉考略》,《古籍整理研究学刊》,1997年第4期。

李立:《试论夏部族河宗氏后裔的南徙与河伯、冰夷神话的重组》,《松辽学刊》(社会科学版),1999年第2期。

王宏刚:《北方民族女神崇拜的历史、文化意义》,社会科学战线,

2000 年第 3 期。

张忠培:《窥探凌家滩墓地》,《文物》, 2000 年第 9 期。

邓淑苹;《介绍院藏最古老的玉龙》,《故宫文物月刊》, 2000 年第 11 期。

杨美莉:《"黄河流域史前玉器特展"简介》,《故宫文物月刊》, 2001 年第 5 期。

●朱渊清:《王家台〈归藏〉与〈穆天子传〉》,《周易研究》, 2002 年第 6 期。

●马振方:《大气磅礴开山祖——〈穆天子传〉的小说品格及小说史地位》,《北京大学学报(哲学社会科学版)》, 2003 年第 1 期。

萧兵:《东北夷传说的再发现 -- 由人类学发掘颛顼史迹》,《吉林师范大学学报》, 200 年第 1 期。

●邱睿:《〈穆天子传〉创作人视角初探》, 新疆师范大学学报(哲学社会科学版), 2005 年第 4 期。

●常金仓:《〈穆天子传〉的时代和文献性质》,《社会科学战线》, 2006 年第 6 期。

叶舒宪:《齐家文化与玉器时代》,《西北成人教育学院》, 2008 年第 1 期。

叶舒宪:《食玉信仰与西部神话的建构》,《寻根》2008 年第 4 期。

叶舒宪:《〈容成氏〉夏禹建鼓神话通释》,《民族艺术》2009 年第 1 期。

叶舒宪:《玉教——中国的国教》,《读书》2010 年第 1 期。

2. 外文

●[日]市川勇:《穆天子西征傳說の性質に就いて》,《史苑》, 1938 年第 11 期。

● David Bidney, *The Concept of Myth and the Problem of Psychocultural Evolution, American Anthropologist* 52,1950.

●[日]御手洗胜:《〈穆天子传〉成立の背景》,《东方学》第 26 辑, 1963 年。

● William H. Nienhauser, *Le Mu tianzi zhuan, Traduction annote, etude critique, Jr. Chinese Literature:Essays,Articles,Reviews* (CLEAR),Vol.4,No.2,1982.

●[日]森雅子:《穆王赞歌》,《史学》, 第 65 卷(1/2), 1995。